首部·架构·应用

智慧监狱

孙培梁 著

内容简介

本书内容围绕监狱物联网、监狱云、监狱大数据以及监狱信息安全与运维四大主题展开。对智慧监狱的总体架构、建设路径和智慧应用进行了系统分析和探讨,首次给出了智慧监狱的顶层设计和智慧监狱的评价指标。力求使读者通过阅读本书,能全面了解当前监狱信息化、智能化发展趋势,为智能化现代文明监狱建设探索可行的解决方案。

本书适合监狱、戒毒所、看守所、社区矫正机构从事管理和信息化建设的人员作为专业业务用书。也适合政法、警察类高校刑事执行、监所管理、社区矫正、司法信息技术、监狱信息技术等专业作为教学、培训、参考用书。

图书在版编目(CIP)数据

智慧监狱/孙培梁著 . 一 武汉:华中科技大学出版社,2014.10(2025.1重印)
ISBN 978-7-5680-0389-6

Ⅰ.①智… Ⅱ.①孙… Ⅲ.①信息技术—应用—监狱—管理—研究 Ⅳ.①D916.7-39

中国版本图书馆CIP数据核字(2014)第212610号

智慧监狱 孙培梁 著
Zhihui Jianyu

策划编辑:王京图
责任编辑:郭善珊
封面设计:傅瑞学
责任校对:九万里文字工作室
责任监印:徐 露
出版发行:清华大学出版社(中国·北京) 邮编:100084 电话:010-62770175(总机)
　　　　　华中科技大学出版社(中国·武汉) 电话:(027)81321913
　　　　　武汉市东湖新技术开发区华工科技园 邮编:430223
录　排:高 翔
印　刷:广东虎彩云印刷有限公司
开　本:710mm×1000mm 1/16
印　张:19.25
字　数:361千字
版　次:2014年11月第1版 2025年1月第1版第10次印刷
定　价:49.80元

本书若有印装质量问题,请向出版社营销中心调换
全国免费服务热线:400-6679-118,竭诚为您服务
版权所有 侵权必究

物联网、大数据等新一代信息技术的应用将为监狱监管矫正模式再造提供机会。

——孙培梁

序

物联网、云计算和大数据等新一代信息技术发展迅猛，正在全球范围内引发新一轮的产业变革，推动经济社会以前所未有的速度发展，并进一步改变人们的生活方式。物联网利用感知技术与智能处理技术对物理世界进行感知识别、分析处理和知识挖掘，实现人与物、物与物信息交互和无缝链接，全面改写了人与自然的关系模式。大数据源于物联网的规模应用，大数据的特色在于对海量数据进行分布式数据挖掘，它依托云计算的分布式处理、分布式数据库和云存储、虚拟化技术。通过物联网采集的数据交由云计算与大数据进行实时分析和处理，在纷繁的海量数据中完成复杂计算和控制，推演出有用的规则和结果，提供智能化、个性化的服务，人类的工作和生活将变得更加简单和精细，人类社会也将进入"智慧时代"。

监狱作为国家的刑罚执行机关，承担着维护社会安宁和稳定、预防和减少犯罪的重要职能，需要现代信息技术手段的支撑来保障其职能的履行。正如以物联网技术为核心的智慧城市理念为未来城市发展提供了全新模式，智慧监狱也是未来监狱发展的方向。建设智慧监狱，推动基础设施和管理的智能化，体现科技强警带来的监狱安防、矫正、执法、政务管理模式的变革，不仅是监狱管理模式的创新，更是现代化文明监狱的必然要求。

为迎接"智慧时代"对监狱执法管理工作提出的新挑战，推动监狱执法工作的科学发展，迫切需要解决智慧监狱的顶层设计问题，解决智慧监狱的建设绩效、标准规范和评价指标问题，解决监狱云与大数据处理中的隐私保密问题等等，可以看出本书在诸多方面所做的切实努力。

本书作者多年来致力于将新一代信息技术运用到监狱管理的研究与实践中，作为具有开创性的首部"智慧监狱"著作，将为智能化现代文明监狱建设提供可借鉴的重要参考。书中涉及的监狱物联网、监狱云、监狱大数据、监狱信息安全与运维等内容，勾画出智慧监狱全面、清晰的发展脉络，将对智慧监狱的研究和建设起到积极作用。

中国科学院院士

2020.10.9

前言

在原定的写作计划中，本书是作为《监狱物联网》第二版，也是对 2011 年匆匆完成的《监狱物联网》一书所做的一个修正和补充。随着近年来智慧经济的崛起，大数据成为继物联网、云计算之后的又一热词。在为全国监狱民警信息化培训做讲座时，我已能感受到来自部分监狱信息化建设者的迫切需求——除了关于监狱物联网应用试点的相关问题外，还包括"监狱应采取何种可行的大数据应用解决方案""如何实现监狱传统 IT 系统到大数据系统的过渡"等等，这正是本书内容调整的原因。

智慧监狱的研究是一个挑战，源于"智慧"定义解读的一再扩大化。2012 年始，我应部分杂志邀请陆续作了《智慧监狱，信息化建设的挑战与未来》《以物联网为核心的智慧监狱安防建设》等访谈文章；有幸参与了司法部监狱管理局全国监狱系统物联网应用示范项目、司法部监狱管理局监狱目标跟踪与地理信息管理系统 (部标 SF030072012) 项目、司法部监狱管理局全国罪犯信息资源库 (部标 SF030012007) 项目、"十二五"国家科技支撑计划"监狱智能化安全防范体系建设关键技术研究与示范"项目、国家监外罪犯管控物联网应用示范工程项目 (发改办高技 \[2014\]1169 号) 等的评审；应邀为司法部燕城监狱、上海市监狱管理局、江苏省监狱管理局、湖南省监狱管理局做专题报告或技术论证，这些经历使我对监狱系统目前的发展现状有了更好的理解。

作为第一本涉足智慧监狱研究的著作，我深感压力和责任重大。全书内容围绕监狱物联网、监狱云、监狱大数据以及监狱信息安全与运维四大主题展开，对智慧监狱的总体架构、建设路径和智慧应用进行了系统分析和探讨，并首次给出了智慧监狱的顶层设计和智慧监狱的评价指标。我们相信物联网、云计算和大数据等新一代信息技术的发展定将影响监狱系统已有的建设规划和部署，而智慧监狱的运行基础则必然源于物联网的规模应用，源于对大数据的深度分析。因此，如能借此契机推动智慧监狱的顶层设计和评价指标建立，为从事监狱信息化建设的同志提供一个可参考的思路，则意义大焉。

全书共分四个部分：

第一部分：顶层设计篇。主要探讨智慧监狱的顶层设计和智慧监狱的评价指标。

第二部分：智慧安防篇。主要探讨监狱物联网、监狱云、监狱大数据的应用。

第三部分：智慧应用篇。主要探讨智慧应用设计实例，包括生命体征监测、无线定位、决策支持系统、网络舆情监测系统等。

第四部分：信息安全与运维篇。主要探讨监狱信息安全体系、IT 运维体系的建设和部署方案，并给出了监狱信息系统安全等级（分级）保护的定级建议。

其中智慧安防篇部分概念内容继承自《监狱物联网》和《社区矫正信息化》两本著作，主要是考虑民警培训对基本原理掌握的需要。《监狱物联网》、《社区矫正信息化》和《智慧监狱》三本书相互补充，均是由清华大学出版社与华中科技大学出版社共同出版，也反映了我在司法信息化领域思考逐步深入的过程。对"智慧"的探讨仍会继续，除了物联网、云计算还有知识工作自动化、先进机器人等技术的发展都在日新月异，必须用科学、发展的眼光来看待和认识。书中也融合了近几年我在监狱信息化领域所发表的一些论文、专利与软件著作权，还有部分内容引自相关标准规范和互联网络，已尽可能在参考文献中指出，特此向作者和刊发机构表示诚挚感谢。由于作者水平有限，书中不妥之处在所难免，恳请读者批评指正，电子邮箱为 2283515@qq.com 或 18072996098@189.cn。

华宇司法总监昌志泷以丰富的行业经验提供了极好的实践参考，魏蔚博士、夏明博士为物联网中间件研究给予了极其中肯的意见，浙警院研究团队就评价指标提出了很好的建议，在此一并表示诚挚的感谢。

同时感谢浙江省省级专业带头人培养项目（浙教办高科〔2013〕59 号）、浙江省省级专业带头人专业领军项目（浙教办高科〔2013〕81 号）、浙江省教育厅科研项目（Y201431783）、浙江省监狱工作协会立项课题（浙监协会〔2014〕5 号）等的资助。

最重要的是，感谢我的家人对我的默默支持和鼓励。

孙培梁

2014 年 8 月于杭州

目录

第一部分 顶层设计篇

第1章 智慧监狱顶层设计 / 3
    1.1 架构方法论 / 3
    1.2 现状与差距 / 6
    1.3 智慧监狱业务架构 / 6
        1.3.1 组件业务模型 / 6
        1.3.2 业务架构 / 9
    1.4. 智慧监狱数据架构 / 15
        1.4.1 主题域 / 18
        1.4.2 数据架构 / 18
    1.5 智慧监狱应用架构 / 20
        1.5.1 目标路径 / 20
        1.5.2 应用架构 / 21
    1.6 智慧监狱技术架构 / 23
        1.6.1 关键技术 / 23
        1.6.2 技术架构 / 25
    1.7 智慧监狱服务架构 / 27
        1.7.1 服务参考模型 / 27
        1.7.2 服务架构 / 28

第2章 智慧监狱评价指标 / 31
    2.1 评价指标相关说明 / 31
    2.2 指标体系设计 / 31
    2.3 智慧监狱评价指标——理念规划 / 33
    2.4 智慧监狱评价指标——基础设施 / 34
    2.5 智慧监狱评价指标——智慧应用 / 37
    2.6 智慧监狱评价指标——建设绩效 / 39
    2.7 智慧监狱评价指标——支持保障 / 41
    2.8 智慧监狱指标体系分类及参考值 / 42

第二部分 智慧安防篇

第3章 监狱物联网 / 57
3.1 物联网体系架构 / 57
3.2 物联网编码技术 / 58
  3.2.1 EPC / 58
  3.2.2 条码 / 62
3.3 射频识别技术 / 71
  3.3.1 RFID 概述 / 71
  3.3.2 RFID 系统组成 / 72
  3.3.3 RFID 系统工作原理 / 80
  3.3.4 RFID 中间件技术 / 83
  3.3.5 RFID 技术应用 / 86
3.4 状态感知技术 / 90
  3.4.1 传感器概述 / 90
  3.4.2 无线传感网络 / 93
  3.4.3 物联网感知与识别 / 102
3.5 网络层与支撑层技术 / 107
  3.5.1 无线网络 / 107
  3.5.2 无线定位技术 / 114
  3.5.3 地理信息系统 / 121
  3.5.4 卫星定位系统 / 125
3.6 监狱物联网应用 / 133
  3.6.1 监狱物联网架构 / 133
  3.6.2 监狱物联网发展三阶段 / 133
  3.6.3 监狱物联网中间件 / 135
  3.6.4 监狱物联网安全 / 137
  3.6.5 监狱物联网定位应用 / 138
  3.6.6 监狱无线定位应用价值评估 / 143
  3.6.7 适用监狱的无线定位技术 / 146
  3.6.8 无线定位的能耗管理 / 151
  3.6.9 无线定位的电磁辐射 / 153

第4章 监狱云 / 156
4.1 云计算定义 / 156
4.2 云计算架构 / 158

4.3 云计算分类 / 160
4.4 云计算平台 / 162
4.5 云计算服务 / 163
4.6 虚拟化技术 / 165
 4.6.1 服务器虚拟化 / 165
 4.6.2 存储虚拟化 / 167
 4.6.3 桌面虚拟化 / 168
4.7 云计算与物联网 / 169
4.8 监狱云应用 / 170
 4.8.1 监狱云架构 / 170
 4.8.2 监狱云服务 / 172
 4.8.3 监狱云部署 / 176
4.9 基于云平台的政法互联 / 177
 4.9.1 政法互联总体架构 / 177
 4.9.2 数据传输交换平台 / 178
 4.9.3 交换数据汇总 / 185

第5章 监狱大数据 / 188

5.1 大数据定义 / 188
5.2 大数据特征 / 189
5.3 大数据参考模型 / 190
5.4 大数据应用技术 / 192
 5.4.1 大数据汇聚技术 / 192
 5.4.2 大数据支撑技术 / 192
 5.4.3 大数据处理技术 / 195
5.5 云计算与大数据 / 198
5.6 监狱大数据应用 / 199
 5.6.1 监狱物联感知大数据应用 / 199
 5.6.2 监狱业务系统大数据应用 / 202

第三部分 智慧应用篇

第6章 监狱物联网应用——生命体征监测系统 / 207

6.1 系统概述 / 207
6.2 生物识别技术的发展 / 210
6.3 体征监测方式的演变 / 212

6.4 系统总体架构设计 / 212

6.5 系统功能设计思路 / 214

6.6 问题与展望 / 215

第 7 章 监狱物联网应用——局部区域定位系统 / 216

7.1 系统概述 / 216

7.2 系统总体架构设计 / 217

7.3 系统功能设计思路 / 220

7.4 问题与展望 / 223

第 8 章 监狱物联网应用——相对精确定位系统 / 225

8.1 系统概述 / 225

8.2 系统总体架构设计 / 227

8.3 系统功能设计思路 / 229

8.4 问题与展望 / 229

第 9 章 监狱云与大数据应用——决策支持系统 / 230

9.1 系统概述 / 230

9.2 系统总体架构设计 / 232

9.3 系统功能设计思路 / 233

9.4 问题与展望 / 235

第 10 章 监狱云与大数据应用——网络舆情监测系统 / 236

10.1 系统概述 / 236

10.2 传统网络舆情监测面临的挑战 / 237

10.3 司法网络舆情应对现状 / 238

10.4 系统总体架构设计 / 239

10.5 系统功能设计思路 / 243

10.6 问题与展望 / 246

第四部分 信息安全与运维篇

第 11 章 监狱信息安全等级分析 / 249
11.1 分级保护与等级保护 / 249
11.1.1 非涉密信息系统的等级保护 / 250
11.1.2 涉密信息系统的分级保护 / 251
11.2 监狱信息系统的定级 / 252
11.2.1 定级依据 / 252
11.2.2 定级方法 / 253
11.2.3 监狱信息系统定级建议 / 256
11.3 安全风险与需求分析 / 258
11.4 系统现状及差距性分析 / 261

第 12 章 监狱信息安全体系建设方案 / 265
12.1 监狱信息安全建设思路 / 265
12.2 安全等级保护系统总体架构 / 267
12.3 安全域划分 / 268
12.3.1 安全域原则 / 268
12.3.2 安全域划分及安全策略 / 269
12.3.3 安全域边界 / 273
12.4 监狱信息安全部署方案 / 273

第 13 章 监狱 IT 运维体系 / 277
13.1 IT 服务管理最佳实践 / 277
13.2 IT 服务管理标准 / 278
13.3 IT 运维服务模型与模式 / 281
13.4 IT 运维服务管理体系 / 282
13.5 IT 运维服务质量指标 / 283

附录 1：《信息系统安全等级保护定级报告》模板 / 284

附录 2：信息系统安全等级保护备案表 / 286

附录 3：涉及国家秘密的信息系统分级保护备案表 / 291

参考文献 / 292

第一部分 顶层设计篇

智慧监狱

第1章 智慧监狱顶层设计

本书探讨的"智慧"理念源于 IBM 提出的"智慧地球",即通过新一代信息技术的应用使人类能以更加精细和动态的方式管理生产和生活的状态,通过把传感器嵌入和装备到各种物体中,使其形成的物联网与互联网相联,实现人类社会与物理系统的整合,通过超级计算机和云计算将物联网整合起来,实现对大数据充分分析和利用,促进生产、生活方式的变革、提升和完善。

智慧监狱要求做到防控的智能化、管理的精细化、执法的公正性、决策的科学化、矫正的知识化,即强调的是对监狱的全面感知、协同联动,尤其着重在以人为本的理念指引下实施智慧的教育矫正,建立矫正知识库,真正实现监狱监管矫正罪犯的功能和价值。

智慧监狱是监狱信息化的高级形态,推动其进程的有:一是以物联网、云计算、大数据等为代表的新一代信息技术;二是监狱工作管理模式的创新生态;三是现代化文明监狱建设的必然要求。

如何做好智慧监狱的顶层设计,并以物联网、大数据等高新技术为应用重点,进一步提高监狱技术防范能力,提高罪犯教育矫正质量和矫正管理水平,提高监狱警察公正文明执法水平,正是本书思考和探讨的核心问题。

本章将充分依据、遵照监狱信息化的规划、方针,运用顶层架构设计理念,在前期监狱信息化建设成果的基础上,进一步梳理监管改造业务需求,明确监狱工作关键节点,整合狱政管理、刑罚执行、教育改造、劳动改造、警务人事、生活卫生等多项核心业务的实际需求,形成智慧监狱的顶层设计。

1.1 架构方法论

所谓"顶层设计"是指运用系统论的方法,从全局的角度,对某项任务或者某个项目的各方面、各层次、各要素统筹规划,以集中有效资源,高效快捷地实现目标。具体到智慧监狱的顶层设计,由于它是一个庞大、复杂的系统工程,涉及业务、数据、应用、技术等各个层面上的众多要素,因而更加需要对这些要素进行统筹规划和协调,以保证监狱信息系统合理规划、有效运行。

顶层设计主要包括三个部分的内容,即信息资源规划、技术架构规划和环境保障规划,如图 1-1 所示。信息资源规划是根据主流业务分析而提出的:根据业务划分职能域,对职能域逐个进行业务分析,产生功能模型和数据模型,分析管理模式与用户行为，产生用户模型。技术架构规划则是根据信息化现状和存在的问题来制定软件架构方案和应用系统架构方案。环境保障规划是对网络、服务器架构、存储与备份、机房设计及信息安全运维进行规划和安排，以保障信息化建设的正常开展，以及系统的安全正常运转。

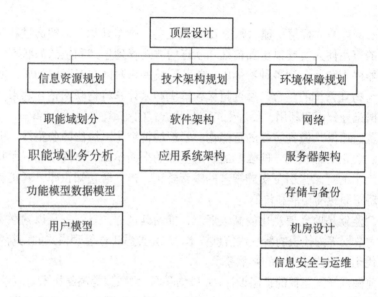

图 1-1 顶层设计的内容

监狱信息化、智慧监狱不仅仅是信息技术的简单应用，还包括了监狱管理模式的转型，因此需要一种系统的方法论的指导。EA（Enterprise Architecture，企业架构）方法论正是在这一背景下产生，并得到迅猛发展的。1987 年，Zachman 在系统架构层面上提出了第一个架构框架——Zachman 框架。Zachman 框架后来发展成为 EA 的一个经典框架，Zachman 也被誉为 EA 之父。目前国际上主流的 EA 框架与方法论包括开放组织架构框架 (TOGAF)、美国联邦体系架构 (FEA)、美国国防部架构框架 (DoDAF) 等。主要 EA 框架比较如表 11 所示。

表 1-1 主要 EA 框架比较

框架	第一版	最新版	完整性	实用性
Zachman	1987	2003	中	低
EAP	1992	无	中	中
FEA	1999	一直更新	高	高
DoDAF	2003	2009	高	高
TOGAF	1995	2009	高	高

顶层设计即方法论，是将信息化理论与信息化实践相结合，顶层设计的成果就是监狱信息化、智慧监狱建设蓝图——在规划的指导下，设计业务架构、数据架构、应用架构和技术架构，指出未来 3~5 年信息化建设的路线图，并规划实现目标架构的路径。

国际标准权威组织 The Open Group 于 1993 年开始应客户要求制定系统架构的标准，在 1995 年发布 TOGAF（The Open Group Architecture Framework，开放组织架构框架）。TOGAF 的基础是美国国防部的信息管理技术架构 (Technical Architecture for Information Management，TAFIM)。它是基于一个迭代 (Iterative) 的过程模型，是一种协助开发、验收、运行、使用和维护架构的工具。TOGAF 是目前世界上主流的组织架构方法之一，已被 80% 的 Forbes 50（福布斯）的公司使用，并支持开放、标准的 SOA 参考架构，被证明为灵活、高效构建企业 IT 架构的有效方法论，目前主要由 SAP、IBM、HP、SUN 等公司在推动。

本章主要采用 TOGAF 顶层设计方法，并根据我国监狱实际情况加以适当裁剪。TOGAF 涵盖了 4 种基本类型的架构，如图 1-2 所示。

业务架构
业务战略、治理、组织和关键业务流程信息及其间的交互

应用架构	数据架构
应用系统、系统之间的交互，以及与核心业务流程之间的关系	组织的各类逻辑和物理数据资产，以及数据管理资源的结构

技术架构
对于支持业务、数据和应用服务的部署来说必须的软硬件能力

图 1-2　EA 范畴 1

- 业务架构：业务战略、治理、组织和关键业务流程信息及其间的交互。
- 数据架构：组织的各类逻辑和物理数据资产，以及数据管理资源的结构。
- 应用架构：描述被部署的单个应用系统、系统之间的交互，以及它们与组织核心业务流程之间的关系。
- 技术架构：对于支持业务、数据和应用服务的部署来说必须的软硬件能力，包括 IT 基础设施、中间件、网络、通信、部署处理和一些标准等。

接下来本章将从这 4 个方面对智慧监狱的总体架构进行设计。

1.2 现状与差距

当前监狱信息化建设已取得一系列重要成就，但同时也暴露出一些不容忽视的问题，如顶层规划缺失、重复投资、信息孤岛等。缺失统一的顶层设计会使各部门各自为政，带来软件、接口、体系标准的不同，导致协同办公、政法互联难以实现。

具体的监狱信息化现状和差距分析如下：
- 业务层面：信息化建设尚难以满足监狱业务管理创新、快速发展的需求。
- 数据层面：信息资源分散，部门之间信息割据，造成了数据不一致，难以实现数据资源的共享，普遍存在信息孤岛问题。
- 应用层面：应用系统重复建设，每当用户有新需求时，应用系统就需要重新开发，大大增加了人力成本。此外，软件开发越来越多，但需求仍呈上升趋势；应用越来越丰富，但辅助决策明显不足。
- 基础设施层面：硬件重复投资，通常一个应用系统对应一个服务器，存在资源浪费，部署灵活性差，管理维护复杂，基础设施设备建设年限普遍较长，部分设备已经出现老化现象，性能难以支撑复杂应用的部署。

因此，借"智慧监狱"顶层设计之际，构建统一的信息化、智能化监狱建设模式，不仅可以避免投资浪费和信息孤岛，更有助于解决监狱信息化建设内容与信息需求、应用与管理工作需要的矛盾。

1.3 智慧监狱业务架构

1.3.1 组件业务模型

组件业务模型（Component Business Model，CBM）是IBM提出的一个业务建模技术，它将业务划分为互不重叠的业务组件，帮助人们在诸多不同的层面上观察业务，实现跨业务系列的组件分析。CBM模型方法论如图1-3所示。

图1-3 CBM模型方法论

依据CBM业务能力模型，并结合监狱业务特征与业务实际，完成"责任级别"和"业务能力"两个维度的定义及业务组件的分解。

1. 责任级别——监狱职能分类

职能分类用于划分业务决策的范围和目的。监狱"顶层设计"服务于监狱各个责任层级的业务工作，因而可对职能分类定义如下：

（1）业务决策层级

以监狱和监狱局领导的视角，梳理该层级关注的监狱整体战略、重点业务

第 1 章 智慧监狱顶层设计

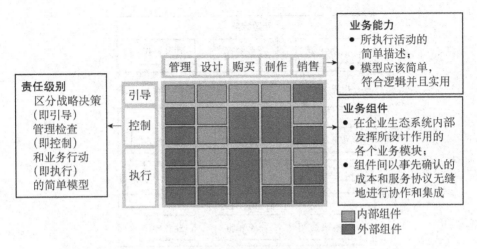

图 1-3 CBM 模型方法论

注：原图取自 POHLE G，KO R STEN P，R AMAMU R THY S. 组件化业务模型－企业实现专业化的有效工具：G123-0019-00［R］. IBM 全球企业咨询服务部，2006：5－10.

领域的制度建设和规划决策类工作。

（2）业务管理层级

以监狱和监狱局中层管理者的视角，梳理该层级关注的业务管理类工作，并负责重要、关键事务情况的处理。

（3）业务操作层级

以各类业务的具体操作执行人员的视角，梳理监狱各类业务中的具体工作内容。

业务决策、业务管理和业务操作这三个层面的职能分类在监狱局、监狱、监区/分监区三级组织层级中均有体现，而不是简单的对应关系。

监狱系统上下级之间的监督指导关系主要体现在两个层面：

（1）宏观层面。上级就下级出现的普遍性问题及对下级需要解决的现实困难等作出指导和监督，即是对监狱所有人员的一切与职务有关的行为进行指导和监督。

（2）微观层面。上级对部分监狱的具体问题或某一类事务作出指导，这种指导和监督的内容往往具有确定性和指向性。

因此，监狱组织层级间的业务决策、业务管理和业务操作三个职能分类效力范围及上下级关系如图 1-4 所示。

2. 业务能力——监狱工作主题

工作主题用于定义"顶层设计"覆盖的监狱工作类别范围，体现了"顶层设计"对监狱业务的支撑能力。

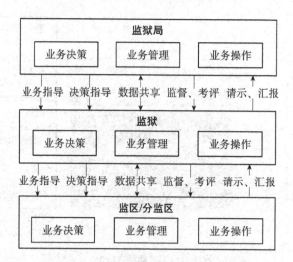

图1-4 监狱三级组织层级-职能分类关系图

根据监狱的实际业务情况，工作主题可具体划分为监管安全类、监管改造类、公正执法类、综合保障类、队伍建设类和业务协同类。

（1）监管安全类

保障监狱的安全稳定是顺利完成监管改造业务活动的基础，也是监狱工作的重中之重。监管安全类业务包括狱内侦查、应急响应、值班巡逻及安防监控、隐患排查及预防等方面的业务活动，以及针对监管安全业务各层级的管理决策和业务指导。

（2）监管改造类

监管改造类业务是监狱最主要的业务内容，包括罪犯从收监到离监的各个阶段所依法进行的监管改造活动，以及针对监管改造业务各层级的管理决策和业务指导。

（3）公正执法类

保障执法公正、廉洁是保证监狱正确执行刑罚、维护国家法律严肃性的重要方面，该类业务包括狱务公开、申诉控告检举、便民服务、罪犯法律援助、各类政策法规宣传、亲属信访等业务内容，以及针对执法公正各层级的管理决策和业务指导。

（4）综合保障类

综合保障类业务是辅助监狱监管改造业务顺利开展的支撑性工作内容，包括生活卫生、警用装备管理、财务管理、信息化服务、后勤管理、行政档案管理、基础设施建设、物资装备配发等业务活动，以及针对综合保障工作各层级的管理决策和业务指导。

(5）队伍建设类

队伍建设类业务是监狱开展队伍建设相关业务内容，包括人事管理、绩效考核工作、教育培训工作、监察审计工作、机关党建工作、离退休干部管理、工会工作等活动，以及针对队伍建设工作各层级的管理决策和业务指导。

（6）业务协同类

业务协同类业务是监狱内部上下级、监狱与监狱管理局、监狱与外部单位之间进行业务联动、信息共享的活动，以及针对业务协同工作各层级的管理决策和业务指导。外部单位包括法院、检察院、公安、司法行政等。

3. 业务组件——监狱业务功能

业务组件用来交付或提供相应监狱各管理层级的业务功能以实现相应的层级目标。最终，由所有业务组件构成业务能力支撑，共同实现监狱的总体战略目标。

一个业务组件是由具有内在联系的一系列业务动作组成的，具有独立运作的能力，每一个业务组件具备：

（1）能够为监狱提供独特的业务功能。

（2）可以与其他内部业务组件和外部业务服务进行合作。

（3）可以根据相互协调的工作流进行运作。

（4）其运作结果可管理、可考核。

1.3.2 业务架构

在智慧监狱"顶层设计"中，业务架构关注于监狱业务及其流程。监管安全类业务根据业务决策层级、业务管理层级、业务操作层级的职能分类，对应的业务组件（监狱业务功能）为：

● 业务决策层：监狱安全监管制度、监狱安全保密制度、信息安防设备使用及维护制度、应急预案管理制度。

● 业务管理层：应急响应管理、民警执勤管理、重点监控罪犯管理、罪犯活动内容管理、罪犯活动场所管理。

● 业务操作层：狱内侦查（狱内案件、重控犯监管、耳目管理、互监包夹等）、值班巡逻及安防监控、隐患排查及预防（信息安防设备检修及维护、预案管理、应急演练）、应急响应（应急报警、预案执行、指挥调度等）。

监管安全类业务架构如图1-5所示。

监管改造类业务根据业务决策层级、业务管理层级、业务操作层级的职能分类，对应的业务组件（监狱业务功能）为：

● 业务决策层：监管改造质量管理体系、监管改造效率控制体系、监管改造工作制度规范、司法研究（监管改造规律等）、监管改造业务统计、监狱态

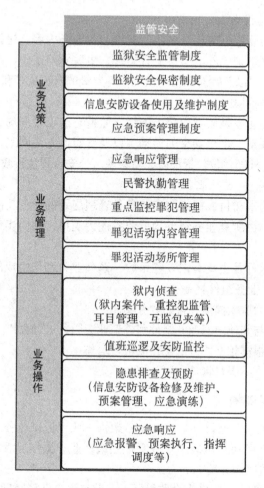

图 1-5 监管安全类业务架构

势分析。

- 业务管理层：监管改造质量管理、监管改造效率管理、监管改造流程管理、监管改造层级管理、监管改造绩效管理。
- 业务操作层：狱政管理（分级分押、计分考核、奖励惩罚、狱内侦查等）、刑罚执行（收监离监、减刑假释、暂予监外执行等）、教育改造（出入监教育、三课教育、心理矫治、社会帮教等）、劳动改造（定岗定级、定额管理、劳动得分、劳动报酬等）。

监管改造类业务架构如图 1-6 所示。

公正执法类业务根据业务决策层级、业务管理层级、业务操作层级的职能分类，对应的业务组件（监狱业务功能）为：

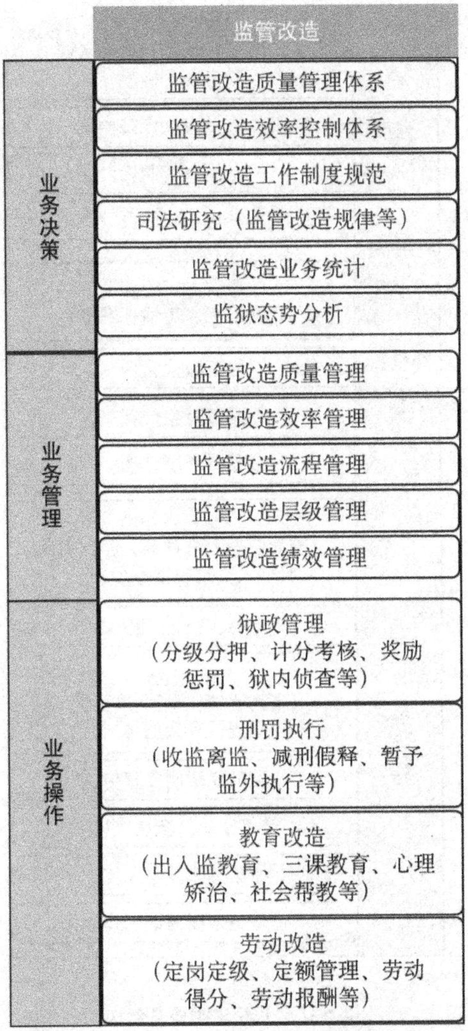

第1章 智慧监狱顶层设计

	监管改造
业务决策	监管改造质量管理体系
	监管改造效率控制体系
	监管改造工作制度规范
	司法研究（监管改造规律等）
	监管改造业务统计
	监狱态势分析
业务管理	监管改造质量管理
	监管改造效率管理
	监管改造流程管理
	监管改造层级管理
	监管改造绩效管理
业务操作	狱政管理 （分级分押、计分考核、奖励惩罚、狱内侦查等）
	刑罚执行 （收监离监、减刑假释、暂予监外执行等）
	教育改造 （出入监教育、三课教育、心理矫治、社会帮教等）
	劳动改造 （定岗定级、定额管理、劳动得分、劳动报酬等）

图 1-6 监管改造类业务架构

● 业务决策层：狱务公开制度、服刑人员权益保障制度、法制宣传制度、便民措施制度。

● 业务管理层：服务渠道管理（自助终端、电话、网络）、服务流程管理、服务对象管理、服务资源管理。

● 业务操作层：狱务公开（面向服刑人员狱务公开、面向服刑人员亲属狱务公开）、申诉控告检举、便民服务（自助终端、电话、网络、远程视频会见等）、监狱规章制度宣传、政策法规法制宣传、罪犯法律援助工作、罪犯亲属信访工作。

公正执法类业务架构如图 1-7 所示。

```
                    ┌─────────────────────┐
                    │      公正执法        │
       ┌──────┐     ├─────────────────────┤
       │      │     │    狱务公开制度      │
       │ 业务 │     ├─────────────────────┤
       │ 决策 │     │ 服刑人员权益保障制度 │
       │      │     ├─────────────────────┤
       │      │     │    法制宣传制度      │
       │      │     ├─────────────────────┤
       │      │     │    便民措施制度      │
       └──────┘     └─────────────────────┘

       ┌──────┐     ┌─────────────────────┐
       │      │     │    服务渠道管理      │
       │      │     │ (自助终端、电话、网络)│
       │ 业务 │     ├─────────────────────┤
       │ 管理 │     │    服务流程管理      │
       │      │     ├─────────────────────┤
       │      │     │    服务对象管理      │
       │      │     ├─────────────────────┤
       │      │     │    服务资源管理      │
       └──────┘     └─────────────────────┘

       ┌──────┐     ┌─────────────────────┐
       │      │     │      狱务公开        │
       │      │     │ (面向服刑人员狱务公开、│
       │      │     │ 面向服刑人员亲属狱务公开)│
       │      │     ├─────────────────────┤
       │      │     │   申诉、控告、检举   │
       │      │     ├─────────────────────┤
       │ 业务 │     │      便民服务        │
       │ 操作 │     │ (自助终端、电话、网络、│
       │      │     │   远程视频会见等)    │
       │      │     ├─────────────────────┤
       │      │     │   监狱规章制度宣传   │
       │      │     ├─────────────────────┤
       │      │     │  政策法规、法制宣传  │
       │      │     ├─────────────────────┤
       │      │     │   罪犯法律援助工作   │
       │      │     ├─────────────────────┤
       │      │     │   罪犯亲属信访工作   │
       └──────┘     └─────────────────────┘
```

图 1-7 公正执法类业务架构

综合保障类业务根据业务决策层级、业务管理层级、业务操作层级的职能分类，对应的业务组件（监狱业务功能）为：

● 业务决策层：资金使用总体规划、基础设施建设规划、物资装备配置规划、信息化建设规划、行政工作制度规范。

● 业务管理层：经费保障（预算控制与资金管理）、舆情管理、物资装备管理、基础设施管理、信息化建设管理。

● 业务操作层：生活卫生（狱内消费、被服、伙食、卫生防疫、疾病医疗）、警用装备管理（执法器具、武器、车辆等）、财务管理、信息化服务、后勤管理、行政档案管理、基础设施建设、物资装备配发。

综合保障类业务架构如图 1-8 所示。

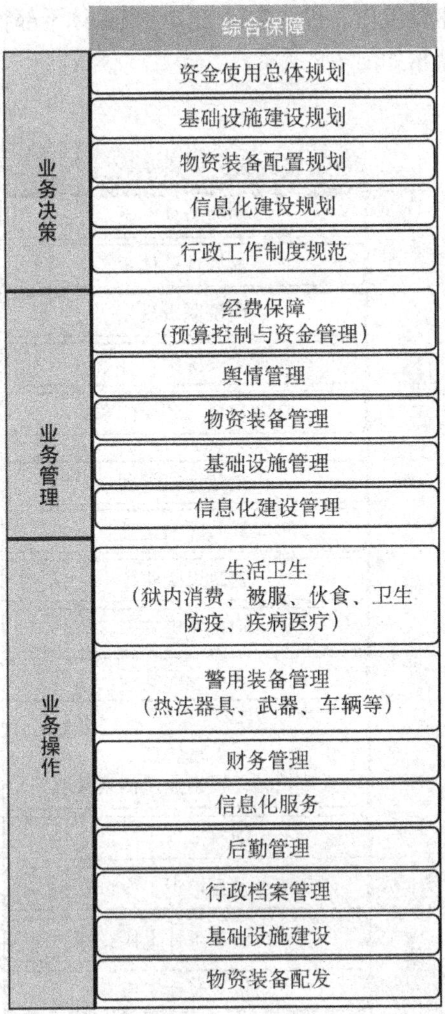

```
综合保障
├─ 业务决策
│  ├─ 资金使用总体规划
│  ├─ 基础设施建设规划
│  ├─ 物资装备配置规划
│  ├─ 信息化建设规划
│  └─ 行政工作制度规范
├─ 业务管理
│  ├─ 经费保障（预算控制与资金管理）
│  ├─ 舆情管理
│  ├─ 物资装备管理
│  ├─ 基础设施管理
│  └─ 信息化建设管理
└─ 业务操作
   ├─ 生活卫生（狱内消费、被服、伙食、卫生防疫、疾病医疗）
   ├─ 警用装备管理（执法器具、武器、车辆等）
   ├─ 财务管理
   ├─ 信息化服务
   ├─ 后勤管理
   ├─ 行政档案管理
   ├─ 基础设施建设
   └─ 物资装备配发
```

图 1-8 综合保障类业务架构

队伍建设类业务根据业务决策层级、业务管理层级、业务操作层级的职能分类，对应的业务组件（监狱业务功能）为：

● 业务决策层：绩效考核体系、素质评估体系、岗位职责规划、人力资源配置计划、廉政风险防控体系。

● 业务管理层：绩效考核管理、素质评估管理、廉政风险防控、纪检监察管理、人事任免管理。

● 业务操作层：人事管理（人事招聘、民警业绩档案管理等）、绩效考核工作、教育培训工作、监察审计工作、机关党建工作、离退休干部管理、工会工作。

队伍建设类业务架构如图 1-9 所示。

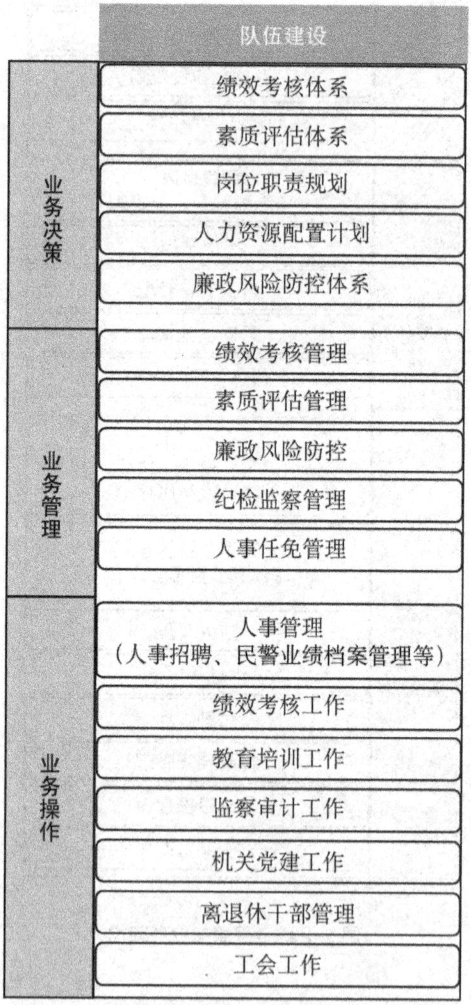

队伍建设	
业务决策	绩效考核体系
	素质评估体系
	岗位职责规划
	人力资源配置计划
	廉政风险防控体系
业务管理	绩效考核管理
	素质评估管理
	廉政风险防控
	纪检监察管理
	人事任免管理
业务操作	人事管理（人事招聘、民警业绩档案管理等）
	绩效考核工作
	教育培训工作
	监察审计工作
	机关党建工作
	离退休干部管理
	工会工作

图 1-9 队伍建设类业务架构

第1章 智慧监狱顶层设计

业务协同类业务根据业务决策层级、业务管理层级、业务操作层级的职能分类，对应的业务组件（监狱业务功能）为：
- 业务决策层：业务协同机制要求。
- 业务管理层：业务协同过程管理。
- 业务操作层：外部门业务协同、上下级业务协同。

业务协同类业务架构如图 1-10 所示。

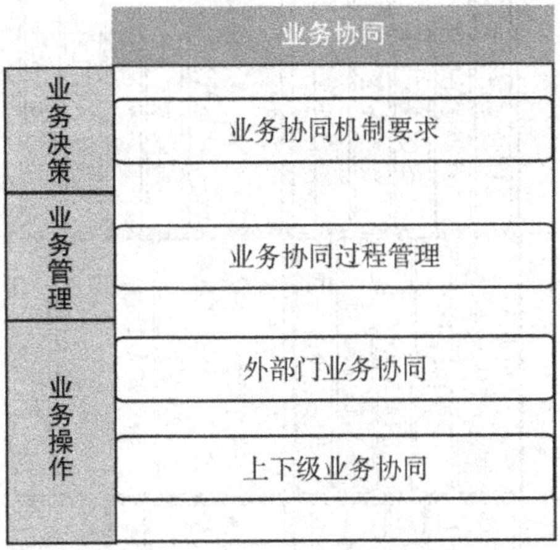

图 1-10 业务协同类业务架构

综合模型定义与设计思路，由以上各类业务主题与业务职能组件组成的智慧监狱"顶层设计"业务架构蓝图如图 1-11 所示。

1.4 智慧监狱数据架构

智慧监狱"顶层设计"的核心是实现了监狱各业务产生信息的整合与融合，因此，数据是智慧监狱"顶层设计"建设的核心，也是促进监狱业务、服务融合的重要载体。智慧监狱"顶层设计"数据架构主要包括以下内容：

（1）数据架构

通过对数据从业务类型、表现形式的分类，规划数据的逻辑分布及智慧监狱"顶层设计"需要建设的数据库，并针对监狱数据的共享交换体系进行分析和设计。数据架构设计如图 1-12 所示。

	监管安全	监管改造	公正执法	综合保障	队伍建设	业务协同
业务决策	监狱安全监管制度；监狱安全保密制度；信息安防设备使用及维护制度；应急预案管理制度	监管改造质量管理体系；监管改造效率控制体系；监管改造工作制度规范；司法研究（监管改造规律等）；监狱改造业务统计；狱内态势分析	狱务公开制度；服刑人员权益保障制度；法制宣传制度；便民措施制度	资金使用总体规划；基础设施建设规划；物资装备配置规划；信息化建设规划；行政工作制度规范	绩效考核体系；素质评估体系；岗位职责规划；人力资源配置计划；廉政风险防控体系	业务协同机制要求
业务管理	应急响应管理；民警执勤管理；重点监控犯管理；罪犯活动内容管理；罪犯活动场所管理	监管改造质量管理；监管改造效率管理；监管改造流程管理；监管改造层级管理；监管改造绩效管理	服务渠道管理（自助终端、电话、网络）；服务流程管理；服务对象管理；服务资源管理	经费保障（预算控制与资金管理）；舆情管理；物资装备管理；基础设施管理；信息化建设管理	绩效考核管理；素质评估管理；廉政风险防控；纪检监察管理；人事任免管理	业务协同过程管理
业务操作	狱内侦查（狱内案件、重控犯监督、耳目管理、互监包夹等）；隐患排查及安防巡逻（信息安防设备检修及维护、预案管理、应急演练）；应急响应（应急报警、预案执行、指挥调度等）	狱政管理（分级分押、计分考核、奖励惩罚、狱内侦查等）；刑罚执行（收监离监、减刑假释、暂予监外执行等）；教育改造（出入所教育、三课教育、心理矫治、社会帮教等）；劳动改造（定岗定级、定额管理、劳动待遇、劳动报酬等）	狱务公开（面向服刑人员狱务公开、面向服刑人员亲属狱务公开）；申诉、控告、检举；便民服务（自助终端、电话、网络、远程视频会见等）；监狱规章制度宣传；政策法规、法律援助；罪犯法律援助工作；罪犯亲属来访工作	生活卫生（狱内消费、被服伙食、卫生防疫、疾病医疗）；警用装备管理（执法装具、武器、车辆等）；财务管理；信息化服务；后勤管理；行政档案管理；基础设施建设；物资装备配发	人事管理（人事招聘、民警业绩档案管理等）；绩效考核工作；教育培训工作；监察审计工作；机关党建工作；离退休干部管理；工会工作	外部门业务协同；上下级业务协同

图1-11 智慧监狱顶层设计——业务架构蓝图

第1章 智慧监狱顶层设计

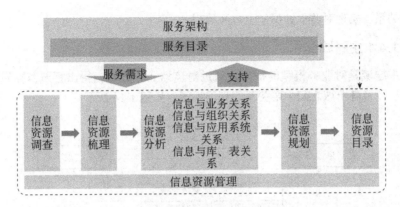

图 1-12 数据架构设计

（2）数据建模

数据建模是智慧监狱"顶层设计"建设的重要内容，基于智慧监狱的特点，开展基础信息库（ODS）建模、整合信息库（DW）建模和分析型数据库（DM）建模设计。

（3）数据治理

数据治理是保障数据质量、安全的有效手段，通过对监狱"顶层设计"元数据管理、数据质量检查与监控、数据安全管理、数据全生命周期管理，从而达到智慧监狱"顶层设计"的实现目标。

（4）数据标准与规范

基于智慧监狱"顶层设计"的特点建设相关的数据加工指导、管理的规范。数据标准与规范如图 1-13 所示。

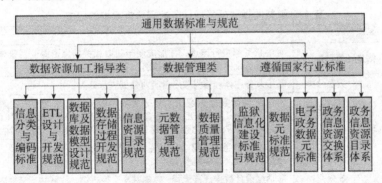

图 1-13 数据标准与规范

（5）信息资源目录

信息资源目录是数据对外展示的重要形式，基于对数据现状的分析建立智慧监狱"顶层设计"的信息资源目录，并建立信息资源与服务形式、数据库之间的关系,实现对监狱数据的全方面展现。

1.4.1 主题域

主题域是对业务模型的抽象,通过对监狱业务分析,得出智慧监狱数据主题域,以及各个域之间主要关系的高层视图,如图1-14所示。

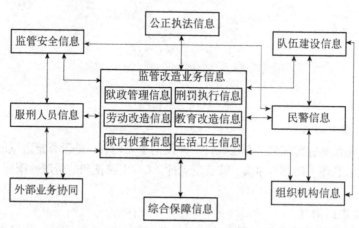

图 1-14 智慧监狱数据主题域

1.4.2 数据架构

数据架构是顶层设计的信息基础,是保证顶层设计服务的数据资源池。智慧监狱"顶层设计"数据总体架构主要由信息资源目录、数据架构、数据治理、数据标准与规范等几部分组成,如表12所示。

表 1-2 智慧监狱"顶层设计"数据总体架构的组成

序号	名称		说明
1	信息资源目录		对信息资源进行梳理,并形成便于获取相关信息资源的目录体系,通过该目录体系实现业务、服务与数据的全面融合
2	数据架构	数据分类	基于业务主体和信息表示分类对数据进行分类
		数据逻辑分布	将顶层设计数据库逻辑上划分为数据源(生产库)、原始数据缓存库、基础信息库(ODS)、整合信息库(DW)、分析型数据库(DM)、半结构化/非结构化数据文件库、协同共享交换库、历史归档库等
		数据建模	针对基础信息库、整合信息库、分析型信息库进行概念模型、逻辑模型、物理模型等建模设计
		数据交换与共享	对顶层设计数据迁移流程,数据共享交换机制,数据共享交换内容、数据共享交采用换技术等进行设计
3	数据治理		保障顶层设计稳定、高效运转的数据管理体系,主要包括数据生命周期管理、元数据管理、数据质量管理、数据安全管理
4	数据标准与规范		对顶层设计涉及的数据以及数据在应用、交换、管理过程中的数据项、数据属性、数据交换与共享接口等进行定义,为数据的传输交换、数据的应用服务以及数据的管理提供支持

第1章 智慧监狱顶层设计

智慧监狱"顶层设计"数据架构蓝图如图 1-15 所示。

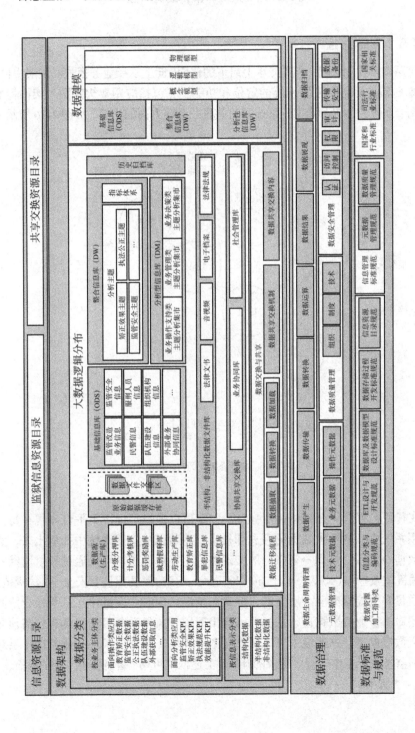

1.5 智慧监狱应用架构

1.5.1 目标路径

应用架构起到了统一规划、承上启下的作用，向上承接业务模式和发展方向，向下规划和指导各个应用系统的定位和功能。它包括应用架构蓝图、架构标准和原则、系统的边界和定义、系统间的关联关系等方面的内容，如图1-16所示。

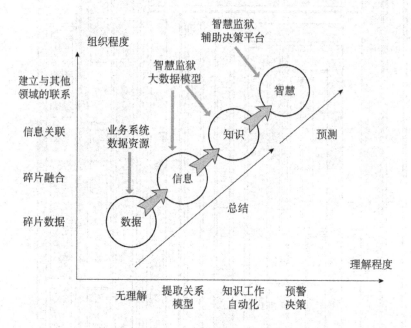

图1-16 "智慧监狱"的实现路径

在智慧监狱应用架构中，"智慧"二字可以通过辅助决策平台体现在每一个应用系统中。利用大数据的理念和技术，将数据从应用系统中抽取出来，实现"数据→信息→知识→智慧"的实现路径。具体地说，可以通过智慧监狱一系列关键绩效指标（Key Performance Indicator，KPI）来衡量监管安全、执法规范、矫正质量和效能提升4个层面的目标达到情况。同时，通过建立一系列智慧监狱模型对海量业务数据进行挖掘，筛选出适用于监狱政务目标并具有较高预测性的大数据模型，这些模型可以帮助业务管理层、业务决策层和业务操作层对未来的监管改造工作进行更有效的开展。上述框架可用"智慧监狱"金字塔描述，如图1-17所示。

第 1 章 智慧监狱顶层设计

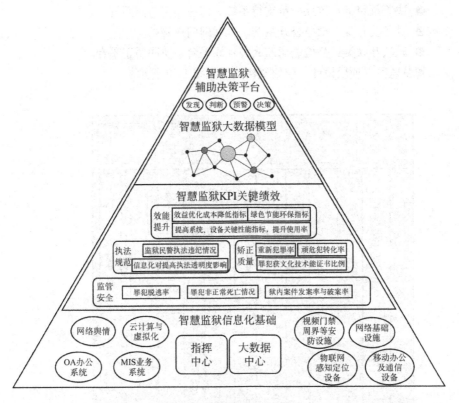

图 1-17 "智慧监狱"金字塔

1.5.2 应用架构

智慧监狱应用架构参考业务决策层级、业务管理层级、业务操作层级的职能分类，并增加公众应用层次，对应的智慧工作门户分别为决策层门户、管理层门户、业务层门户和服务层门户。根据监狱应用系统实际情况，并体现扁平化指挥思路，应用主题可划分为智慧安防类、智慧政务类、智慧矫正类、智慧执法类、决策预警类、狱务公开类和政法互联类。

● 智慧安防类：信息安防集成联动系统、指挥中心、物联网定位监管系统。

● 智慧政务类：OA 系统、移动办公平台、内网网站、消息协作平台、警察职工管理系统、监狱建设与保障系统。

● 智慧矫正类：教育改造管理系统、劳动改造管理系统。

● 智慧执法类：狱政管理信息系统、刑罚执行管理系统、生活保障及医疗卫生系统。

- 决策预警类：监狱决策支持系统、司法舆情监测系统。
- 狱务公开类：狱务公开系统、互联网门户网站。
- 政法互联类：公检法司监武警互联平台、协同矫正平台。

智慧监狱"顶层设计"应用架构蓝图如图 1-18 所示。

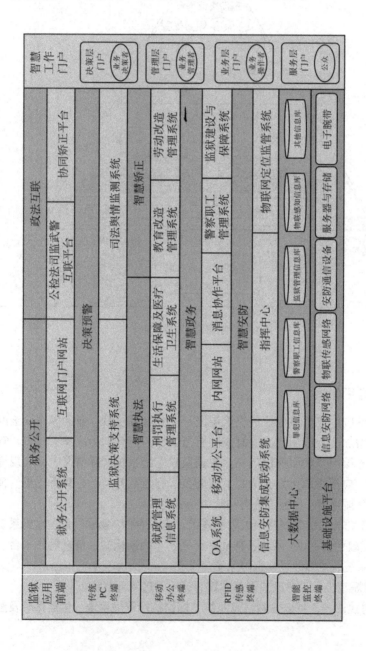

1.6 智慧监狱技术架构

1.6.1 关键技术

1. 物联网（The Internet of Things）

物联网就是"物物相连的互联网"，有两层含义：首先，物联网的核心和基础仍然是互联网，是在互联网基础之上的延伸和扩展的一种网络；其次，物联网的用户端延伸和扩展到了任何物品与物品之间，进行信息交换和通信。因此，物联网是通过射频识别（RFID）装置、红外感应器、全球定位系统、激光扫描器等信息传感设备，按约定的协议把任何物品与互联网相连接，使用 LAN、3G/4G、Wi-Fi、Bluetooth、Zigbee、UWB 等技术进行信息交换和通信，以实现智能化识别、定位、跟踪、监控和管理的一种网络。

物联网允许人与物、物与物、人与人之间进行便捷、无缝的连接，能够对整合网络内的人员、设备和基础设施实施实时的管理和控制，显然物联网技术非常适合监狱信息化的应用现状。物联网技术在监狱中的应用除了 M2M（M：Man 或 Machine）联动外，最具代表性的就是监控探头与无线定位，包括罪犯、民警的无线定位报警系统，劳动工具和危险品无线定位系统等。

2. 云计算（Cloud Computing）

云计算的核心思想是将大量用网络连接的计算资源统一管理和调度，构成一个计算资源池向用户按需服务。狭义的云计算是指信息技术基础设施的交付和使用模式，指通过网络以按需要和易扩展的方式获得所需资源。广义的云计算是指厂商通过建立网络服务器集群，向各种不同类型客户提供在线软件服务、硬件租借、数据存储、计算分析等不同类型的服务。

在云计算的服务层次上，顶层设计提供的内容包括基础设施即服务（IaaS）、平台即服务（PaaS）和软件即服务（SaaS）三个层面。在 IaaS 层面，顶层设计可以提供基于虚拟化的基础设施云服务，为各类应用按需提供所需的基础设施平台。在 PaaS 层面，顶层设计可以提供应用支撑云服务，通过统一的、按需分配应用支撑云服务平台支撑顶层设计各类服务。在 SaaS 层面，顶层设计可以提供集中式的信息服务，并可以依据用户权限提供个性化的按需定制。

3. SOA（Service-Oriented Architecture）

SOA 面向服务的体系结构或面向服务架构）是一个组件模型，它将应用程序的不同功能单元（称为服务）通过这些服务之间定义良好的接口和契约联系起来。接口是采用中立的方式进行定义的，它应独立于实现服务的硬件平台、操作系统和编程语言。这使得构建在各种这样的系统中的服务可以用一种统一和通用的方式进行交互。

SOA 架构体现在界面、业务和数据三个层面，如图 1-19 所示。

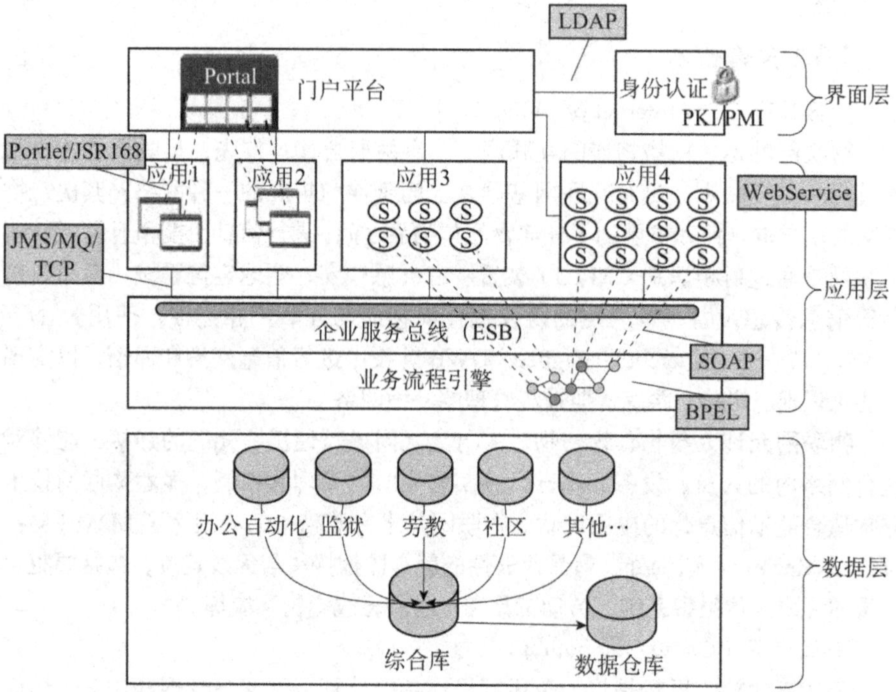

图 1-19　SOA 架构模型

(1) 界面整合

每一个应用都有自己的界面、逻辑、数据，在 SOA 架构中界面部分可以通过 JSR168 的标准接口整合在一起，使用接口为 Portlet 建设门户 Portal，把整个环境中的身份认证抽取出来成为统一的身份认证服务器，即建设统一的 LDAP 简单目录访问协议服务器，集成对人员、角色、身份、权限的统一管理。原先的应用中可能有自己的认证方式（比如用户名和口令表），需要以某种方式与 LDAP 实现身份同步。

（2）业务整合

不同的应用往往实现不同的业务，早期的业务应用在建设时往往是一个封闭的系统，与其他业务应用之间没有接口。需要将这样的业务串接起来，一般采用企业服务总线（ESB）的方式将两者连接在一起，通过通用的标准接口（比如 JMS、TCP）使应用之间可以实现基本的业务联动。

（3）数据整合

不同的应用有各自的业务库，业务库经过 ETL（Extract Transform Load，数据抽取、转换、装载的过程）工具的抽取、比对、清洗、转换、加载后进入综合库，历史数据进一步进入建模后的数据仓库。对于复杂的数据分析，则必须使用数据仓库才能完成。

4. 大数据（Big Data）

大数据是继物联网、云计算之后IT产业又一次颠覆性的技术变革。大数据指的是所涉及的资料量规模巨大到无法通过目前主流软件工具，在合理时间内达到撷取、管理、处理，并整理成为帮助企业经营决策更积极目的的资讯（大数据的基本特征可以从规模、变化频度、种类、价值密度等几个方面进行理解）。对于大数据特征的描述集中为5V，即规模化、多样化、快速化、潜藏价值及真实性。

监狱信息化建设经过多年发展，积累了大量的基础数据，包括业务数据、音视频资料、电子档案、法律文书、办公公文等各类数据。监狱物联网应用的发展则将带来几何级增长的异构多样化物联感知数据，这些数据中蕴含着大量的有效信息，常规的统计分析难以应对大数据的复杂度，如何将这些信息分拣去噪、提取利用，为未来的监管业务的决策预警提供参考将是智慧监狱发展探索的方向。如何对这类数据进行有效管理和应用将成为智慧监狱顶层设计的重要技术需求。

1.6.2 技术架构

智慧监狱技术架构采用监狱云管理平台模式，通过信息服务层、服务支撑层、信息资源层和基础资源层4个层面，以及标准规范体系、安全保障体系、运维保障体系三大体系实现对监狱云管理平台进行支撑。4个层面内容说明如下：

● 信息服务层（智慧监狱统一门户）：基础信息类服务、业务协同类服务、狱务公开类服务、业务决策类服务、应用支撑类服务、业务管理类服务、业务支持类服务。

● 服务支撑层（监狱信息服务总线/业务协同共享交换平台）：BI分析引擎、检索引擎、传输与交换、ETL、权限管理、安全审计、访问控制、数据加密、鉴别和认证、应用中间件（路由/负载均衡、应用池管理、消息总线、缓存管理、物联网中间件）。

● 信息资源层：数据源区（生产库）、数据交换区、数据整合区（信息资源库、半结构化非结构化数据文件库）、数据归档区（历史归档库）、共享交换区（协同共享交换库）、数据管理区（元数据库、数据质量管理库、ETL调度库、信息资源目录库）。

● 基础资源层：网络系统、主机系统、存储系统、容灾备份系统、安防系统、机房环境、物联网设备。

智慧监狱

智慧监狱"顶层设计"技术架构蓝图如图1-20所示。

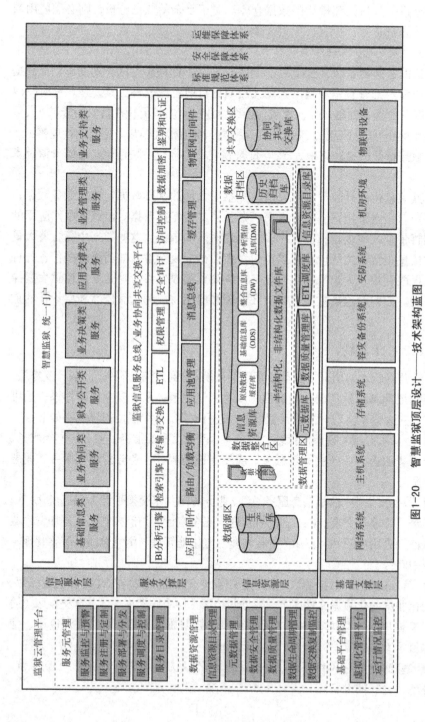

图1-20 智慧监狱顶层设计——技术架构蓝图

1.7 智慧监狱服务架构

1.7.1 服务参考模型

在进行智慧监狱"顶层设计"时，除了应用 TOGAF 方法外，还应注意其他的相关方法。目前影响较大，使用比较广泛的 EA 框架和方法论还有 FEA（Federal Enterprise Architecture，联邦企业架构）。作为美国联邦政府的电子政务顶层架构，FEA 是一个值得借鉴的重要顶层架构方法论，是系统分析政府的业务流程、服务能力、组织构件与所用技术的基础，其设计目的正是共享政府 IT 投资，实现政府信息资源的互联互通。FEA 参考模型如图 1-21 所示。

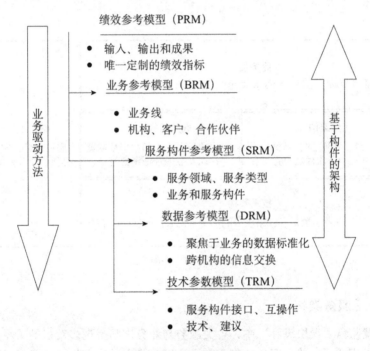

图 1-21 FEA 参考模型

注：原图取自 https://obamawhitehouse.archives.gov/omb/e-gov/fea

FEA 由 5 个参考模型组成：
- 绩效参考模型（FEA-PRM，Performance Reference Model）：为政府机构提供一般结果与产出指标的绩效测评框架。
- 业务参考模型（FEA-BRM，Business Reference Model）：描述了政府机构内部运行与对外向公民提供服务的业务流程，它构成 FEA 的基础内容。

● 服务构件参考模型（FEA-SRM，Service Component Reference Model）：基于构件的框架，能够支持应用程序的重用、应用系统能力、构件和业务服务。所谓构件就是一项可以自我控制的、事先已经进行功能设定的业务过程或服务。

● 数据参考模型（FEA-DRM，Data Reference Model）：描述那些支持项目计划与业务流运行过程的数据与信息。

● 技术参考模型（FEA-TRM，Technology Reference Model）：一种分级的技术架构，用于描述传输服务构件与提高服务性能的技术支持方式。

根据本书涉及范畴，"顶层设计"在原TOGAF涵盖的4种基本类型架构的基础上，结合FEA的服务构件参考模型，从业务架构、数据架构、应用架构、技术架构和服务架构5个方面对智慧监狱总体架构进行设计。EA范畴调整如图1-22所示。

业务架构		
业务战略、治理、组织和关键业务流程信息及其间的交互		
应用架构	数据架构	服务架构
应用系统、系统之间的交互，以及与核心业务流程之间的关系	组织的各类逻辑和物理数据资产，以及数据管理资源的结构	服务领域、服务类型、业务和服务构建
技术架构		
对于支持业务、数据和应用服务的部署来说必需的软硬件能力		

图1-22 EA范畴2

1.7.2 服务架构

智慧监狱"顶层设计"中，各类服务与业务之间呈现多对多的关系。在这样的需求模式下，单项服务的复用与灵活组合能力最为重要：一方面，借助IT服务的复用能力，使一项IT服务能够为多类业务提供辅助支持，降低服务的开发代价和实施、维护代价；另一方面，借助IT服务的灵活组合能力，将业务需求拆分到基本服务单元，以各种服务组合的方式最大程度地柔性面对需求变化，不仅满足现在的需求，同时也增强"顶层设计"系统在未来的抗风险性。

服务架构按如下方案设计，如图1-23所示。

第 1 章 智慧监狱顶层设计

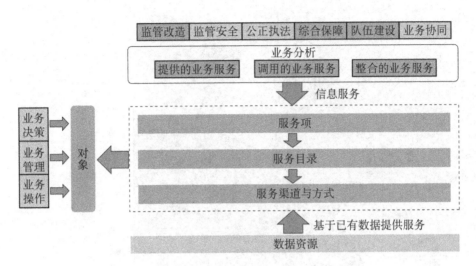

图 1-23 服务架构设计方案

● 服务对象：监狱领导、中层管理者、监区民警、服刑人员、公众、业务系统、公检法司武警、信息管理部门。

● 服务目录分类：业务支持类、业务管理类、应用支撑类、业务决策类、狱务公开类、业务协同类、基础信息类。

● 服务渠道与方式：服务接口、桌面电脑、互联网、移动终端、手机短信、电子邮件、电话、即时消息、管理终端等。

从服务架构设计到技术平台的信息服务层实现均使用面向服务的 SOA 架构模型。它将应用程序面向监管改造、监管安全、公正执法、综合保障、队伍建设、业务协同等服务的不同功能单元高度内聚为服务构件，并使服务构件具有标准化、松耦合、弹性粒度、按需组装的特性，从而实现业务架构、应用架构、数据架构、技术架构和服务架构的全面整合，动态调度服务于不同业务需求，形成融合全监狱信息化资源。

智慧监狱"顶层设计"服务架构蓝图如图 1-24 所示。

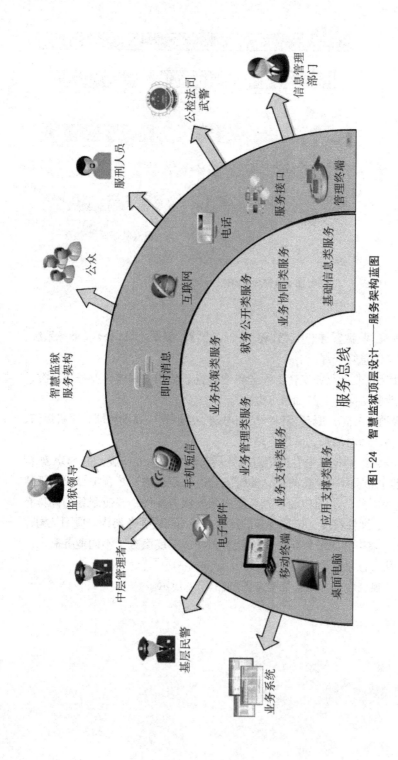

图1-24 智慧监狱顶层设计——服务架构蓝图

第2章 智慧监狱评价指标

2.1 评价指标相关说明

创建以"智慧"引领的监狱发展模式变革，顺应了经济社会发展形势，丰富和拓展了现代化文明监狱创建工作的内涵，对于确保监管安全、提升教育改造质量、促进公正执法、推动科技强警具有十分重要的意义。为了科学开展智慧监狱建设评估，需要制定相应的"智慧监狱指标体系"。

智慧监狱评价指标坚持导向性原则，充分体现智慧监狱的内涵、任务和目标要求；坚持合理性原则，评价指标将可根据国家政策导向和全国监狱实际发展情况适时进行调整；坚持可操作性原则，保证评价的科学、客观、公平、公正。评价指标具备以下特征：

- 可采集性。历史和当前数据采集应科学方便。
- 代表性。可较全面反映监狱工作的总体发展水平。
- 可比性。不同监狱之间、同一监狱不同时期可根据指标进行科学比较。
- 可扩展性。可根据实际发展情况对指标体系内容进行增减和修改。
- 引领性。评价指标的设计应对监狱工作的全面发展具有重要的指导价值。

智慧监狱评价指标编制依据有：

- 关于印发《2006—2020年国家信息化发展战略》的通知（中办发［2006］11号）；
- 《关于进一步加强执法工作信息化建设的通知》（政法［2006］30号）；
- 关于印发《全国司法行政系统信息化建设规划》的通知（司发通［2001］095号）；
- 关于印发《全国监狱信息化建设规划》的通知（司发通［2008］124号）；
- 《国务院关于推进物联网有序健康发展的指导意见》（国发［2013］7号）；
- 关于印发《现代化文明监狱标准》的通知（司法部2004年9月20日发布）。

2.2 指标体系设计

智慧监狱评价指标体系分为理念规划、基础设施、智慧应用、建设绩效和

智慧监狱

支持保障5个评价维度（一级指标），包括16个关键评价要素（二级指标），43个重要观测点。评价指标的测量统计采取分级量化、整体评估的形式，根据指标评价等级赋予分值，然后进行定性评估，化主观判断为客观数据。评价等级分为优秀、达标和不达标三个层次。优秀层次是鼓励监狱达到的标准，也是智慧监狱建设发展的方向；达标层次是智慧监狱建设应该达到的基本要求；否定性指标是对监管安全事故、民警执法违纪等事项实行"一票否决"。评价指标还鼓励监狱积极探索适合自身的特色创新项目，并给予额外特色加分。

表2-1 智慧监狱评价指标简表

评价维度(一级指标)	关键评价要素（二级指标）	重要观测点
理念规划	建设理念	领导的认识和重视程度
		基层警察的认识
	监狱规划	规划的科学性、规范性
		规划方案的实施
基础设施	智慧安防网络	基础网络设施建设水平
		安防工程设施建设水平
		智能化技术应用情况
	智慧数据中心	数据中心基础规划与架构
		基础数据库建设水平
		证据保全与容灾备份
		数据中心运营管理水平
		数据中心集成系统智能化程度
	智慧指挥中心	指挥中心基础设施建设水平
		指挥中心运营管理水平
		应急联动与应急预案
		实时预警、协作指挥与电子督查能力
		公检法司互联
智慧应用	智慧执法	业务系统规范，功能与性能
		软件集成与应用水平
		数据与接口
	智慧矫正	业务系统规范，功能与性能
		软件集成与应用水平
		数据与接口
	智慧政务	业务系统规范，功能与性能
		软件集成与应用水平
		数据与接口
建设绩效	监管安全	狱内案件发案率与破案率
		罪犯脱逃率
		罪犯非正常死亡情况

评价维度(一级指标)	关键评价要素（二级指标）	重要观测点
建设绩效	矫正质量	顽危犯转化率
		罪犯获得文化证书技能证书的比例
		违纪率和狱内再犯风险
		重新犯罪率
	执法规范	监狱警察执法违纪情况
		信息化系统对提高执法透明度的影响
	效能提升	提高系统、设备关键性能指标，提升使用率
		成本降低、效益提升、警力优化
		绿色、节能、环保
支持保障	规范体系	组织运行管理规范
		信息系统技术规范
		信息安全与运维规范
	资金保障	经费预算、经费来源及支出、财务制度及运行管理
	人才保障	警察专业结构和岗位配置情况、人事制度及运行管理
	社会支持	社会参与和支持情况

2.3 智慧监狱评价指标——理念规划

理念规划主要包括两个关键评价要素：建设理念和监狱规划。

1. 建设理念

重要观测点：两项，重点考察智慧监狱建设理念。

（1）领导的认识和重视程度。

优秀等级标准：具有先进的监狱工作理念，发展思路和目标明确，科学管理意识强。

达标等级标准：注重先进监狱工作理念的学习与研究，发展思路和目标清晰，有科学管理意识。

（2）基层民警的认识。

优秀等级标准：基层民警对智慧监狱建设的意义认识较深。

达标等级标准：基层民警对智慧监狱建设的意义有一定认识。

2. 监狱规划

重要观测点：两项，重点考察规划的顶层设计、实施步骤、资金预算等指标是否与部局、省局总体规划保持协调一致。

（1）规划的科学性、规范性。
优秀等级标准：监狱建设与发展规划科学合理，符合统一技术标准和规范。
达标等级标准：制定有监狱建设与发展规划，基本符合规范。
（2）规划方案的实施。
优秀等级标准：规划方案组织实施和管理监督步骤清晰、成效显著。
达标等级标准：规划方案能付诸实施，稳步推进。

2.4 智慧监狱评价指标——基础设施

基础设施主要包括三个关键评价要素：智慧安防网络、智慧数据中心和智慧指挥中心。

1. 智慧安防网络

重要观测点：三项。

（1）基础网络设施建设水平。

优秀等级标准：监狱网络层次功能划分齐全，有效做到安全隔离，监狱专网带宽及性能科学合理，在满足标准要求的同时具有一定的前瞻性，超过标准要求；网络实现"全覆盖"，基础网络覆盖监狱内部所有终端设施，覆盖率超过标准要求。

达标等级标准：监狱网络层次功能划分基本齐全，初步实现安全隔离，监狱专网带宽及性能达到基本要求，基础网络基本覆盖监狱内部所有终端设施，覆盖率达到基本要求。

（2）安防工程设施建设水平。

优秀等级标准：门禁、监控、对讲、周界、电网、报警等系统功能与性能超过标准要求，监控覆盖率达到100%，重点场所高清摄像头比例超过标准要求。

达标等级标准：门禁、监控、对讲、周界、电网、报警等系统功能与性能达到基本要求，监控覆盖率和重点场所高清摄像头比例达到基本要求。

（3）智能化技术应用情况。

优秀等级标准：传感网络投资比重和建设水平超过标准要求，物联网、云计算与大数据等新技术实际应用水平高。

达标等级标准：注重智能化等新技术应用的研究，有一定应用。

备注：符合司法部《监狱信息化 目标跟踪与地理信息管理业务规范(SF03007-2012)》。

2. 智慧数据中心

重要观测点：五项。

（1）数据中心基础规划与架构。

优秀等级标准：数据中心平面规划、电力规划、空调通风系统规划、机房设备与IT基础架构建设水平超过标准要求。

达标等级标准：数据中心平面规划、电力规划、空调通风系统规划、机房设备与IT基础架构达到合格要求。

（2）基础数据库建设水平。

优秀等级标准：罪犯信息、警察职工信息、监狱管理信息（狱政管理、刑罚执行、教育改造、劳动改造、生活卫生、狱内侦查、狱情犯情、生产管理等信息库）电子化率达到100%。

达标等级标准：罪犯信息、警察职工信息、监狱管理信息（狱政管理、刑罚执行、教育改造、劳动改造、生活卫生、狱内侦查、狱情犯情、生产管理等信息库）电子化率达到基本要求。

备注：符合司法部《监狱信息化 罪犯信息库编码规范 (SF03001-2012)》、司法部《监狱信息化 警察职工信息库数据规范 (SF03016-2012)》。

（3）证据保全与容灾备份。

优秀等级标准：监狱在证据保全、数据存储和备份系统、备用数据处理系统、备用网络系统、备用基础设施、技术支持、运营维护管理、灾难恢复预案等方面超过标准要求。

达标等级标准：监狱在证据保全、数据存储和备份系统、备用数据处理系统、备用网络系统、备用基础设施、技术支持、运营维护管理、灾难恢复预案等方面达到基本要求。

备注：符合国标《信息安全技术 信息系统灾难恢复规范 GB/T20988-2007》。

（4）数据中心运营管理水平。

优秀等级标准：自动化的流程管理手段水平高，大数据中心建设应用成效显著。

达标等级标准：运营管理水平达到基本要求，大数据中心建设应用初见成效。

（5）数据中心集成系统智能化程度。

优秀等级标准：数据中心集成系统（通信网络系统、办公自动化系统、监控系统、火灾自动报警系统、安全防范系统、人员及资产定位系统、音视频会议系统、综合布线系统、机房工程、防雷接地装置等）超过标准要求。

达标等级标准：数据中心集成系统建设达到基本要求。

3. 智慧指挥中心

重要观测点：五项。

（1）指挥中心基础设施建设水平。

优秀等级标准：指挥中心平面设计、布线设计、人体工程学、大屏技术、声学/电磁学影响、环境照明、配色理论、座席设计、报警信息、指挥室、安防监控、机房环境等超过标准要求。

达标等级标准：指挥中心基础设施建设达到基本要求。

（2）指挥中心运营管理水平。

优秀等级标准：指挥中心实现自动化操作、实现最小化人为干预、完善的管理工具和技术、优化的流程和步骤、物理环境的有效利用。

达标等级标准：指挥中心运营管理水平达到基本要求。

（3）应急联动与应急预案。

优秀等级标准：应急值守、指挥调度、安防信息集成管理、风险隐患监控管理、应急资源管理、应急评估管理等功能超过标准要求，能根据监狱地域特点和实际建设制定应急预案，积极加强预案的培训、演练工作。

达标等级标准：初步实现应急值守、指挥调度、安防信息集成管理、风险隐患监控管理、应急资源管理、应急评估管理等功能，制定有应急预案。

备注：符合司法部《监狱信息化 应急指挥联动系统业务与技术规范（SF03006-2012）》、《监狱信息化 应急预案管理业务规范(SF03005-2012)》。

（4）实时预警、协作指挥与电子督查能力。

优秀等级标准：对监狱日常管理、各类突发事件和犯罪的信息进行智能预警和实时报警，实现快速联动反应；省局、监狱两级指挥中心充分发挥警务协作指挥与电子督查职能。

达标等级标准：能够基本承担监管改造场所的狱务监控、警务督查、远程指挥等日常管理工作，对各类突发事件能做到实时预警。

（5）公检法司及驻监武警互联。

优秀等级标准：实现监狱与驻监武警部队之间相关安防报警信息的共享和业务协同；与司法局之间关于罪犯基本信息、罪犯改造信息、刑释人员信息的共享和业务协同；与公安之间关于罪犯基本信息、来监会见人员身份核查信息的共享和业务协同；与检察院之间关于罪犯基本信息、罪犯改造信息、罪犯刑罚执行信息的共享和业务协同；与法院之间关于刑事案件判决信息、减刑假释申请信息、减刑假释案件裁定信息的共享和业务协同。

达标等级标准：与驻监武警部队之间、与司法局之间、与公安之间、与检察院之间、与法院之间部分实现相关信息的共享和业务协同。

2.5 智慧监狱评价指标——智慧应用

智慧应用主要包括三个关键评价要素：智慧执法、智慧矫正和智慧政务。

1. 智慧执法

重要观测点：三项。

（1）业务系统规范，功能与性能。

优秀等级标准：核心业务领域建立管理规程和工作标准，核心业务规范全部符合统一标准要求，核心业务管理软件应用覆盖面达到90%以上；狱内侦查系统健全有效，实现罪犯危险等级智能评估，实现罪犯行政奖惩、收监离监等执法工作的网上流转、审批和监督检查，日常执法活动、生活卫生管理协同智能。

达标等级标准：核心业务领域建立管理规程和工作标准，核心业务规范基本符合标准要求，核心业务管理软件应用覆盖面达到60%。

备注：符合司法部《监狱信息化 刑罚执行业务规范(SF03008-2012)》、《监狱信息化 狱政管理业务规范(SF03004-2012)》。

（2）软件集成与应用水平。

优秀等级标准：软件系统全部实现集成，核心业务充分应用智能分析系统进行辅助管理决策，日常性工作的智能化控制和处理水平高，软件推广应用过程业务部门能够发挥主导地位，系统的可扩展性和可升级性高。

达标等级标准：软件系统部分集成，核心业务初步应用智能分析系统进行辅助管理决策，日常性工作能够采用智能化控制和处理。

（3）数据与接口。

优秀等级标准：刑罚执行管理系统与教育改造管理系统、劳动改造管理系统实现教育得分和劳动得分的共享接口；狱政管理系统与刑罚执行管理系统、教育改造管理系统、劳动生产管理系统等实现罪犯基本信息、罪犯计分考核信息、罪犯奖惩信息的共享接口；生活卫生管理系统与狱务公开系统实现罪犯狱内消费信息共享接口；数据定义符合统一的技术标准。

达标等级标准：数据初步实现共享，部分系统间实现联动。

2. 智慧矫正

重要观测点：三项。

（1）业务系统规范，功能与性能。

优秀等级标准：核心业务领域建立管理规程和工作标准，核心业务规范全部符合统一标准要求，核心业务管理软件应用覆盖面达到90%以上；智能分析罪犯教育矫正需求，科学评估罪犯教育矫正质量，建设罪犯教育专网，开发罪犯教育资源库，整合社会优质帮教资源；能严格执行习艺劳动的各项制度，习艺劳动管理安全、科学、智能，实现人力、资金、设备等资源的优化配置和有效利用，应用实现智能协同。

达标等级标准：核心业务领域建立管理规程和工作标准，核心业务规范基本符合标准要求，核心业务管理软件应用覆盖面达到60%。

备注：符合司法部《监狱信息化 教育改造业务规范(SF03009-2012)》、《监狱信息化 劳动改造业务规范(SF03011-2012)》。

（2）软件集成与应用水平。

优秀等级标准：软件系统全部实现集成，核心业务充分应用智能分析系统进行辅助管理决策，日常性工作的智能化控制和处理水平高，软件推广应用过程业务部门能够发挥主导地位，系统的可扩展性和可升级性高。

达标等级标准：软件系统部分集成，核心业务初步应用智能分析系统进行辅助管理决策，日常性工作能够采用智能化控制和处理。

（3）数据与接口。

优秀等级标准：教育改造管理系统与狱政管理系统实现教育得分信息共享接口；劳动改造管理系统与刑罚执行管理系统、狱政管理系统实现劳动得分信息共享接口；数据定义符合统一的技术标准。

达标等级标准：数据初步实现共享，部分系统间实现联动。

3. 智慧政务

重要观测点：三项。

（1）业务系统规范，功能与性能。

优秀等级标准：核心业务领域建立管理规程和工作标准，核心业务规范全部符合统一标准要求，核心业务管理软件应用覆盖面达到90%以上；监狱门户网站、狱务公开、电子政务平台实现高效公文流转、无纸化办公、智能协同办公；应用智能化手段提升民警日常管理效能，加大对民警履职情况的督查、考核，提升警务督察效能；按照"绿色、节能、环保"的要求，实现对警用技术装备，楼宇、食堂、医院、车辆、仓库、场馆等后勤保障设施及基建、财务等活动的统一管理、智能控制，降低监狱运行成本。

达标等级标准：核心业务领域建立管理规程和工作标准，核心业务规范基本符合标准要求，核心业务管理软件应用覆盖面达到60%。

备注：符合司法部《监狱信息化 门户网站业务与技术规范(SF03015-2012)》、《监狱信息化 狱务公开业务规范(SF03013-2012)》、《监狱信息化 警务人事业务规范(SF03014-2012)》。

（2）软件集成与应用水平。

优秀等级标准：软件系统全部实现集成，核心业务充分应用智能分析系统进行辅助管理决策，日常性工作的智能化控制和处理水平高，软件推广应用过程业务部门能够发挥主导地位，系统的可扩展性和可升级性高。

达标等级标准：软件系统部分集成，核心业务初步应用智能分析系统进行辅助管理决策，日常性工作能够采用智能化控制和处理。

（3）数据与接口。

优秀等级标准：OA系统与业务系统实现文书审批接口，即时通信系统与各业务系统实现消息提醒接口，电子邮件系统与各业务系统实现信息推送接口；狱务公开管理系统与狱政管理系统实现计分考核信息共享接口，与刑罚执行系统实现减刑假释名单信息共享接口；警务管理系统与其他业务系统实现警务信息共享接口，数据实时共享，数据定义符合统一的技术标准。

达标等级标准：数据初步实现共享，部分系统间实现联动。

2.6 智慧监狱评价指标——建设绩效

建设绩效主要包括4个关键评价要素：监管安全、矫正质量、执法规范和效能提升。

1. 监管安全

重要观测点：三项。

（1）狱内案件发案率与破案率。

等级标准：狱内年发案率低于千分之一；有效开展狱内案件侦查工作，年破案率达到95%以上；不发生狱内重大特大案件。

备注：该指标为否定性指标，参照司法部最新版《现代文明监狱标准》。

（2）罪犯脱逃率。

等级标准：连续三年无罪犯脱逃。

备注：该指标为否定性指标，参照司法部最新版《现代文明监狱标准》。

（3）罪犯非正常死亡情况。

等级标准：有效开展罪犯心理矫治工作，不发生罪犯自杀死亡事件；做好生活卫生工作，不发生食物中毒死亡事故；做好安全生产管理工作，无罪犯工伤死亡事故。

备注：该指标为否定性指标，参照司法部最新版《现代文明监狱标准》。

2. 矫正质量

重要观测点：三项。

（1）顽危犯转化率。

优秀等级标准：顽固犯、危险犯年转化率达到优秀标准。

达标等级标准：顽固犯、危险犯年转化率达到基本要求。

备注：参照司法部最新版《现代文明监狱标准》。

（2）罪犯获得文化证书、技能证书的比例。

优秀等级标准：罪犯刑满时获得文化证书、技术等级证书的人数比例达到优秀标准。狱内实际服刑在三年以上的罪犯，刑满时应至少掌握一门实用技术。

达标等级标准：罪犯刑满时获得文化证书、技术等级证书的人数比例达到基本要求。

备注：参照司法部最新版《现代文明监狱标准》。

（3）重新犯罪率。

优秀等级标准：罪犯刑满释放后5年内重新犯罪率达到优秀标准。

达标等级标准：罪犯刑满释放后5年内重新犯罪率不高于省内平均比例。

备注：参照司法部最新版《现代文明监狱标准》。

3. 执法规范

重要观测点：两项。

（1）监狱民警执法违纪情况。

等级标准：监狱刑罚执行制度健全，在办理减刑、假释和暂予监外执行中不发生违法违纪案件；不发生监狱领导班子成员被追究刑事责任的案件；不发生警察因体罚虐待罪犯、贪污受贿和渎职等被追究刑事责任的案件。

备注：该指标为否定性指标，参照司法部最新版《现代文明监狱标准》。

（2）信息化系统对提高执法透明度的影响。

优秀等级标准：智能化执法系统最大限度压缩自由裁量空间，执法透明度高，民警执法行为规范。

达标等级标准：信息化执法系统能对民警执法行为起到一定的规范作用。

4. 效能提升

重要观测点：三项。

（1）提高系统、设备关键性能指标，提升系统、设备使用率。

优秀等级标准：系统、设备关键性能指标在可靠性（平均无故障时间）、可用性（平均可修复时间）、可维护性方面有较大幅度提高，系统、设备使用率大幅提升，超过标准要求。

达标等级标准：系统、设备关键性能指标在可靠性（平均无故障时间）、可用性（平均可修复时间）、可维护性方面有一定提高，系统、设备使用率提升，达到基本要求。

（2）整体效益优化、总体成本降低。

优秀等级标准：整体效益大幅优化，投资和操作成本有效减少，信息化的复杂性有效降低，可实现快速重复建设。

达标等级标准：整体效益有所优化，投资和操作成本有所减少。

（3）绿色、节能、环保。

优秀等级标准：通过指标检测，有效降低了综合能耗、制冷制热需求和碳排放。

达标等级标准：通过指标检测，综合能耗、制冷制热需求和碳排放有一定程度减少。

2.7 智慧监狱评价指标——支持保障

支持保障主要包括4个关键评价要素：规范体系、资金保障、人才保障和社会支持。

1. 规范体系

重要观测点：三项。

（1）组织运行管理规范。

优秀等级标准：根据监狱智慧应用需求，优化重构监狱工作流程，规范组织管理体系，明确监狱指挥中心、数据中心等相关部门岗位职责，在网络与信息管理及智慧应用领域探索建立专业职位序列。

达标等级标准：组织管理体系基本符合规范要求，相关部门岗位职责基本明确。

（2）信息系统技术规范。

优秀等级标准：建立涵盖监狱各项业务数据交换和网络建设的信息技术规范，包括基础数据标准、网络平台建设标准、业务平台建设标准和数据交换标准等。

达标等级标准：基本建立起符合监狱各项业务数据交换和网络建设的信息技术规范。

（3）信息安全与运维规范。

优秀等级标准：按照国家信息安全相关法律、法规、标准及政策要求，组织建立完整的信息安全体系和运维体系并实施，确保监狱网络与信息系统安全。

达标等级标准：信息安全体系和运维体系初步建立，监狱网络与信息系统安全环境逐步完善。

备注：符合ISO27001标准、ISO27002标准。

2. 资金保障

重要观测点：一项。

经费预算、经费来源及支出、财务制度及运行管理。

优秀等级标准：建设经费列入财政预算，建立了项目建设和运维动态保障机制；建立多方资金筹措渠道，项目建设资金自筹能力强；建立资金使用管理制度，严格监督评价，资金使用绩效好。

达标等级标准：强调建设经费投入，初步建立了项目建设和运维动态保障机制和资金使用管理制度。

3. 人才保障

重要观测点：一项。

民警专业结构和岗位配置情况、人事制度及运行管理。

优秀等级标准：分层、分类建立专业人才培养培育体系，形成良好的人才成长激励机制，推动民警队伍职业化建设，民警满意度高。

达标等级标准：专业人才培养培育体系初步建立，积极推动民警队伍职业化建设，民警访谈基本满意。

4. 社会支持

重要观测点：一项。

社会参与建设和支持情况。

优秀等级标准：广泛吸纳社会资源，企业和高校科研院所参与规划建设、提供相关支持程度高。

达标等级标准：社会参与建设和支持程度一般。

2.8 智慧监狱指标体系分类及参考值

智慧监狱指标体系分类及参考值如表2-2所示。

第2章 智慧监狱评价指标

表2-2 智慧监狱指标体系分类及参考值

评价维度 (一级指标)	关键评价要素 (二级指标)	重要观测点	参考分值	评价等级标准 优秀	评价等级标准 达标	备注
理念规划 (100分)	建设理念 (50分)	领导的认识和重视程度	40分	具有先进的监狱工作理念，发展思路和目标明确，科学管理意识强	注重先进监狱工作理念的学习与研究，发展思路和目标清晰，有科学管理意识	重点考察智慧监狱建设理念
		基层民警的认识	10分	基层民警对智慧监狱建设的意义认识较深	基层民警对智慧监狱建设的意义有一定认识	
	监狱规划 (50分)	规划的科学性、规范性	20分	监狱建设与发展规划科学合理，符合统一技术标准和规范	制定有监狱建设与发展规划，基本符合规范	重点考察规划的顶层设计、实施步骤、资金预算等指标是否与部局、省总体规划保持协调一致
		规划方案的实施	30分	规划方案组织实施和管理监督步骤清晰，成效显著	规划方案能付诸实施，稳步推进	
基础设施 (240分)	智慧安防网络 (100分)	基础网络设施建设水平	30分	监狱网络层次功能划分齐全，安全做到安全隔离，监狱专网带宽及性实现科学合理，在满足当前要求的同时具有一定的前瞻性的标准要求，超过实现"全覆盖"，基础网络覆盖监狱内部所有终端设施，覆盖率超过标准要求	监狱网络层次功能划分基本齐全，初步实现安全隔离，监狱专网带宽及性能达到基本要求，基础网络覆盖监狱内部所有终端设施，覆盖率达到基本要求	
		安防工程设施建设水平	30分	门禁、监控、对讲、周界、电网、报警等系统功能与性能超过标准要求，监控覆盖率和重点场所高清摄像机比例100%，重点场所高清摄像机比例超过标准要求	门禁、监控、对讲、周界、电网、报警等系统功能与性能达到基本要求，监控覆盖率和重点场所高清摄像机比例所达到基本要求	

· 43 ·

(续表)

评价维度（一级指标）	关键评价要素（二级指标）	评价指标 重要观测点	参考分值	评价等级标准 优秀	评价等级标准 达标	备注
基础设施（240分）	智慧安防网络（100分）	智能化技术应用情况	40分	传感网络投资比重和建设水平超过标准要求，物联网、云计算等大数据新技术实际应用水平高	注重智能化等新技术应用的研究，有一定应用	符合司法部《监狱信息化目标跟踪与地理信息管理业务规范》（SF03007-2012）
		数据中心基础规划与架构	10分	数据中心平面规划、电力规划、空调通风系统规划、机房设备与IT基础架构建设水平超过标准要求	数据中心平面规划、电力规划、空调通风系统规划、机房设备与IT基础架构达到合格要求	
	智慧数据中心（70分）	基础数据库建设水平	20分	罪犯信息、警察职工信息、监狱管理信息（狱政管理、劳动改造、教育改造、狱内侦查、卫生、生产管理等信息库）电子化率达到100%	罪犯信息、警察职工信息、监狱管理信息（狱政管理、劳动改造、教育改造、狱内侦查、卫生、生产管理等信息库）电子化率达到基本要求	符合司法部《监狱信息化监犯信息库编码规范》（SF03001-2012）、司法部《信息化警察职工信息库数据规范》（SF03016-2012）
		证据保全与容灾备份	10分	监狱在证据保全、数据存储和备份系统、备用网络系统、备用数据处理系统、备用基础设施、技术支持、运营维护管理、灾难恢复预案等方面超过标准要求	监狱在证据保全、数据存储和备份系统、备用网络系统、备用数据处理系统、备用基础设施、技术支持、运营维护管理、灾难恢复预案等方面达到基本要求	符合国标《信息安全技术信息系统灾难恢复规范》GB/T20988-2007
		数据中心运营管理水平	10分	自动化的流程管理手段水平高，大数据中心建设应用成效显著	运营管理水平达到基本要求，数据中心建设达到初见成效	

第 2 章 智慧监狱评价指标

(续表)

评价维度 (一级指标)	关键评价要素 (二级指标)	评价指标		评价等级标准		备注
		重要观测点	参考分值	优秀	达标	
基础设施 (240分)	智慧指挥中心 (70分)	数据中心集成系统智能化程度	20分	数据中心集成系统（通信网络系统、办公自动化系统、监控系统、火灾自动报警系统、安全防范系统、人员及资产定位系统、音视频会议系统、综合布线系统等）机房工程、防雷接地装置超过标准要求	数据中心集成系统建设达到基本要求	
		指挥中心基础设施建设水平	10分	指挥中心平面设计、布线工程设计、人体工程学、大屏技术、配色设计、环境照明、电磁学影响、声学/座席设计、报警信息、指挥安防监控、机房环境等超过标准要求	指挥中心基础设施建设达到基本要求	
		指挥中心运营管理水平	20分	指挥中心实现自动化操作，实现最小化人为干预，完善的流程和步骤，具和技术，优化的物理环境的有效利用	指挥中心运营管理水平达到基本要求	
		应急联动与应急预案	20分	应急值守、指挥调度、安防信息集成管理、应急资源管理、风险隐患管理、应急评估管理等功能超过标准要求，能根据监狱地域特点和实际建设制定应急预案，积极加强预案的培训、演练工作	初步实现应急值守、安防信息集成管理、指挥调度、风险隐患监控管理、应急资源管理、应急评估管理等功能。制定有应急预案	符合司法部《监狱信息化应急指挥联动系统技术规范》（SF 03006-2012），《监狱信息化应急业务预案管理规范》(SF03005-2012)

(续表)

评价维度(一级指标)	关键评价要素(二级指标)	重要观测点	参考分值	评价等级标准		备注
				优秀	达标	
基础设施(240分)	智慧数据中心(70分)	实时预警、协作指挥与电子督查能力	10分	对监狱日常管理、各类突发事件和犯罪的信息的智慧联动反应;省、监狱两级指挥中心充分发挥日常管理工作、警务协作指挥与电子督查职能	能够基本承担监管改造场所的狱务监控、警务督查、远程指挥等日常管理工作,对各类突发事件能做到实时预警	
		公检法司及驻监武警互联	10分	实现监狱与驻监武警部队之间相关安防报警信息的共享和业务协同;与司法局之间关于罪犯改造信息、刑释人员的共享和业务协同;与公安之间关于罪犯核查信息、来监会见人员身份核查信息、罪犯基本信息的共享和业务协同;与检察院之间关于刑罚执行信息、罪犯申请案件判决信息的共享和业务协同;与法院之间关于刑事案件、减刑假释案件裁定信息的共享和业务协同	与驻监武警部队之间、与公安之间、与司法局之间、与检察院之间部分实现相关信息的共享和业务协同	
智慧应用(240分)	智慧执法(80分)	业务系统规范、功能与性能	40分	核心业务领域建立管理规程和工作标准,核心业务规范全部符合统一标准,核心业务应用覆盖面达到90%以上;狱内侦查系统健全有效,实现罪犯危险等级智能评估	核心业务领域建立管理规程和工作标准,核心业务规范基本符合标准要求,核心业务管理软件应用覆盖面达到60%	符合司法部《监狱信息化刑罚执行业务规范(SF03008-2012)》、《监狱政管理业务规范(SF03004-2012)》

（续表）

评价维度 （一级指标）	关键评价要素 （二级指标）	重要观测点	参考分值	评价等级标准 优秀	评价等级标准 达标	备注
智慧应用 （240分）	智慧执法 （80分）	业务系统规范、功能与性能	40分	行政奖惩、收监离监等执法工作的网上流转，审批和监督检查，日常执法活动、生活卫生管理协同智能	软件系统部分集成，核心业务辅助管理进行管理工作能够采用智能初步应用智能分析辅助管理决策，日常性工作能够采用智能化控制和处理	
		软件集成与应用水平	20分	软件系统全部实现集成，业务充分应用智能分析辅助管理决策，日常性工作的智能化控制和处理水平高，软件推广应用过程业务部门能够发挥主导地位，系统的可扩展性和可升级性高		
		数据与接口	20分	刑罚执行管理系统与教育改造管理系统、劳动改造管理系统实现教育改造管得与劳动改造管理系统与刑罚执行管理系统；被狱政管理系统实现基本罪犯生产管理系统实现基本罪犯信息，罪犯计分考核接口，罪犯卫生奖惩信息的共享；罪犯卫生管理系统与狱内消费管理系统罪犯信息共享接口，数据定义符合统一的技术标准	数据初步实现共享，部分系统间实现联动	
	智慧矫正 （80分）	业务系统规范、功能与性能	40分	核心业务领域建立管理规程和工作标准，核心业务规范全部符合统一标准要求，核心业务管理软件应用符合统一标准	核心业务领域建立管理规程和工作标准，核心业务规范基本符合标准要求，核心业务管理软件应用符合标准	符合司法部《监狱信息化教育改造业务规范（SF03009-

· 47 ·

（续表）

评价维度 （一级指标）	关键评价要素 （二级指标）	重要观测点	参考分值	评价等级标准		备注
				优秀	达标	
智慧应用 （240分）	智慧矫正 （80分）	业务系统规范、功能与性能	40分	件应用覆盖面达到90%以上；智能分析评估罪犯矫正需求，科学教育罪犯，整合社会优质教育资源，建设罪犯教育专网，开发优质教育资源库；能严格罪犯习艺劳动的各项制度，智能、实现习艺劳动管理安全、资金、人力、设备等资源的优化配置和有效利用，应用实现优智能协同	用覆盖面达到60%	2012)》、《监狱信息化劳动改造业务规范(SF03011-2012)》
		软件集成与应用水平	20分	软件系统全部实现集成，核心业务充分应用智能分析系统进行辅助管理决策，日常性工作的智能化控制和处理水平广泛应用过程业务部门能够发挥主导地位，系统的可扩展性和可升级性高	软件系统部分集成，核心业务初步应用智能分析系统进行辅助管理决策，日常性工作能够采用智能化控制和处理	
		数据与接口	20分	教育改造管理系统与狱政管理系统实现教育得分信息共享接口；劳动改造管理系统与刑罚执行管理系统、狱政管理系统实现劳动得分信息共享接口；数据信息共享符合统一的技术标准	数据初步实现共享、部分系统间实现联动	

第 2 章 智慧监狱评价指标

（续表）

评价指标				评价等级标准		备注
评价维度（一级指标）	关键评价要素（二级指标）	重要观测点	参考分值	优秀	达标	
智慧应用（240分）	智慧政务（80分）	业务系统规范、功能与性能	40分	核心业务领域建立管理规程和工作标准，核心业务规范全部符合统一标准，核心业务管理规范覆盖面达到90%以上；电子政务平台实现高效公文流转、无纸化办公、智能协同办公、狱务公开，监狱门户网站，电子政务平台实现高效公文流转、无纸化办公、智能协同办公；智能化手段提升民警履职情况的督查、考核；提升警务督察效能，加大对民警的督查督办能，按照"绿色、节能、环保"的要求，实现对警用技术装备、车辆、宅、食堂、医院、仓库、场馆等后勤保障设施以及基建、财务等活动的统一管理、智能监控，降低监狱运行成本	核心业务领域建立管理规程和工作标准，核心业务规范基本符合标准要求，核心业务管理软件应用覆盖面达到60%	符合司法部《监狱信息化门户网站技术与业务规范》（SF03015-2012）、《监狱信息化狱务公开业务规范》（SF03013-2012）、《监狱信息化警务人事业务规范》（SF03014-2012）
		软件集成与应用水平	20分	软件系统全部实现集成，核心业务充分应用智能分析系统进行辅助管理决策，日常性工作处理水平高，软件推广应用过程能够发挥主导地位，系统的可扩展性和可升级性高	软件系统部分集成，核心业务初步应用智能分析系统进行辅助管理决策，日常性工作能够采用智能化控制和处理	

(续表)

评价维度（一级指标）	关键评价要素（二级指标）	评价指标 重要观测点	参考分值	评价等级标准 优秀	评价等级标准 达标	备注
智慧应用（240分）	智慧政务（80分）	数据与接口	20分	OA系统与业务系统实现文书审批接口，即时通信消息提醒业务系统与各业务系统实现接口，电子邮件系统与业务系统实现信息推送接口，狱务公开管理系统与狱政管理系统实现分会核信息共享接口，与刑讯执行分系统实现共享接口，刑狱释名单信息共享接口，警务管理系统与其他业务系统实现共享接口，警务信息共享与数据实时共享，数据定义符合统一的技术标准	数据初步实现共享，部分系统实现联动	
建设绩效（300分）	监管安全（90分）	狱内案件发案率与破案率	30分	狱内年发案率低于千分之一；有效开展狱内案件侦查工作，年破案率达到95%以上；不发生狱内重大特大案件		该指标为否定性指标，参照司法部最新版《现代文明监狱标准》
		罪犯脱逃率	30分	连续三年无罪犯脱逃		该指标为否定性指标，参照司法部最新版《现代文明监狱标准》
		罪犯非正常死亡情况	30分	有效开展罪犯心理矫治工作，不发生罪犯自杀死亡事件；做好卫生工作，不发生食物中毒死亡事故；做好安全生产管理工作，无罪犯工伤死亡事故		该指标为否定性指标，参照司法部最新版《现代文明监狱标准》

第 2 章 智慧监狱评价指标

(续表)

评价维度 (一级指标)	关键评价要素 (二级指标)	重要观测点	参考分值	评价等级标准		备注
				优秀	达标	
建设绩效 (300分)	矫正质量 (90分)	顽危犯转化率	30分	顽固犯、危险犯年转化率达到优秀标准	顽固犯、危险犯年转化率达到基本要求	参照司法部最新版《现代文明监狱标准》
		罪犯获得文化证、技能证书的比例	30分	罪犯刑满时获得文化证书、技术等级证。狱内实际服刑在三年以上的罪犯、刑满时应至少掌握一门实用技术	罪犯刑满时获得文化证书、技术等级证的人数比例达到基本要求	参照司法部最新版《现代文明监狱标准》
		重新犯罪率	30分	罪犯刑满释放后5年内重新犯罪率达到优秀标准	罪犯刑满释放后5年内重新犯罪率不高于全省平均比例	参照司法部最新版《现代文明监狱标准》
	执法规范 (70分)	监狱民警执法违纪情况	50分	监狱刑罚执行制度健全、不发生违法违纪案件；不发生警察因体罚虐待罪犯、贪污受贿和渎职等案件	执法系统对民警执法行为起到一定的规范作用	该指标为否定性指标，参照司法部最新版《现代文明监狱标准》
		信息化系统对提高执法透明度的影响	20分	智能化执法系统最大限度压缩自由裁量空间、执法透明度高，民警执法行为规范		
	效能提升 (50分)	提高系统、设备关键性能指标，提升使用率	20分	系统、设备关键性（平均无故障时间）、可用性（平均可修复时间）、可维护性方面有较大幅度提高、设备使用率大幅度提升，超过标准要求	系统、设备关键性能指标在可靠性（平均无故障时间）、可用性（平均可修复时间）、可维护性方面有一定提高、设备使用率提升，达到基本要求	

(续表)

评价维度（一级指标）	关键评价要素（二级指标）	重要观测点	参考分值	评价等级标准 优秀	评价等级标准 达标	备注
建设绩效（300分）	效能提升（50分）	整体效益优化、总体成本降低	20分	整体效益大幅优化，投资大幅减少，成本有效降低，可实现快速重复建设	整体效益有所优化，投资和操作成本有所减少	
		绿色、节能、环保	10分	通过指标检测，有效降低了综合能耗，制冷制热需求和碳排放	通过指标检测，综合能耗、制冷制热需求和碳排放有一定程度减少	
支持保障（120分）	规范体系（60分）	组织运行管理规范	20分	根据监狱智慧应用需求、优化重构监狱工作流程、规范组织管理体系，明确相关部门岗位职责、数据中心等相关指挥管理、在网络与信息管理及智慧应用领域建立专业职位序列	组织管理体系基本符合规范要求、相关部门岗位职责基本明确	
		信息系统技术规范	20分	建立涵盖监狱各项业务数据和网络建设的信息技术规范，包括基础数据标准、业务数据交换标准、网络平台建设标准和数据交换标准等	基本建立起符合监狱各项业务数据交换和网络建设的信息技术规范	
		信息安全与运维规范	20分	按照国家信息安全相关法律、法规、标准及政策要求，组织建立完整的信息安全体系和运维体系，并实施，确保监狱网络与信息系统安全	信息安全体系和运维体系初步建立，监狱网络与信息系统安全环境逐步完善	符合ISO27001标准、ISO27002标准

（续表）

评价维度(一级指标)	关键评价要素(二级指标)	重要观测点	参考分值	评价等级标准		备注
				优秀	达标	
支持保障(120分)	资金保障(20分)	经费预算、经费来源及支出、财务制度及运行管理	20分	建设经费列入财政预算，建立了项目建设和运维动态保障机制；建设资金多方筹集能力强，建立资金使用管理制度，严格监督评价，资金使用绩效好	强调建设经费投入，初步建立了项目建设和运维保障机制和资金使用管理制度	
	人才保障(20分)	民警专业结构和岗位配置情况、人事制度及运行管理	20分	分层、分类建立专业人才培育体系，形成良好的人才成长激励机制，推动民警队伍职业化建设，民警满意度高	专业人才培养培育体系初步建立，积极推动民警队伍职业化建设，民警访谈基本满意	
	社会支持(20分)	社会参与建设和支持情况	20分	广泛吸纳社会资源，企业和高校科研院所参与规划建设，提供相关支持程度高	社会参与建设和支持程度一般	
特色加分(50~100分)		鼓励监狱积极探索特色创新项目				

注：满分值为1000分，特色加分额外计算

第二部分 智慧安防篇

第 3 章 监狱物联网

监狱物联网是指通过安装在监狱环境、物品及佩带在罪犯、民警等身体上的 RFID 射频识别装置、各类传感器、全球定位系统、激光扫描器等信息传感设备，采集感知监狱相关信息，按约定的协议，经过接口与互联网相连接，实现人与物体或是物体与物体相互间的沟通和对话（即 M2M），从而给物体赋予"智能"，实现智能化识别、定位、跟踪、监控和精细化管理的一种网络。

基于传感感知技术的成熟和规模化应用，监狱物联网将为监狱大数据应用的落地提供全面有效的数据支撑。从基础设施建设的角度，智慧监狱在某种意义上就是物联网监狱。

3.1 物联网体系架构

物联网是通过信息传感设备，按约定的协议实现人与人、人与物、物与物之间全面互联的网络，其主要特征是通过信息传感设备等方式获取物理世界的各种信息，结合互联网、通信网等网络进行信息传送与交互，采用智能计算技术对信息进行分析处理，从而提高对物质世界的感知能力，实现智能化的决策和控制。物联网的体系架构可分为三层：感知层、网络层和应用层，如图 3-1 所示。

感知层由大量具有感知和识别功能的设备组成，包括振动传感器、二氧化碳浓度传感器、温度传感器、湿度传感器、二维码标签、RFID 标签和读写器、视频摄像机、GPS 等感知终端。感知层的作用相当于人的眼耳鼻喉和皮肤等神经末梢，它是物联网识别物体、采集信息的来源，其主要功能是识别物体，采集信息。

网络层由各种自组织网络、互联网、有线和无线通信网、网络管理系统和云计算平台等组成，相当于人的神经中枢和大脑，负责传递和处理感知层获取的信息。

应用层是物联网和用户（包括人、组织和其他系统）的接口，它与行业需求结合，实现物联网的智能应用。物联网的行业特性主要体现在其应用领域内，目前智能物流、电网管理、绿色农业、工业监控、公共安全、城市管理、远程医疗、智能家居、智能交通、环境监测等各个行业均有物联网应用的尝试。

智慧监狱

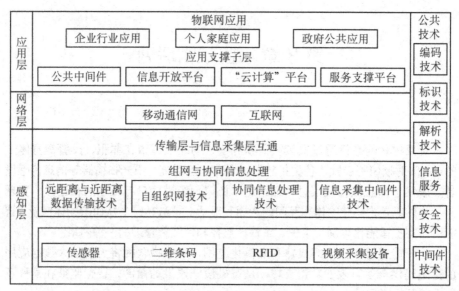

图 3-1 物联网体系架构图

3.2 物联网编码技术

3.2.1 EPC

1999年，美国麻省理工大学成立 Auto-ID 中心，致力于自动识别技术的开发和研究。Auto-ID 中心在美国统一代码委员会（UCC）的支持下，将 RFID 技术与互联网结合，提出了产品电子代码（EPC）的概念。国际物品编码协会（EAN，后更名为 GS1）与美国统一代码委员会将全球统一标识编码体系植入 EPC 概念当中，从而使 EPC 纳入全球统一标识系统。世界上一些著名的研究性大学——英国剑桥大学、澳大利亚阿德雷德大学、日本庆应义塾大学、瑞士圣加仑大学以及中国的复旦大学相继加入并参与 EPC 的研发工作。该项工作还得到了沃尔玛、可口可乐、宝洁、吉列、强生、辉瑞、联合利华、UPS 快递等 100 多家国际大公司的支持。

2003年11月1日，国际物品编码协会正式接管了 EPC 在全球的推广应用工作，成立了 EPC Global，负责全球 EPC 的管理和实施。EPC Global 授权 GS1 在各国的编码组织成员负责本国的 EPC 工作，各国编码组织的主要职责是管理 EPC 注册和标准化工作，在当地推广 EPC 系统和提供技术支持及培训 EPC 系统用户。在我国，EPC Global 授权中国物品编码中心作为唯一代表负责我国 EPC

系统的注册管理、维护及推广应用工作。EPC Global 的成立为 EPC 系统在全球的推广应用提供了有力的组织保障。EPC Global 旨在搭建一个可以自动识别任何地方、任何事物的开放性的全球网络，即 EPC 系统，可以形象地称为"物联网"。构想中，RFID 标签中存储的 EPC 代码通过无线数据通信网络把它们自动采集到中央信息系统，实现对物品的识别，进而通过开放的计算机网络实现信息交换和共享，实现对物品的透明化管理。

1.EPC 定义

EPC（Electronic Product Code，电子产品代码）提供对物理世界对象的唯一标识。EPC 借助计算机网络来标识和访问一个物品，就如同在互联网中使用 IP 地址来标识、组织和通信一样。EPC 系统的最终目的是为每一个单品建立全球的、开放的标识标准，实现全球范围内对单件产品的跟踪与追溯，从而有效提高供应链管理水平、降低物流成本。EPC 是一个完整的、复杂的、综合的系统。

EPC 系统由 EPC 编码体系、射频识别体系、信息网络系统三部分组成，主要包括 EPC 编码标准、EPC 标签、识读器、神经网络软件（Savant 系统）、对象名称解析服务（Object Naming Service,ONS）和实体标记语言（Physical Markup Language,PML）6 个方面，如表 3-1 所示。

表 3-1 EPC 系统构成

系统构成	名称
EPC 编码体系	EPC 编码标准
射频识别体系	EPC 标签
	识读器
信息网络系统	神经网络软件（Savant 系统）
	对象名称解析服务
	实体标记语言

（1）EPC 编码体系是新一代的与全球贸易项目代码（GTIN）兼容的编码标准，它是全球统一标识系统的拓展和延伸，是全球统一标识系统的重要组成部分，是 EPC 系统的核心与关键。

（2）EPC 射频识别系统是由射频标签和识读器组成。射频标签是 EPC 的载体，附着于跟踪的物品上在全球流通。射频标签和识读器之间利用无线感应方式进行信息交换。

（3）信息网络系统是由本地网络与全球互联网组成，是实现信息管理、信息流通的功能模块。EPC 系统的信息网络系统是在全球互联网的基础上，通过 EPC 中间件及对象名称解析服务器和实体标记语言实现"实物互联"。

2.EPC 编码策略

EPC 的编码策略具有如下特点：

（1）唯一性。与当前广泛使用的 EAN-UCC 代码不同的是，EPC 提供给每个物理对象一个唯一标识。即一个 EPC 编码仅仅分配给一个物品使用。根据产品的不同性质，如规格、重量、形状、包装、颜色、气味等，赋予不同的商品代码。即使同一厂商的同一规格的同一种产品也对应一个不同的代码。EPC Global 采取了足够的编码数量来确保实体对象实现唯一标识。EPC 编码冗余度如表 3-2 所示。从汽车的年产量（大约 600 万辆）到大米年产量的总粒数（粗略估计约 1.3 亿亿粒），EPC 有足够大的地址空间来标识所有这些对象。

表 3-2 EPC 编码冗余

位数	唯一编码数	对象
23	6×10^6/年	汽车
29	5.6×10^8 使用中	计算机
33	6×10^9	人口
34	2×10^{10}/年	剃刀刀片
54	1.3×10^{16}/年	大米粒数

（2）永久性。对于一些特殊的产品，EPC 代码的使用周期是永久的，产品代码一经分配，就不再更改。当此种产品不再生产时，其对应的产品代码只能搁置起来，不得重复起用或分配给其他的商品。

（3）简易性。EPC 的编码简单，同时又能提供实体对象的唯一标识。以往的编码方案很少能被世界各国和各行业广泛采用，原因之一就是编码复杂导致不适用。

（4）扩展性。EPC 编码留有备用空间，拥有足够的冗余，具有可扩展性，从而确保了 EPC 系统的可持续发展。

（5）安全性。安全的传输、存储和实现是 EPC 能否被广泛采用的基础。EPC 编码可以与加密技术相结合，具有高度的保密性和安全性。

3.EPC 编码体系

EPC 编码体系是新一代的产品编码体系，它是全球统一标识系统的延伸和拓展，是全球统一标识系统的重要组成部分，是 EPC 系统的核心与关键。EPC 编码是由一个版本号和另外三段数据（依次为域名管理、对象种类、序列号）组成的一组数字。其中版本号标识 EPC 的版本号，它使得以后的 EPC 可有不同的长度或类型；域名管理是描述与此 EPC 相关的生产厂商的信息；对象种类类型是描述生产厂商生产的产品型号；序列号唯一标识物品，它可以精确地告诉我们究竟是哪一个产品。

目前，EPC 编码有 64 位、96 位和 256 位三种方案（位数均为二进制）。如表 3-3

所示,以 96 位 EPC 编码为例,可以为 2.68 亿个公司提供唯一标识,每个生产厂商可以有 1600 万个对象种类并且每个对象种类可以有 680 亿个序列号,这对未来世界的所有产品来说已经足够使用了。

表 3-3 EPC 编码类型

编码方案	编码类型	版本号(位)	域名管理(位)	对象分类(位)	序列号(位)
EPC-64	Ⅰ	2	21	17	24
	Ⅱ	2	15	13	34
	Ⅲ	2	26	13	23
EPC-96	Ⅰ	8	28	24	3
EPC-256	Ⅰ	8	32	56	160
	Ⅱ	8	64	56	128
	Ⅲ	8	12	85	664

由于当前应用还不需要使用如此多位数的序列号,因而一般可采用 64 位 EPC,这也可以进一步降低标签成本。但随着 EPC-64 和 EPC-96 版本的不断发展,EPC 代码作为一种世界通用的标识方案已经不能满足未来长期的使用,因而出现了 256 位编码。至今已经推出 EPC-96 Ⅰ 型,EPC-64 Ⅰ 型、Ⅱ 型、Ⅲ 型,EPC-256 Ⅰ 型、Ⅱ 型、Ⅲ 型等编码方案。

4. EPC 工作流程

EPC 工作流程如图 3-2 所示。

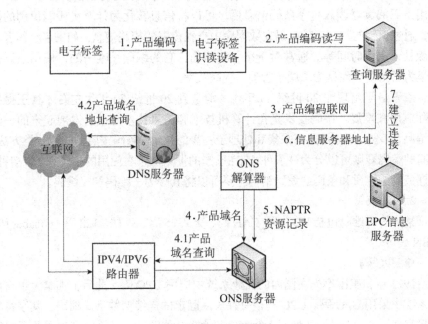

图 3-2 EPC 工作流程图

在电子标签、识读设备、ONS 和互联网等组成的 EPC 系统中，通过识读设备读取电子标签中的 EPC 代码，然后将 EPC 代码传给查询服务器，接着查询服务器通过产品编码联网，由 ONS 解算器解算出产品编码传给 ONS 服务器，ONS 服务器再通过 IPV4/IPV6 路由器连接到互联网进行产品域名查询，在互联网上通过 DNS 服务器查询到产品域名地址（IP 地址）后，返回给 ONS 服务器，ONS 服务器把 IP 地址转换成 NAPTR（Naming Authority Pointer）资源记录，ONS 解算器从中得出信息服务器地址，最后查询服务器就可通过该地址直接与信息服务器建立连接，并从中获取存放的物品详细信息。

EPC 并没有对其信息载体进行任何限制，现在有飞速发展起来的射频技术，也有成熟的条码技术，将来还会有其他更先进的自动识别技术为 EPC 服务，因此信息载体将不会是固定不变的。

3.2.2 条码

1. 条码定义

条码（Bar Code）是一种标识符，它按照一定的编码规则将宽度不等的多个黑条和空白进行排列，用来表达一串代码或一组信息。常见的条码是由光线反射率较低的黑条（简称条）和光线反射率较高的白条（简称空）组成的平行线图案。这些条和空组成的图形表达一定的信息，并能够被特定的设备识别，转换成与计算机兼容的十进制或二进制格式。例如，每本书的封底上会有一个条码，使用条码阅读器读入这个条码信息后，可以将信息转化为计算机所能识别的数据，通过识别的数据，就可以在数据库中查找该书的相关信息，如书名、作者、出版社、出版时间等。通常对于每一种物品，它的编码是唯一的，使用条码并不是为了防伪，而是为了便于管理、提高效率。

条码最早出现在 20 世纪 40 年代，但直到 20 世纪 70 年代左右才真正得到实际应用和发展。条码技术是在计算机技术和信息技术基础上发展起来的一门集编码、印刷、识别、数据采集和处理于一身的技术。条码按照不同的分类方法、不同的编码规则可以分为许多种，现在已知的世界上正在使用的条码有 250 多种。根据条码的性质和条码的编码结构主要可以将其分为一维码和二维码。

2. 一维码简介

常用的一维码包括 UPC 码、EAN 码、交叉 25 码、39 码、128 码、codabar 码、ISBN 码等。

● UPC 码

1973 年，美国率先在国内的商业系统中应用 UPC 码。此后，加拿大也在商业系统中采用 UPC 码。UPC 码是一种长度固定的连续型数字式编码，其字符集为数字 0~9。它采用 4 种元素宽度，每个条或空是 1、2、3 或 4 倍单位元素宽度。UPC 码有两种类型，即 UPC-A 码和 UPC-E 码。

● EAN 码

1977 年，欧洲经济共同体各国按照 UPC 码的标准制定了欧洲物品编码 EAN 码，与 UPC 码兼容，而且两者具有相同的符号体系。EAN 码的字符编号结构与 UPC 码相同，也是长度固定的、连续型的数字式编码，主要应用于商品标识。EAN 码又有标准版（EAN-13）和缩短版（EAN-8）两种类型。

● 交叉 25 码

交叉 25 码是一种长度可变的连续型自校验数字式码制，其字符集为数字 0 ~ 9。每个条和空采用宽或窄两种元素宽度。编码字符个数为偶数，所有奇数位置上的数据用条编码，偶数位置上的数据用空编码。如果数据编码数位为奇数，则在数据前补一位 0，使数据数位为偶数。交叉 25 码主要应用于物流业、仓储业。

● Codabar 码

Codabar 码是一种长度可变的连续型自校验数字式码制，其字符集为数字 0 ~ 9 和 6 个特殊字符 [+]、[-]、[/]、[:]、[.]、[$]，共 16 个字符。主要应用于包裹、血库等物品的跟踪管理。

● 39 码

39 码是一种长度可变的离散型自校验字母数字式码制，包含数字 0 ~ 9, 26 个大写英文字母 A ~ Z, 8 个特殊字符 [+]、[-]、[*]、[/]、[%]、[$]、[.] 及空格符（Space）。每个字符由 5 个条（2 个宽条，3 个窄条）和 4 个空（1 个宽空，3 个窄空），共计 9 个元素组成。39 码可以作为企业内部自定义码制，主要应用于工业生产等领域。

一维码一般由前缀部分、厂商代码、商品代码和校验码组成。以 EAN-13 码为例，它由 13 位数字组成，如图 33 所示。前缀码是用来标识国家或地区的代码，赋码权在国际物品编码协会，如 00 ~ 09 代表美国、加拿大；45 ~ 49 代表日本；690 ~ 695 代表中国大陆，471 代表中国台湾地区，489 代表中国香港特区。商品代码用来标识商品，赋码权由产品的制造厂商自己行使，厂商按照规定条

图 3-3 EAN13 码示意图

件自己决定在自己的何种商品上使用哪些数字为商品条形码。厂商代码用来标识生产企业,各个国家或地区的物品编码组织负责管理和维护各自的厂商代码。校验码用来校验商品条形码中左起第 1 ~ 12 数字代码的正确性。

一维码的应用非常广泛。但是信息容量很小,如商品上的 EAN-13 码仅能容 13 位的阿拉伯数字,描述商品的详细信息只能依赖数据库的支持,离开了预先建立的数据库,这种条码就变成了无源之水、无本之木,因而一维码的应用范围受到了一定的限制。

3. 二维码简介

二维码(2-Dimensional Bar Code)则是在一维码无法满足实际应用需求的前提下产生的,与一维码相比,在同样单位的面积上,信息含量是一维码的近百倍,它除了可以存放数字,还可以存放其他数字化的信息,如汉字、图片、声音等,并可脱离计算机使用。

二维码是用某种特定的几何图形按一定规律在平面(二维方向上)分布的黑白相间的图形记录数据符号信息;在代码编制上巧妙地利用构成计算机内部逻辑基础的 0、1 位流的概念,使用若干个与二进制相对应的几何形体来表示文字数值信息,通过图像输入设备或光电扫描设备自动识读以实现信息自动处理。二维码能够在横向和纵向两个方位同时表达信息,因此能在很小的面积内表达大量的信息。二维码同样具有条码的一些共性:每种码制有其特定的字符集;每个字符占有一定的宽度;具有一定的校验功能等。

国外对二维码技术的研究始于 20 世纪 80 年代末。在二维码符号表示技术研究方面,已研制出多种码制,全球现有的一、二维码多达 250 种以上,其中常见的有 PDF417、QRCode、Code49、Code16K、Maxicode 等 20 余种。二维码技术标准在全球范围得到了应用和推广。中国的条码产业起步较晚,首先采取了先引进国外技术的策略。我国原有的二维码国家标准是从美国 PDF417 码和日本的 QR 码翻译过来的,首先以国际自动识别制造商协会(AIMI)发布的《PDF417 规范》为基础,1997 年 12 月正式颁布了由中国物品编码中心负责编制的国家标准《四一七条码》(GB/T17172—1997),2000 年 12 月颁布了基于日本 QRCode 的国标 GB/T18284—2000《快速响应矩阵码》。随着国内技术不断创新,我国自主二维码技术也已开始出现。

二维码能在有限的几何空间内印刷大量的信息。根据二维码实现原理、结构形状的差异,可分为层排式二维码(又称为行排式二维码或堆积式二维码)和矩阵式二维码((又称为棋盘式二维码))两大类型。层排式二维码形态上是由多行短截的一维码堆叠而成;矩阵式二维码以矩阵的形式组成,在矩阵相应元素位置上用"点"表示二进制 1,用"空"表示二进制 0,由"点"和"空"排列成代码。

（1）层排式二维码

层排式二维码的编码原理是建立在一维码基础之上，按需要堆积成两行或多行。它在编码设计、校验原理、识别方式等方面继承了一维码的一些特点，识读设备和印刷与一维码技术兼容。但由于行数的增加，需要对行进行判定，其译码算法与软件也不完全和一维码相同。有代表性的有 PDF417、Code16K、Code49 等。堆积式或层排式二维码可以使用激光或 CCD 阅读器识读。

● PDF417

美国 Symbol 技术公司发明的二维条码，如图 3-4 所示。

图 3-4 PDF417 条码

PDF（Portable Data File），意为"便携数据文件"。因为组成条码的每一个符号字符都是由 4 个条和 4 个空共 17 个模块构成，所以称为 PDF417 条码。PDF417 是一种多层、可变长度、具有高容量和纠错能力的二维条码。每一个 PDF417 符号可以表示 1100 个字节或 1800 个 ASCII 字符或 2700 个数字的信息。

● Code16K

一种多层、连续型可变长度的条码符号，可以表示全 ASCII 字符集的 128 个字符及扩展 ASCII 字符。一个 16 层的 Code 16K 条码可以表示 77 个 ASCII 字符或 154 个数字字符。其编码原理是建立在一维条码基础之上，按需要堆积成两行或多行。它在编码设计、校验原理、识读方式等方面继承了一维条码的一些特点，识读设备与条码印刷与一维条码技术兼容。但由于行数的增加，需要对行进行判定，其译码算法与软件也不完全和一维条码相同。Code 16K 条码如图 3-5 所示。

图 3-5 Code 16K 条码

● Code 49

一种多层、连续型、可变长度的条码符号，它可以表示全部的 128 个 ASCII 字符。每个 Code 49 条码符号由 2~8 层组成，每层有 18 个条和 17 个空，层与层之间由一个层分隔条分开。每层包含一个层标识符，最后一层包含表示符号层数的信息。

（2）矩阵式二维码

矩阵式二维码是在一个矩形空间通过黑、白像素在矩阵中的不同分布进行编码。在矩阵相应元素位置上，用点（方点、圆点或其他形状）的出现表示二进制的1，不出现表示二进制的0，点的排列组合确定了矩阵式二维码所代表的意义。矩阵式二维码是建立在计算机图像处理技术和组合编码原理等基础上的一种新型图形符号自动识读处理码制。具有代表性的矩阵式二维条码有 QR Code、Maxicode、T-code 等。

● QR Code

由日本 Denso 公司于1994年9月研制的一种矩阵式二维码，QR Code（Quick Response，快速反应）源自该条码的发明者希望 QR 码可让其内容快速被解码。它除了具有二维条码所具有的信息容量大、可靠性高和可表示汉字及图像等多种信息外，还具有保密和防伪性特点，且在识别时不需要像普通条码一样在扫描时需直线对准扫描器。QR Code 二维码如图3-6所示。

● Maxicode

一种中等容量、尺寸固定的矩阵式二维条码，它由紧密相连的六边形元素和位于符号中间位置的定位图形所组成。Maxicode 二维码是由 UPS 美国联合包裹服务公司研制的，特别为高速扫瞄而设计，主要应用在包裹的分拣和跟踪中。Maxicode 二维码如图3-7所示。

图3-6 QR Code 二维码

图3-7 Maxicode 二维码

除了上面介绍的这些二维码之外，还有 CP 码、田字码、Vericode 码、Codablock F 码、Ultracode 码、Aztec 码、彩码等。

4. 条码特点

条码是迄今为止最经济、实用的一种自动识别技术。

1）普通条码的特点及优势

（1）可靠性强。使用键盘人工输入平均每300个字符就会出现一个错误，条形码的读取准确率远远超过人工记录，平均每15 000个字符才会出现一个错误。如果加上校验位，出错率是千万分之一。

（2）效率高。一名熟练的打字员每分钟可以输入300个字符，平均每秒5个字符。使用条码进行读取，可以达到每秒40个字符。

（3）成本低。与其他自动识别技术相比较，条码技术只需要一张小贴纸和相对构造简单的光学扫描仪，所需费用较低。

（4）灵活实用。条码作为一种识别手段，可以和有关设备组成识别系统实现自动化识别，还可和其他控制设备连接起来实现整个系统的自动化管理。即使在没有自动识别设备的情况下也可实现手工键盘输入。

（5）操作简单。条码符号识别设备的结构简单、易于操作，无须专门培训。

（6）制作方便。条码编写简单，通过印刷就可以制作，对印刷设备和材料也没有特殊要求，因此被称作"可印刷的计算机语言"。

2）二维码的特点及优势

（1）信息量大。可容纳多达1000个字母或2000多个数字或500多个汉字，比普通一维码信息容量高出几十倍。

（2）编码范围广。可以把文字、图片、声音、指纹等可以被数字化的信息进行编码，用二维码表示出来，可以表示多种语言文字，也可表示图像数据。

（3）纠错能力强。可以正确识读出因穿孔、污损等引起局部损坏的二维码，损毁面积达到50%仍可恢复信息。

（4）可靠性高。它比普通条码译码错误率1×10^{-6}还要低得多，二维码误码率不超过1×10^{-7}。

（5）安全性强。可引入加密措施，保密性和防伪性好。

（6）形状可变。二维码符号形状、尺寸大小比例可变。

3）一维码与二维码的区别

两者都属于条码，一维码只是在一个方向（一般是水平方向）表达信息，而在垂直方向则不表达任何信息；二维码是在水平和垂直方向的二维空间存储信息。一维码的主要特点是简单直观，条码表示的信息与其下方的数字一致，生成设备与识读设备品种多、价格低，对生成设备要求不高，管理方案众多、成熟。二维码的主要特点是信息容量大、安全性强（可加密）、识别率高、编码范围广等。具体比较如表3-4所示。一维条码通常是对物品的标识，而二维条码是对物品的描述。

表 3-4 一维码和二维码对比表

特点 名称	一维码	二维码
存储数据量	英文、数字、简单符号	英文、数字、符号、中文、图形
信息密度	低	高
显示内容	小	大
安全性	不强	强（可加密）
访问数据库	需要	不需要
用途	标识物品	标识和描述物品（携带信息）
识别速度	快	慢
识别设备成本	低	高

5. 条码识别

1）条码的识别原理

条码识别需要经历扫描和译码两个过程，才能将按照一定规则编译出来的条码转换成有意义的信息。物体的颜色是由其反射光的类型决定的，白色物体能反射各种波长的可见光，黑色物体则吸收各种波长的可见光，所以当条码扫描器光源发出的光在条码上反射后，反射光照射到条码扫描器内部的光电转换器上，光电转换器根据强弱不同的反射光信号转换成相应的电信号。电信号输出到条码扫描器，经过放大电路增强信号之后，再送到整形电路将模拟信号转换成数字信号。白条、黑条的宽度不同，相应的电信号持续时间长短也不同。然后译码器通过测量脉冲数字电信号 0 和 1 的数目来判别条和空的数目。通过测量 0 和 1 信号持续的时间来判别条和空的宽度。此时所得到的数据仍然是杂乱无章的，要知道条码所包含的信息，则需根据编码规则（如 EAN-13 码）将条形符号换成相应的数字或字符信息。最后，由计算机系统进行数据处理，物品的详细信息便被识别了。

2）条码的扫描

条码的扫描需要扫描器，扫描器利用自身光源照射条码，再利用光电转换器接受反射的光线，将反射光线的明暗转换成数字信号。不论是采取何种规则印制的条码，都由静区、起始符、数据符与终止符组成。有些条码在数据字符与终止字符之间还有校验字符。条码的组成结构如图 3-8 所示。

图 3-8 条码的组成结构

（1）静区。静区也叫空白区，分为左空白区和右空白区，左空白区是让扫描设备做好扫描准备，右空白区是保证扫描设备正确识别条码的结束标记。

为了防止左右空白区（静区）在印刷排版时被无意中占用，可在空白区加印一个符号（左侧没有数字时加印"<"号，右侧没有数字时加印">"号），这个符号就叫静区标记。主要作用就是防止静区宽度不足。只要静区宽度能保证，有没有这个符号都不影响条码的识别。

（2）起始符。第一位字符，具有特殊结构，当扫描器读取到该字符时便开始正式读取代码了。

（3）数据符。条码的主要内容。

（4）校验符。检验读取到的数据是否正确。不同的编码规则可能会有不同的校验方法。

（5）终止符。最后一位字符，一样具有特殊结构，用于告知代码扫描完毕，同时还可以起到进行校验计算的作用。

为了方便双向扫描，起始符和终止字符具有不对称结构，因此扫描器扫描时可以自动对条码信息重新排列。

3）条码的识别设备

条码的识别设备也称作条码阅读器，是一种特殊的计算机输入设备，可以通过键盘接口或串行口与计算机相连。条码扫描器有CCD、激光和光笔三种。

（1）CCD。以CCD作为光电转换器，LED作为发光光源的扫描器。在一定范围内可以实现自动扫描。并且可以阅读各种材料、不平表面上的条码，成本也较为低廉。但是与激光式扫描器相比，扫描距离较短。

（2）激光。以激光作为发光源的扫描器。又可分为线型和全角度等几种，其中线型多用于手持式扫描器，范围广、准确性高；全角度多为卧式，自动化程度高，在各种方向上都可以自动读取条码。

（3）光笔。最原始的扫描方式，需要手动移动光笔，并且还要与条码接触。

4）二维码的识别

二维码的识别有两种方法：一种是通过线型扫描器逐层扫描进行解码；另一种是通过图像处理对二维码进行解码。对于层排式二维码，可以采用上述两种方法识读，但对绝大多数的矩阵式二维码则必须用照相方法识读，例如使用视频摄像机或扫描器。

二维码的识别设备根据识别原理的不同可分为：

（1）线性CCD和线性图像式阅读器（Linear Imager）

可阅读一维码和线性层排式二维码（如PDF417码），在阅读二维码时需要沿条码的垂直方向扫过整个条码，称为"扫动式阅读"，这类阅读器比较便宜。

（2）带光栅的激光阅读器

可阅读一维码和线性层排式二维码。阅读二维码时将光线对准条码，由光栅元件完成垂直扫描，不需要手工扫动。

（3）图像式阅读器（Image Reader）

采用面阵 CCD 摄像方式将条码图像摄取后进行分析和解码，可阅读一维码和所有类型的二维码。

二维码的识别设备根据工作方式的不同可分为：

（1）手持式。即二维码扫描枪，可以扫描 PDF417 码、QR 码、DM 码二维码的条码扫描枪，比如 Symbol 的 DS6707、DS6708 等。

（2）固定式。即二维码读取器，台式，非手持，放在桌子上或固定在终端设备里，比如 SUMLUNG 的 SL-QC15S 等。

纸上印刷的二维码和手机屏幕上的二维码均可识别，因此广泛应用于电子票务、电子优惠券、会员系统、手机二维码等领域。

6. 条码应用

在应用方面，一维码已经广泛的应用在商业、邮电、仓储、运输等许多领域。应用最广泛、最为人们熟悉的还是通用商品流通销售领域的 POS（Point of Sale）系统，也称为销售终端或扫描系统。世界各国已经普遍采用 POS 系统，其普及率已达 95% 以上。

相比之下，二维码是相对较新的技术，主要应用于信息和价值流领域，即需要对物品的特征属性进行描述的领域。在该领域，由于用普通的一维码无法实现信息的属性描述功能，因此必须采用二维码或 RFID 技术。与二维码相比，RFID 成本较高。目前，二维码正在广泛应用或即将开始应用于工业和农业产品的溯源、车辆管理、票证管理、支付应用（如电子回执）、资产管理及生产流程管理等多项领域。

目前，二维码还不能完全取代一维码。一维码的信息容量小，依赖数据库及通信网络，但识读速度快，识读设备成本低；而二维码数据容量大，不用依赖数据库及通信网络，但是条码密度大时识读速度较慢而且识读设备成本较高。二维码和一维码各自发挥各自的作用。例如，在超市中，所有的商品上都有一维码标识，这些标识其实只含有一串数字信息，收银员扫描条码后显示的商品名称、价格等信息都是通过这串数字信息访问数据库后得到的结果。如果将这些一维码替换为二维码，将商品的相关信息存储在二维码中，虽然扫描后可以不需要访问数据库直接获得相关信息，但是商品流通中各个环节对价格等的控制就无法实现了。在公文流转中，一维码主要应用于标识一份文件，通过采集一维码的信息就可以快速准确地追踪文件的流转过程；二维码主要用于携带信息，可以将文件的文号、标题、主题词等存储起来，接收文件的单位扫描二维码就可以获取这些信息，不需要重复录入。如果将保密文件上的一维码替换为含有相关信息的二维码，文件的信息就有可能造成泄密；文件上的二维码在印刷过程中就印制好了，成批印刷的所有二维码所包含的信息都是一样的，但是文件在流转过程中，要求每份文件都必须有唯一的编码用于识别该文件。因此，在某些领域中，一维码不能够被二维码替换。

3.3 射频识别技术

3.3.1 RFID 概述

RFID（Radio Frequency Identification，射频识别技术），又称为无线射频识别，是一种非接触的自动识别通信技术，其利用了射频信号或空间耦合（电感或电磁耦合）传输特性的基本原理，通过无线射频方式实现非接触双向数据通信，识别并获取目标的相关数据，在非接触条件下，具有实时、准确、快速采集与处理信息的特性。通过该技术可以实现对物体或商品的自动识别。相比较其他的自动识别技术（条码技术、光学识别和生物识别技术，包括虹膜、面部、声音、指纹等），RFID 技术具有非视觉范围读写、寿命长、信息量大和抗干扰能力强等优点，并且已经被广泛应用于物流、供应链、动物和车辆识别、门禁系统、图书管理、自动收费、生产制造和无线定位等领域，大幅度提高管理与运作效率，降低成本。随着相关技术的不断完善、发展和成熟，RFID 产业将成为一个新兴的高技术产业群。RFID 读写器可分为移动式的和固定式的，目前 RFID 技术应用很广，如门禁系统、食品安全溯源等。

1.RFID 发展历史

RFID 技术起源于第二次世界大战时期的飞机雷达探测技术，雷达技术的改进与应用催生了 RFID 技术。1948 年，Harry Stockman 发表的论文"利用反射功率的通信"奠定了射频识别的理论基础。此后的半个多世纪，RFID 的发展经历了以下几个主要阶段：

（1）20 世纪五六十年代，早期 RFID 技术的探索阶段，主要处于实验室研究与试验，RFID 技术理论得到了发展，开始了一些应用尝试。

（2）20 世纪七八十年代，RFID 技术终于走出实验室进入应用阶段，RFID 技术与产品得到了很大的发展，各种 RFID 技术测试加速发展，RFID 技术及产品进入商业应用规模，封闭系统应用开始成型。

（3）20 世纪 90 年代至今，RFID 技术开始进入标准化，基于该项技术的产品逐渐走入人们的生活。RFID 技术不断进步，相关产品及应用系统逐渐成熟，RFID 以一种快速、高效、非接触的方式实现数据采集、处理，与应用系统相结合实现多种功能,满足了多种应用需求。

作为21世纪十大重要技术之一,RFID广泛应用于交通运输控制管理、商业自动化、防伪、工业自动化、门禁管理等众多领域,均有成功案例及成熟方案。世界零售业巨头沃尔玛宣布使用RFID系统管理货物和美国将RFID应用于国防和军事管理并取得成功后,RFID的发展在世界范围内受到了更广泛的关注,同时,诸如射频定位技术、RFID中间件、系统防碰撞、安全防护等RFID相关技术的成熟与发展,也为RFID系统应用提供了更加宽泛的思路,充分体现了RFID技术的应用价值和发展潜力。

2. RFID系统特点

非接触识别是RFID技术的最大优点,无需人工干预就可以完成识别工作,通过射频信号自动识别目标对象,并获取目标中的相关数据,适用于自动化系统。概括起来,RFID技术主要具有以下特点:

(1)识别精度高且不需要光源,甚至可以透过外部材料读取数据,可快速准确地识别物体。

(2)采用无线电射频,能够同时处理多个标签,可绕开障碍物,可工作于恶劣的环境中。

(3)可以写入及存取数据,标签的内容可以动态改变。

(4)标签能够轻易嵌入或附着在不同形状、类型的产品上,而且可以对RFID标签附着的物体或佩戴标签的人员进行追踪定位。

(5)储存的信息量大且所存信息可加密保存,是一般条形码存储信息量的几十倍,甚至上百倍。

3.3.2 RFID系统组成

一个典型的RFID系统无论是复杂还是简单,都包含了硬件组件和软件组件。一般情况下,RFID系统的硬件组件有电子标签、读写器、读写器天线和主机。RFID系统软件组件主要是接口软件、中间件和应用软件。

1. RFID系统硬件

RFID系统的硬件模型如图39所示。其中,电子标签也称为射频标签、电子标签、数据载体;读写器也称为读出装置、扫描器、读头、通信器、读写器(取决于电子标签是否可以无线改写数据)。电子标签与读写器之间通过耦合元件实现射频信号的空间(无接触)耦合,在耦合通道内,根据时序关系实现能量的传递和数据的交换。

1)电子标签

电子标签(Electronic Tag)是RFID系统中存储数据和信息的电子装置,由耦合元件(天线)及芯片(包括控制模块和存储单元)组成的每个标签由唯一

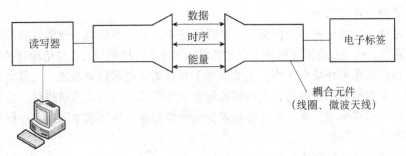

图 3-9 RFID 系统硬件组成

的电子标识码确定,附着在被标识的对象上,内置的射频天线用于和读写器进行通信。

(1)电子标签的功能结构

通常电子标签的内部各功能模块主要包括存储单元、逻辑控制单元、调制器、解调器、电源控制/整流器模块和天线。

作为电子标签存储单元的 EEPROM 与 ROM 为系统运行及存放识别数据提供存储位置,其寻址能力就是地址读写范围,不同的分块可以存储不同的数据类型。近年来随着技术的进步,可以将小规模的微芯片做得很小,然而,一个标签的物理尺寸不仅取决于它的芯片的大小,还与其天线有关。

逻辑控制单元负责标签和读写器之间通信协议的实施,译码读写器送来的信号,并依据信号中的要求回送数据给读写器。

调制器的功能是调制逻辑控制电路送出的数据后加载到天线发送给读写器。

解调器负责从读写器发射来的载波中取出真正的调制信号。

电源控制/整流器模块把由标签读写器发出的天线电磁波交流信号经过整流转换为直流电源,并经大电容储存能量,再经稳压电路以提供稳定的电源。

标签天线是电子标签与读写器的空中接口,负责接收由读写器发送来的信号,并把要求的数据发送回读写器。不管是何种电子标签读写设备均少不了天线或耦合线圈。

(2)电子标签的分类

① 按标签工作模式分类

可以分为主动式、被动式与半主动式。主动式 RFID 标签依靠自身的能量主动向 RFID 读写器发送数据。被动式 RFID 标签从 RFID 读写器发送的电磁波中获取能量,激活后才能够向 RFID 读写器发送数据。半主动式 RFID 标签自身的能量只提供给 RFID 标签中的电路使用,并不主动向 RFID 读写器发送数据,当它接收到 RFID 读写器发送的电磁波并被激活之后,才向 RFID 读写器发送数据。

②按供电方式分类

可分为有源标签和无源标签。有源标签由内置电池供电，通常具有较远的通信距离，但寿命有限（取决于电池的供电时间）、体积较大、价格相对较高，且不适合在恶劣环境中工作，主要应用于对贵重物品远距离检测、人员定位等场合。无源标签不带电池，其所需能量由读写器所产生的电磁波提供，价格相对便宜，但其作用距离、存储容量等受到能量来源及生产成本限制，一般用于低端的 RFID 系统。

③按标签工作频率分类

电子标签的工作频率是 RFID 系统最重要的指标之一，电子标签的工作频率不仅决定着 RFID 系统工作原理、识别距离，还决定着电子标签及读写器实现的难易程度和设备的成本。不同频段或频点上的电子标签具有不同的特点。RFID 应用占据的频段或频点在国际上有公认的划分，典型的工作频率有 125kHz、133kHz、13.56MHz、27.121MHz、433MHz、900MHz、2.45GHz、5.8GHz 等。

按标签工作频率，电子标签可以分为低频、中高频、超高频、微波等类型。

● 低频电子标签

低频 RFID 标签工作频率为 30～300kHz，典型工作频率为 125kHz 与 133kHz。低频标签一般为无源标签，其工作能量通过电感耦合方式从读写器耦合线圈的辐射近场中获得。低频标签与读写器之间传送数据时，低频标签需位于读写器天线辐射的近场区内。低频标签的阅读距离一般情况下小于 1m。标签芯片通常采用普通的 CMOS 工艺，具有省电、廉价的特点；工作频率不受无线电频率管制约束；可以穿透水、有机组织和木材等；非常适合近距离、低速度、数据量要求较少的识别应用（如动物识别）等。但低频标签只适合识别距离近、低速、存储数据量较少的应用。

● 中高频电子标签

中频 RFID 标签工作频率为 3～30MHz，典型工作频率为 13.56MHz。该频段的电子标签，从 RFID 应用角度来说，因其工作原理与低频标签完全相同，即采用电感耦合方式工作。此类电子标签一般也采用无源方式，其工作能量同低频标签一样，也是通过电感（磁）耦合方式从读写器耦合线圈的辐射近场中获得。标签与读写器进行数据交换时，标签必须位于读写器天线辐射的近场区内。中频标签的阅读距离一般情况下也小于 1 m（最大读取距离为 1.5m）。高频标准的基本特点与低频标准相似，由于其工作频率的提高，可以选用较高的数据传输速率。

● 超高频与微波标签

超高频与微波频段的电子标签，简称为微波电子标签，超高频与微波 RFID

标签的典型工作频率为 860～960MHz、2.45GHz 与 5.8GHz，欧洲、亚洲使用的典型工作频率为 868MHz，北美使用的典型工作频率为 902～905MHz，日本使用的典型工作频率为 950～956MHz。采用纽扣电池供电的有源微波 RFID 工作频率可以选择 2.45GHz 或 5.8GHz。

微波电子标签可分为有源标签与无源标签两类。工作时，电子标签位于读写器天线辐射场的远区场内，读写器天线辐射场为无源标签提供射频能量，或将有源标签唤醒。相应的 RFID 系统阅读距离一般大于 1m，典型情况为 4～7m，最大可达几百米以上。读写器天线一般均为定向天线，只有在读写器天线定向波束范围内的电子标签方可被读写。

由于阅读距离的增加，应用中有可能在通信区域中同时出现多个电子标签的情况，从而提出了多标签同时读取的需求。目前，先进的 RFID 系统均将多标签识读问题作为系统的一个重要特征。就技术水平来说，这个频段的无源标签比较成功的产品相对集中在 902～928MHz 工作频段上。2.45GHz 和 5.8GHz 射频识别系统多以半无源及有源标签产品面世。

④ 按功能分类

可分为只读式和读写式。只读 RFID 标签中的数据信息不能更改，但通常可以多次读取；而读写式标签允许用户根据需要更改已经写入标签中的数据。

⑤ 按作用距离分类

依据 RFID 作用距离可分为密耦合卡（作用距离小于 1cm）、近耦合卡（作用距离小于 15cm）、疏耦合卡（作用距离约 1m）和远距卡（作用距离为 1~10m，甚至更远）。

⑥ 按标签封装的形状分类

根据应用场合、成本与环境等因素的影响，把 RFID 标签封装成可以粘贴在标识物上的薄膜型的可粘贴式标签，可以让用户携带、类似于信用卡的卡式标签，能够固定在车辆或集装箱上的柱型标签；还可以封装在塑料扣中，作为动物耳标的扣式标签，或封装在钥匙扣中，作为用户随身携带的身份标识；也可以封装在玻璃管中用于人或动物，即植入式标签。

系统工作时，读写器发出查询（能量）信号，标签（无源）在收到查询（能量）信号后将其一部分整流为直流电源供电子标签内的电路工作，另一部分能量信号被电子标签内保存的数据信息调制并反射回读写器。

RFID 系统真正的数据载体是电子标签，根据其标签应用场合不同表现为不同的应用形态，如在动物跟踪和追踪领域中称为动物标签或动物追踪标签、电子狗牌；在不停车收费或车辆出入管理等车辆自动识别领域中称为车辆远距离 IC 卡、车辆远距离射频标签或电子牌照；在访问控制领域中称为门禁卡或一卡通。

2）读写器

读写器在 RFID 系统中主要负责与电子标签的双向通信，同时接受来自主机系统的控制指令。读写器的频率决定了 RFID 系统工作的频段，功率决定了射频识别的有效距离。读写器根据使用的结构和技术不同可以是读或读/写装置，是 RFID 系统信息控制和处理中心。当电子标签进入读写器作用区域时，接收读写器发出的射频信号，如果是无源标签或被动标签（Passive Tag），则凭借感应电流所获得的能量发送出存储在芯片中的产品信息，如果是有源标签或主动标签（Active Tag），则主动发送某一频率的信号。读写器读取信息并解码后送至中央信息系统进行有关数据处理。

（1）读写器的功能模块结构

读写器通常由射频接口、逻辑控制单元和天线三部分组成。

射频接口模块负责对发射信号进行调制、将数据传输给电子标签、接收并解调来自电子标签的射频信号、产生高频发射能量、激活电子标签并为其提供能量。在射频接口中有两个分隔开的信号通道，分别用于电子标签与读写器两个方向的数据传输。传送往电子标签的数据通过发射器分支通道发射，而来自于电子标签的数据则通过接收器分支通道接收。

RFID 读写器逻辑控制单元也称为读写模块，主要负责信号的编码与解码、管理读写器与电子标签的通信、与应用系统软件进行通信，并执行其发送来的指令。对读写器和标签的身份进行认证，执行防碰撞算法，对读写器和标签之间传输的数据进行加解密处理。

（2）读写器的分类

按传送方向分，RFID 读写器可以分为全双工和半双工。全双工方式是指 RFID 系统工作时，允许标签和读写器在同一时刻双向传送信息。半双工方式是指 RFID 系统工作时，在同一时刻仅允许读写器向标签传送命令或信息或标签向读写器返回信息。

按通信方式分，RFID 读写器可以分为读写器优先和标签优先两类。读写器优先（Reader Talk First，RTF）是指读写器首先向标签发送射频能量和命令，标签只有在被激活且收到完整的读写器命令后，才对读写器发送的命令做出响应，返回相应的数据信息。标签优先（Tag Talk First，TTF）是指读写器只发送等幅的、不带信息的射频能量。标签被激活后，才反向散射标签数据信息。

根据读写器的应用场合可以分为工业读写器、手持式读写器、固定式读写器、红外读写器、读卡器等。

● 工业读写器

RFID 系统未来最大的应用领域也许是工业应用，包括采矿业、畜牧业、自动化生产等。工业用读写器大都具有标准的现场总线接口，以便集成到现有的设备当中。此外,这类设备还需要满足多种不同的应用保护需要,如矿井读写器就必须具有防爆装置。工业读写器的典型技术参数与固定式读写器的参数相同。

● 手持式读写器

手持式读写器又称为便携式读写器,是适用于用户手持使用的一类射频标签读写器,其工作原理和其他形式的读写器完全一样。手持式读写器常用在动物识别、付款扫描、巡检测试等场合。简单地说,手持式读写器就是将 RFID 读/写模块、天线和掌上计算机集成在一起来执行标签识别的功能。手持式读写器一般采用可充电的电池进行供电。手持式读写器的操作系统可以采用 Windows 或其他操作系统。

● 固定式读写器

将射频控制器和高频接口封装在一个固定的外壳中,集成射频识别的功能,就构成了固定式读写器。有时为了减小设备尺寸,降低设备的制造成本,便于搬动与运输,也可以将天线与射频模块封装在一个外壳单元中,这样就构成了集成式读写器或一体化读写器。从固定式读写器的外观来看,它留有读写器接口和电源接口、安装托架及工作灯/电源指示灯等。

● 红外读写器

红外射频自动识别系统识别方向性强,读写器精致且超小,能识别无源卡,识读距离可达 4m。系统不受电磁场干扰,不干扰其他系统,识别精确,且使用该系统无须申请无线电通信许可。该系统可广泛地应用在需要自动识别的领域,帮助客户实现高效便捷和安全的自动化管理,其应用领域包括自动化工厂、车辆货物称重处、物流运转中心、车队管理终端和停车场等。

● 读卡器

读卡器,也称为发卡器、读卡机、读卡管理机等,主要用于对射频标签进行具体内容的操作,包括档案建立、消费纠错、挂失、补卡、信息修正等,它通常与计算机放置在一起。从本质上讲,读卡器实际上是小型的射频标签读写装置。读卡器经常与读卡管理软件结合起来使用。同一厂家的读卡器与读写器相比,具有发射功率较小、读写距离短等特点。

(3)读写器接口方式

读写器接口方式主要指读写器和应用系统计算机的接口方式。RFID 系统的接口方式非常灵活,包括 RS232、RS485、以太网(RJ45)、WLAN802.11(无线网络)、Wiegand(韦根)等接口。不同的接口具有不同的应用范围及性能特征。

3)RFID 天线

(1)RFID 电子标签天线

在电子标签中天线面积占主导地位,天线面积基本决定了标签大小。然而天线的物理尺寸受到其工作频率电磁波波长的限制。在超高频下（如900MHz）电磁波波长为30cm，相对于上电子标签的应用来说，这个尺寸还是太大，因此实际上电子标签天线设计的尺寸都会小于这个尺寸，一般尺寸设计到5~10cm，这种天线一般称为小天线。

RFID天线主要有线圈型、微带贴片型和偶极子型三种基本形式。其中，工作距离小于1m的近距离应用系统的RFID天线一般采用成本较低的线圈型天线，该型天线主要工作在中、低频段。工作距离在1m以上远距离的应用系统需要采用微带贴片型或偶极子型的RFID天线，它们工作在高频及微波频段。不同类型天线其工作原理也不相同。

● 偶极子天线

偶极子天线（又称为对称振子天线）通常用在远距离耦合的RFID应用系统中，由两段同样粗细和等长的直导线排成一条直线构成，信号从中间的两个端点馈入，在偶极子的两臂上产生一定的电流分布，这种电流分布就在天线周围空间激发起电磁场。

● 线圈型天线

当RFID的线圈天线进入读写器产生的交变磁场时，RFID天线与读写器天线之间的相互作用就类似于变压器，二者的线圈相当于变压器的初级线圈和次级线圈。通常在RFID的天线线圈内部插入具有高导磁率的铁氧体材料，以增大互感量，从而补偿线圈横截面减小的问题。

● 微带贴片天线

微带贴片天线是由贴在带有金属底板的介质基片上的辐射贴片导体构成的，微带贴片天线质量轻、体积小、剖面薄。微带贴片天线以其馈电方式和极化制式的多样化及馈电网络、有源电路集成一体化等特点而成为印刷天线类的主角。一般微带贴片天线的辐射导体与金属底板的距离为波长的几十分之一，如果辐射电场沿导体的横向与纵向这两个方向没有变化，仅沿约为半个波长的导体长度方向有变化，则微带贴片天线的辐射基本上是由贴片导体开路边沿的边缘场引起的，其方向基本确定。因此，微带贴片天线非常适用于通信方向变化不大的RFID应用系统中。

（2）RFID读写器天线

天线是一种能将接收到的电磁波转换为电流信号，或将电流信号转换成电磁波发射出去的装置。在RFID系统中，读写器必须通过天线来发射能量，形成电磁场，通过电磁场对电子标签进行识别，读写器上的天线所形成的电磁场范围就是读写器的可读区域。

（3）RFID天线选择

在标签和读取器间传递射频信号和为无源标签提供感应能量是由RFID天线

来实现的，传输最大的能量进出标签芯片是天线的目标，需要仔细地设计天线和自由空间及与其相连的标签芯片匹配。天线必须能够贴到需要识别的物品上，因此天线本身要足够的小。天线应该有全向或半球覆盖的方向性，可以提供最大可能的信号给标签的芯片，无论物品什么方向，天线的极化都能与读卡机的询问信号相匹配，具有鲁棒性，而且非常便宜。在选择天线的时候主要考虑以下几点：

● 天线类型

在高频、超高频和微波 RFID 系统中，天线的尺寸必须重点考虑，RFID 系统中这样的小天线增益是有限的，增益的大小取决于辐射模式的类型，增益大小影响天线的作用距离。由于 RFID 标签的方向性是不可控的，因此读卡机必须是圆极化的。一个圆极化的标签天线可以产生 3dB 以上的信号。

● 阻抗问题

为实现最大功率传输的目的，天线的输出阻抗与天线后的芯片的输入阻抗之间需要匹配。一直以来，设计天线都与 50Ω 或 70Ω 的阻抗匹配，但是也可能设计天线具有其他的特性阻抗。例如，一个缝隙天线可以设计具有几百欧姆的阻抗。此外，为了减少返回消耗，天线设计时应考虑使天线与接近天线的环境相匹配。由于天线的行为对于不同的物体和不同的物体距离而不同，因此，全向天线对于环境的匹配考虑是不可行的，但设计方向性强的天线则不受这个问题的影响。

● 局部结构的影响

在有大量的其他临近物体的环境中使用手持仪器的时候，会致使读卡机天线和标签天线的辐射模式严重失真。例如，在仓库环境中一个物品盒子上贴有几个标签，以确保所有时候都有一个标签是可以看见的。由于门禁装置的读卡机天线被固定在仓库的出入口，并且直接指向贴标签的物体，因此每个盒子有两个天线足够，局部结构的影响变得不再重要。

● 辐射模式

在一个无反射的环境中对各种需要贴标签物体进行天线模式的测试表明，圆柱金属所引起的性能下降是最严重的。

● 距离

RFID 读写器能够探测到的标签反向散射信号最大的距离称为标签读取范围。RFID 天线的增益和是否使用有源的标签芯片将影响系统的使用距离。天线作用距离随着频率升高而下降。

2. RFID 系统软件

RFID 系统是为应用服务的，如果没有软件，RFID 系统仅仅是一堆冰冷的各式器件而已，只有配置相应的软件 RFID 系统才能更好的为企业服务。典型的

RFID 系统的软件包括接口、中间件和应用软件三部分。

RFID 应用中需要解决各层的接口标准问题，其中空中接口协议是基础。空中接口协议需解决物理层的链路时序、帧结构、编码方式、调制方式等问题，MAC（Medium Access Control）介质访问控制着重解决访问控制协议、防碰撞算法和安全加密算法问题。这些接口软件完成了 RFID 系统硬件与软件之间的连接，通过使用控制器实现同 RFID 硬软件之间的通信。此类接口软件的主要任务是从读写器中读取数据和控制读写器的行为，激励外部传感器、执行器工作。

RFID 前端操作软件也称为企业应用接口，主要是提供给 RFID 设备操作人员使用的软件，如手持读写设备上使用的 RFID 识别系统、超市收银台使用的结算系统、门禁系统使用的监控软件等。此外，还应当包括将 RFID 读写器采集到的信息向软件系统传送的接口软件。

为解决分布异构问题，人们提出了中间件（Middleware）的概念。中间件是位于平台（硬件和操作系统）和应用软件之间的通用服务，是一种独立的系统软件或服务程序，分布式应用软件借助这种软件在不同的技术之间共享资源。中间件位于客户端、服务器的操作系统之上，管理计算资源和网络通信。中间件应该具备两个关键特征：首先要为上层的应用层服务，这是基本条件；此外，必须连接到操作系统的层面，并且保持运行工作状态。

RFID 中间件扮演着电子标签和应用程序之间的中介角色，是介于读写器和后端软件之间的一组独立软件，它能够与多个 RFID 读写器和多个后端软件应用系统连接。从应用程序端使用中间件提供的一组通用的应用程序接口（API），即能连到 RFID 读写器，读取电子标签数据。这样，即使存储电子标签信息的数据库软件或后端应用程序增加或改由其他软件取代，甚至 RFID 读写器种类增加等情况发生时，应用端不需修改也能正常处理，解决了多对多连接的维护复杂性问题。

RFID 系统最终的目的是提供服务，前端采集的数据最终要向后端应用软件传递，当 RFID 系统应用在不同的领域，项目的需求也会不同。针对不同行业的特定需求开发的应用软件就是 RFID 应用系统软件，该软件必须能够有效地控制读写器对电子标签信息进行读写，并且对收集到的目标信息进行存储并集中处理。因此，RFID 应用系统软件也是 RFID 系统的数据中心，可以与 ERP、CRM、WMS 等系统整合，提高各行业的生产和管理效率。

3.3.3 RFID 系统工作原理

RFID 系统的基本工作原理是读写器通过发射天线发送一定频率的射频信号，当电子标签进入发射天线工作区域时产生感应电流，电子标签获得能量被激活；电子标签将自身编码等信息通过卡内置发送天线发送出去；系统接收天线接收到从电子标签发送来的载波信号,经天线调制器传送到读写器,读写器对接收的信号进行解调和解码,然后送到后台主系统进行相关处理;主系统根据逻辑运算判断该卡的合法性,针对不同的设定做出相应的处理和控制,发出指令信号控制读写器完成不同的读写操作。

在 RFID 系统的工作过程中,电子标签和读写器之间以感应的方式实现能量传递,并通过一定的时序方式实现数据的变换。RFID 系统中电子标签与读写器的感应是通过电磁耦合实现的,一般分为电感耦合和电磁反向散射耦合。

1. 电感耦合

电感耦合 RFID 系统是依据电磁感应定律通过空间高频交变磁场实现耦合,一般适合于中、低频率工作的近距离 RFID 系统。电感耦合的射频载波频率为 13.56MHz 和小于 135kHz 的频段,电子标签和读写器之间的工作距离小于 1m。电感耦合如图 3-10 所示。

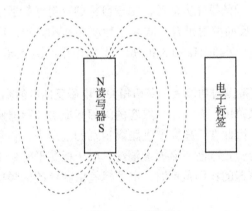

图 3-10 电感耦合

在电感耦合 RFID 系统中,由于读写器产生的磁场强度受到电磁兼容性能有关标准的严格限制,因此系统的工作距离较近。电子标签几乎都是无源的,由读头(读写器的标签驱动单元)向电子标签提供工作能量。当电子标签离开射频识别场时,标签由于没有所需的激活能量而处于休眠状态。当标签进入射频识别区域时,读头发射的射频波激活标签电路,标签通过整流的方式将射频波转换为电能存储在标签中的电容里,从而为标签的工作提供能量,完成数据的交换。对于半有源标签,射频场只起到了激活的作用,标签被激活后的工作所需能量由自身所携带电源提供。

2. 电磁反向散射耦合

电磁反向散射耦合,即雷达原理模型,其工作原理是利用发射出去的电磁波碰到目标后反射,同时携带回目标信息,依据的是电磁波的空间传播规律。

电磁反向散射耦合 RFID 系统一般适合于高频、微波工作频率的远距离识别应用。电磁反向散射耦合如图 3-11 所示。

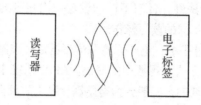

图 3-11 电磁反向散射耦合

依据雷达技术的反向散射理论：一个目标反射电磁波的频率由反射横截面来确定。反射横截面的大小与一系列的参数有关，如目标的大小、形状、材料、电磁波的波长、天线的极化方向等。由于目标的反射性能通常随频率的升高而增强，因此 RFID 反向散射耦合方式采用特高频和超高频，典型的工作频率有 433MHz、915MHz、2.45GHz 和 5.8GHz。识别作用距离大于 1m，典型作用距离为 3~10m。

读写器的工作范围与功率大小密切相关，电磁反向散射耦合 RFID 系统频率在特高频和超高频范围，有关电磁兼容的国际标准对读写器所能发射的最大功率有严格的限制，因此在一些需要远距离识别的应用中，要采用有源或者半无源的电子标签。为防止电池不必要的消耗，电子标签平时处于低功耗模式，当电子标签进入读写器的作用范围时，电子标签由获得的射频功率激活，进入工作状态。

电磁反向散射耦合 RFID 系统中，读写器天线发射的电磁波功率在经自由空间衰减后到电子标签，部分功率被电子标签天线反射回来并被读写器天线接收。经读写器解调和解码后传送到后台应用软件存储并处理。

读写器至电子标签的命令及数据传输应根据 RFID 的有关标准进行编码和调制，或者按所选用电子标签的要求进行设计。

3.RFID 系统频段及特性

按照工作频率的不同，RFID 标签可以分为低频（Low Frequency，LF）、高频（High Frequency，HF）、超高频（Ultra High Frequency，UHF）、微波（Microwave）等不同种类。不同频段的 RFID 工作原理不同，LF 和 HF 频段 RFID 电子标签一般采用电磁耦合原理，而 UHF 及微波频段的 RFID 一般采用电磁发射原理。目前国际上广泛采用的频率分布于 4 种波段，即低频（125kHz）、高频（13.54MHz）、超高频（850MHz ~ 910MHz）和微波（2.45GHz）。每一种频率都有它的特点，被用在不同的领域，因此要正确使用就要先选择合适的频率。

一般而言，低频频段能量相对较低，数据传输率较小，无线覆盖范围受限。为扩大无线覆盖范围，必须扩大标签天线尺寸。尽管低频无线覆盖范围比高频无线覆盖范围小，但天线的方向性不强，具有相对较强的绕开障碍物能力。低频频段可采用1~2个天线，以实现无线作用范围的全区域覆盖。此外，低频段电子标签的成本相对较低，且具有卡状、环状、纽扣状等多种形状。

高频段能量相对较高，适于长距离应用。低频功率损耗与传播距离的立方成正比，而高频功率损耗与传播距离的平方成正比。由于高频以波束的方式传播，故可用于智能标签定位。高频段缺点是容易被障碍物所阻挡，易受反射和人体扰动等因素影响，不易实现无线作用范围的全区域覆盖。高频频段数据传输率相对较高，且通信质量较好。

RFID系统的工作频率既影响标签的性能和尺寸大小、读写器作用距离，又影响标签与读写器的价格，因此频率的选择至关重要。在选择频率时，除了考虑其特性和应用外，还需要符合不同的国家和地区标准。RFID系统主要频段及特性如表3-5所示。

表 3-5 RFID 系统主要频段及特性

	低 频	高 频	超 高 频		微 波
工作频率	125~134 kHz	13.56 MHz	433MHz	868~915 MHz	2.45 ~ 5.8 GHz
读取距离	距离近	距离近	有源约100m	无源8~10m	可视距离大于30m
速度	慢	中等	快	快	很快
潮湿环境	无影响	无影响	影响较小	影响较大	影响较大
方向性	无	无	无	部分	有
全球适用频率	是	是	是	部分	部分
主要用途	动物识别	一卡通、防盗	货物、人员管理	物流管理	车辆、物流
现有ISO标准	11784/85,14223	14443,18000-3	18000-7	18000-6	18000-4/555

3.3.4 RFID 中间件技术

1. RFID 中间件概述

目前已经有各种各样的 RFID 应用，但用户最关心的一个问题是"要如何将现有的系统与这些新的 RFID 读写器连接？"这个问题的本质是应用系统与硬件接口的问题。因此，通透性是整个应用的关键，正确抓取数据、确保数据读取的可靠性及有效地将数据传送到后端系统都是必须考虑的问题。传统应用程序与应用程序之间（Application to Application）数据通透是通过中间件架构解决，并发展出各种 Application Server 应用软件。同理，中间件的架构设计解决方案便成为 RFID 应用的一项极为重要的核心技术。

RFID 中间件是一种面向消息的中间件（Message-Oriented Middleware，MOM），信息（Information）是以消息（Message）的形式从一个程序传送到另一个或多个程序。信息可以以异步（Asynchronous）的方式传送，所以传送者不必等待回应。面向消息的中间件包含的功能不仅是传递（Passing）信息，还必须包括解译数据、安全性、数据广播、错误恢复、定位网络资源、找出符合成本的路径、消息与要求的优先次序、延伸的除错工具等服务。

在 RFID 应用系统架构中，RFID 中间件所处的位置如图 3-12 所示。

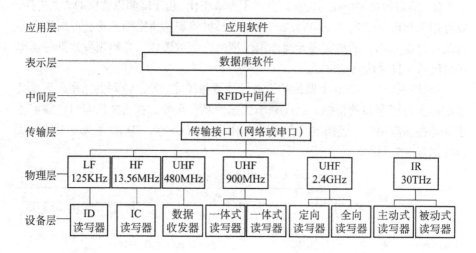

图 3-12 RFID 中间件在应用系统架构中的位置

2. RFID 中间件功能模块

RFID 中间件是传统中间件技术在 RFID 领域的拓展应用，是 RFID 产业链的关键共性技术，它屏蔽了 RFID 设备的多样性和复杂性，能够为后台业务系统提供强大的支撑，从而驱动更广泛、更丰富的 RFID 应用。

目前，国内外许多著名公司已先后推出了自己的 RFID 中间件产品，并且得到了企业用户的认可。IBM 和 Oracle 等公司大多是基于 Java 并遵循 J2EE 企业架构开发自己的开放式 RFID 中间件产品，而 Microsoft 公司则以 SQL 数据库和 Windows 操作系统为依托，开发集成于微软的 Windows 系列操作系统平台的 RFID 中间件产品。

典型的 RFID 中间件产品主要包含读写器接口、事件管理器和应用程序接口三个功能模块，如图 3-13 所示。

第3章 监狱物联网

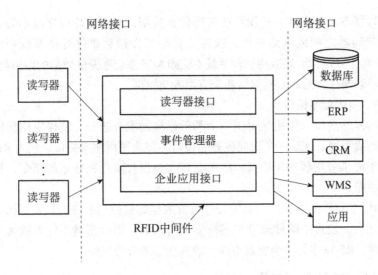

图 3-13 RFID 中间件功能模块结构图

（1）读写器接口

作为 RFID 标准化制定主体的 EPC Global 组织负责制定并推广描述 RFID 读写器与其应用程序间通过普通接口来相互作用的规范。RFID 中间件必须优先为各种形式的读写器提供集成功能，为网络上的读写器进行适配，并按照上层的配置建立实时的 UDP 连接并做好接收标签数据的准备。

读写器接口协议处理器确保使中间件能够通过各种网络通信方案连接到 RFID 读写器，终端用户可以通过接口直接配置、监控及发送指令给读写器。一些 RFID 中间件开发商还提供了支持读写器即插即用的功能，使终端用户新添加不同类型的读写器时不需要增加额外的程序代码。

（2）事件管理器

事件管理器完成来自于读写器接口的 RFID 事件处理。读写器不断从电子标签读取大量未经处理的数据，一般来说应用系统内部存在大量重复数据。因此，事件管理器对接收到的数据进行预处理，当标签信息传输发生错误或有冗余数据产生时，RFID 中间件可以通过一定的算法纠正错误并过滤掉冗余数据。预处理内容包括集中处理所属读写器采集到的标签数据，并统一进行冗余过滤、平滑处理、标签解读等工作。经过处理后，每条标签内容包含的信息有标准 EPC 格式数据、采集的读写器编号、首次读取时间、末次读取时间等，并以一个读周期为时间间隔，分时向事件处理子系统发送，为进一步的数据高级处理做好必要准备。RFID 中间件能够以基于内容的路由方式决定采集到的数据传递给哪一个应用，通过数据服务接口把数据传递到相关的应用系统。

读写器不必关心哪个应用系统需要什么数据，同时应用程序也不需要维护与各个读写器之间的网络通道，仅需要将需求发送到事件处理系统中即可。RFID 中间件可以为后端应用软件系统（比如 MIS 系统）提供数据的路由与集成，同时还可以缓存数据，分批地给各个应用提交数据。

（3）应用程序接口

应用程序接口的作用是提供一个基于标准的服务接口，使得应用程序系统能够控制读写器。这是一个面向服务的接口，即应用程序层接口，它为 RFID 数据的收集提供应用程序层语义。服务器接收器接收应用程序系统指令，提供一些通信功能。

RFID 中间件根据客户定制的任务负责数据的监控与事件的触发。例如，在图书管理中，设置中间件来监控书籍借出的天数，当书籍借出的天数大于设置的期限时，RFID 中间件会触发事件，通知相应的应用软件。

3.3.5 RFID 技术应用

1. RFID 面临的挑战

射频识别技术具有广阔的应用前景，但在推广应用中遇到了不少挑战，在技术、管理等方面还存在着许多问题，主要表现在缺乏成熟的应用模式和行业标准、成本亟待降低和相关产品标准不统一。这些问题如果不能很好地加以解决，将会严重地影响射频识别技术的使用和推广。

（1）标准化问题。

标准化是推动产品广泛获得市场接受的必要措施，但 RFID 读写器与标签的技术仍未见其统一，到目前为止，与射频识别技术有关的标准有国际标准 ISO/IEC18000、美国的 EPC Global、日本的 Ubiquitous ID，在国际上形成了三足鼎立的局面。

而不同制造商所开发的标签通信协定，使用不同频率，且封包格式不一。RFID 技术又不像条码，虽有通用的公共频率范围，但制造厂商可以自行改变。此外，标签上的芯片性能，存储器存储协议与天线设计约定等也都没有统一标准。尽管 RFID 的有关标准正在逐步开发制定、不断完善，但是每个国家又有自己的规则。RFID 标准化甚至比制定条码标准更让各国感到困难，因为如果一个国家把某个频率权出让给某个商业企业后，当它对别的系统产生干扰时，对这个频率段的使用情况进行监督管理就会变得很难。

（2）成本问题。

价格问题是制约 RFID 标签推广应用市场发展的巨大瓶颈之一。高成本的 RFID 标签只能用于一些本身价值较高的产品，如何降低有效 RFID 标签价格，让 RFID 系统能应用于数量庞大、价位较低的商品领域是当前的一个难点。

（3）技术的突破。

RFID 技术经过了近几十年的发展，但尚未完全成熟，特别是应用于某些特殊场合的产品，如液体或金属罐等物品时，大量 RFID 标签无法正常起作用。标签的可靠性也是一个大问题。就目前来看，现在普遍使用的 134kHz 和 13.56MHz 因传输距离太短，限制了读写器和 RFID 标签间的传输距离，使若干标签不能有效地被读取，标签失效率较高。如何解决标签的读取响应率随标签所标识物的移动速度增加而迅速衰减的问题也是当前 RFID 技术面临的一个难点。此外，由于 RFID 标签与读写器有方向性，RFID 信号易被物体阻断，这也是 RFID 技术发展的一大挑战，即使贴上双重标签，仍可能有标签无法识别。

（4）安全与隐私保护问题

RFID 的大规模应用必将会涉及各种各样的隐私保护及安全问题，例如无源 RFID 系统没有读写能力，无法使用密钥验证方法进行身份验证。目前 RFID 技术要在对信息有保密要求的领域展开应用，还需要对信息安全保护方面做进一步研究。

2. RFID 发展方向

RFID 技术当前发展方向主要是围绕技术标准、标签成本、关键技术、系统应用等方面展开。

1）技术标准

RFID 技术标准主要是规范标签及读写器的开发、设计和批量生产，使得各 RFID 系统之间可以互联和兼容。因此，RFID 的标准化是当前急需研究解决的重要问题，世界各国及相关国际组织都在积极推进 RFID 技术标准的制定。RFID 的标准化工作主要是规范标识编码、操作协议、应用系统接口等。其中标识编码规范包括标识长度、编码方法等；操作协议包括空中接口、命令集合、操作流程等规范。

2）标签成本

RFID 技术商业应用能否取得成功关键是控制标签成本。RFID 标签主要由 IC 芯片、天线、封装等几部分构成。随着集成电路等相关技术的进步和应用规模扩大，RFID 标签的成本也将越来越低。据预测，在大规模生产的情况下，RFID 标签生产成本最低能降到 5 美分，届时 RFID 技术将步入人们生活的各个领域，为人们提供更便宜、高效和便捷的服务。

3）关键技术

RFID 关键技术的研究主要集中在频率选择、安全技术、天线技术、低功耗技术、封装技术、定位与跟踪技术、防冲撞技术等。

（1）频率选定与定位技术

工作频率的选定是 RFID 技术的一个至关重要的问题，既要适应各种应用需求,还需要遵循国家对无线电频段使用的规定。当前RFID工作频率跨越多个频段,不同频段具有各自优缺点,它既影响标签的性能和尺寸大小,也关系到读写器的作用范围。低频段能量相对较低,数据传输率较低,信号的覆盖区域有限。为增大无线覆盖区域,必须加大标签天线的尺寸。但是低频段标签的生产成本较低,便于依附在被识别和跟踪的物体上。高频段能量较高,适用于长距离的应用。同时高频段数据传输率相对较高,且通信质量较好。其缺点是容易被障碍物阻挡,易受反射和人体扰动影响,信号很难覆盖全区域。低频的功率损耗与传播距离的立方成正比,而高频的功率损耗与传播距离的平方成正比,高频更多应用于对标签的跟踪和定位。

RFID定位与跟踪系统主要利用标签对物体的唯一标识特性,依据读写器与标签之间射频信号的强度来测量带标签物体的空间位置,主要应用于GPS系统难以实现的室内定位领域。MIT Oxygen项目开发的Cricket系统、密歇根州立大学的LANDMARC系统和微软公司的RADAR系统都是当前典型的RFID定位与跟踪系统,该技术在矿井内对人员和重要设备的定位和跟踪方面已经得到广泛应用。

(2)天线与封装技术

标签和读写器天线还分别承担接收和发射能量的任务。天线的设计关系到RFID能否有效发送和接收数据,天线结构决定了天线极化方向、方向图、阻抗特性、天线增益、驻波比、工作频段等特性。

RFID标签安装有天线、芯片和其他特殊部件,为了确保标签的大小、厚度、柔韧性和高温高压工艺中芯片电路的安全,需要特殊的封装技术和专门设备。标签封装不受标准形状和尺寸限制,其构成也是千差万别,有时甚至需要根据各种不同要求进行特殊的设计。

(3)低功耗技术

RFID模块的一个最基本要求是具备低功耗的特点,以提高使用的寿命、拓展应用场合和加大识别距离。降低功耗与保证一定的有效通信距离是同等重要的,因此标签内置芯片一般都采用非常苛刻的低功耗工艺和高效节能技术。

(4)防冲撞技术

高效的防碰撞算法对于RFID系统至关重要,标签防碰撞算法要解决的是在读写器有效通信范围内,多个标签同时与读写器进行通信的问题。IEEE802.11定义了载波侦听多点接入/冲突避免(CSMA/CA)协议,协议规定载波侦听查看介质是否空闲,同时通过随机的时间等待,使信号冲突发生的概率减到最小。传统的ALOHA及相关算法和二进制搜索算法分别用来解决在高频段和在超高频段多标签的防碰撞问题,常用的防碰撞算法识别时间较长,很难满足对高速运动标签的识别要求。而大多数新算法虽然识别时间较短,但对标签设计要求较高,难以满足系统设计的低成本要求。因此,防碰撞算法研究的方向和趋势就是在取得对复杂度和成本的折中平衡后,最大限度地减少搜索时间,提高识别效率。

4)系统应用

RFID 技术被誉为 21 世纪十大重要技术之一,也是物联网关键技术之首。目前已成为物联网应用领域中的一个热点,深受各国政府和企业的重视,在停车场管理、门禁控制、物流管理、航空包裹识别、文档追踪管理、畜牧业、后勤管理、移动商务、产品防伪、运动计时、票证管理、车辆防盗、生产线自动化、物料管理、食品安全跟踪追溯、无线定位等方面得到实际的应用。当前最普遍的应用主要在以下几个方面:

(1)防伪和身份识别

RFID 技术与防伪相结合,具有识别快速、伪造难、成本低等优点,如诺再引入安全认证和加密功能,将大大提高伪造者造假的难度和成本,令其知难而退。日本和欧洲正在尝试在货币中嵌入标签,目的不仅在于防止伪钞,还可以方便钞票交易处理。通过在身份证、护照、工作证等各种有效证件中嵌入标签,可以用于对人员身份进行验证和识别。FRID 技术也常用于跟踪、研究和保护动物。

(2)交通管理

RFID 技术最早就应用于公共交通管理,同时也是 RFID 应用比较成功的领域,该应用中主要涉及停车场管理、电子车票、不停车收费、车辆管理与跟踪等方面。

(3)商业供应链

在商业供应链中应用 RFID 技术将是该技术最广泛和深入的应用,当然也是技术难度最大、最难实现的应用。关键在于要在所有的商品上都贴上一个标签,这不仅对标签的成本要求较高,更关键的是需要具有能快速高效处理大量数据的软硬件和后台管理系统。

(4)物流管理

目前 RFID 技术在物流领域中的应用主要集中在铁路和公路的货运调度、集装箱识别和跟踪、物品和包裹的自动识别及处理等。在物流管理中引入 RFID 技术可以有效的对整个物流过程进行监控和管理,降低物流成本,提高运输的效率,保证物品在运输流通中不会被遗漏或丢失。

(5)无线定位

RFID 技术广泛应用在无线定位领域,无线定位系统中电子标签被自动地读取,能够自动、连续、实时地追踪和记录贴有标签的人或物的位置。目前我国在矿山井下和在监管场所管理等领域开展了基于 RFID 技术的无线定位技术实际应用,极大地提高了工作效率。

3.4 状态感知技术

3.4.1 传感器概述

人们为了从外界获取信息，必须借助于感觉器官。信息时代，人们迫切地希望能准确地掌握自然界和生产领域更多的各类信息，首先要解决的就是如何获取准确可靠的信息，而传感器是获取自然和生产领域中信息的主要途径与手段。传感器是实现自动检测和自动控制的首要环节，它对于提高生产的自动化程度、促进现代科学技术的发展具有极其重要的作用。

在现代工业生产尤其是自动化生产过程中，要用各种传感器来监视和控制生产过程中的各个参数，使设备工作在正常状态或最佳状态，并使产品达到最好的质量。因此可以说，没有众多优良的传感器，现代化生产也就失去了基础。

在基础学科研究中，传感器具有更突出的地位。要获取大量人类感官无法直接获取的信息，没有相应的传感器是不可能的。许多基础科学研究的障碍，首先就在于对信息的获取存在困难，如超高温、超低温、超高压、超高真空、超强磁场、超弱磁场等各种极端条件。一些新机理和高灵敏度的检测传感器的出现，往往开辟了科学研究的新境界。

传感器早已渗透到诸如工业生产、智能家居、宇宙开发、海洋探测、环境保护、资源调查、医学诊断、生物工程、甚至文物保护等极其之泛的领域，可以毫不夸张地说，从茫茫的太空，到浩瀚的海洋，以至各种复杂的工程系统，几乎每一个现代化项目，都离不开各种各样的传感器。

1. 传感器概念

传感器就是将外界参量如物理、化学、机械等参量转化为电学量或光学量的一种装置。我国国家标准 GB7665-1987 规定："传感器（Sensor）是能感受规定的测量量并按一定规律转换成可用输出信号的器件或装置"。因此，传感器的实质是一种按一定的精度要求把外界参量如物理、化学、机械等参量转换为与之有确定关系的、便于应用的某种物理量的测量器件或装置，用于满足系统信息传输、存储、显示、记录、控制等要求。

传感器概念主要涉及以下几个方面：

（1）传感器首先是一种测量器件或装置，具有感应和测量的作用。比如，普通发电机是一种可以将机械能转化成电能的转换装置，从能量转换的角度看，它是一种发电设备，但不能称为传感器。而从另一个角度出发，可以通过发电机发电量的大小来测量调速系统的机械转速，此时发电机就可看成是一种用于测量转速的测量装置，是一种速度传感器，因此，此类发电机通常称为测速发电机。实际应用中，传感器的目的就是为了获得被测量的准确信息，这也是传感器的基本功能。

（2）在传感器定义中的"可用输出信号"是指便于传输、转换及处理的信号，主要形式是气、光、电等信号，而当前绝大部分情况下就是指电信号（如电压、电流、电势及各种电参数等）；而"规定的测量量"一般是指非电量信号，主要包括各种物理量、化学量、生物量等，在实际的应用中常需要测量的非电量信号有声音、力、压力、温度、流量、位移、速度、加速度、转速、浓度等。而电工仪表和电子仪器等传统测量仪器对这类非电量信号不能像电信号那样直接测量，而利用传感器技术则可实现这类非电量信号到电信号的转换。

（3）传感器的输入和输出信号应该具有明确的对应关系，并且应保证一定的精度以满足实际应用的需求。

（4）对于"传感器"这个名词，在国内实际应用当中还存在许多提法，如变换器（Transducer）、转换器（Converter）、检测器（Detector）和变送器（Transmitter）等，而根据我们国家的规定，传感器定名为Sensor。当传感器的输出信号为标准信号（1～5V、4～20mA）时，称为变送器（Transmitter），不要混淆二者。

工业现代化的飞速发展，以及测控系统自动化、智能化的技术进步，要求传感器准确度高、可靠性高、稳定性好，而且具备一定的数据处理能力，并能自检、自校正、自补偿。现代材料工艺及技术，特别是计算机技术使传感器技术产生了巨大的飞跃，微处器（Microprocessor）和传感器相结合，产生了功能强大的智能传感器（国外称为Smart Sensor）。传统的传感器只能作为敏感元件，检测物理量的变化，而智能传感器则包括测量信号调理（如滤波、放大、A/D转换等）、数据处理、数据显示及自校、自检、自补偿等功能。微处理器是智能传感器的核心，它不但可以对传感器的测量数据进行计算、存储、数据处理，还可以通过反馈回路对传感器进行调节。由于微处理器充分发挥各种软件的功能，可以完成硬件难以完成的任务，从而大大降低了传感器制造的难度，提高了传感器的性能，降低了成本。在传感器的生产过程中，重要的一个环节就是传感器的补偿，包括零点补偿、温度补偿、弹性模量的补偿、灵敏度参数的调整等。

2. 传感器组成

传感器的种类繁多，其工作原理、性能特点和应用领域各不相同，所以结构、组成差异很大。但总的来说，传感器通常由敏感元件、转换元件及测量电路组成，有时还加上辅助电源，如图3-14所示。

（1）敏感元件

敏感元件是指传感器中能直接感受被测量的变化，并输出与被测量成确定关系的某一物理量的元件。敏感元件是传感器的核心，也是研究、设计和制作传感器的关键。

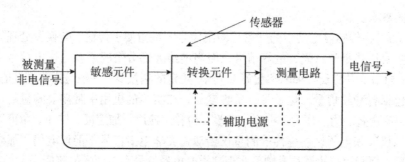

图 3-14 传感器组成框图

（2）转换元件

转换元件是指传感器中能将敏感元件输出的物理量转换成适合于传输或测量的电信号的部分。但并不是所有的传感器都能明显地区分敏感元件和转换元件两部分，有的传感器转换元件不止一个，需要经过若干次的转换；有的则是两者合二为一。

（3）测量电路

测量电路又称为转换电路或信号调理电路，它的作用是将转换元件输出的电信号进行进一步的转换和处理，如放大、滤波、线性化、补偿等，以获得更好的品质特性，便于后续电路实现显示、记录、处理、控制等功能。测量电路的类型视传感器的工作原理和转换元件的类型而定，一般有电桥电路、阻抗变换电路、振荡电路等。

3. 传感器分类

通常，一种传感器可以检测多种参数，一种参数又可以用多种传感器测量，所以传感器的分类方法也很多，至今尚无统一规定，归纳起来一般有以下几种：

（1）按被测量分类

按被测量的性质进行分类，有利于准确表达传感器的用途，对人们系统地使用传感器很有帮助。例如，压力敏和力敏传感器、液面传感器、加速度传感器、振动传感器、射线辐射传感器等。

（2）按能量转换关系分类

按照传感器的能量转换情况，传感器可分为能量控制型和能量转换型传感器两大类。所谓能量控制型传感器是指其变换的能量是由外部电源供给的，而外界的变化（即传感器输入量的变化）只起到控制的作用。如电阻、电感、电容等电参数传感器，霍耳传感器等都属于这一类传感器。能量转换型传感器主要由能量变换元件构成，它不需要外电源。如基于压电效应、热电效应、光电效应等的传感器都属于此类传感器。

（3）按工作原理分类

这是传感器最常见的分类方法，这种分类方法将物理、化学、生物等学科的原理、规律和效应作为分类的依据，有利于对传感器工作原理的阐述和对传感器的深入研究与分析。按照传感器工作原理的不同，传感器可分为电参数式传感器（包括电阻式、电感式和电容式传感器）、压电式传感器、光电式传感器（包括一般光电式、光纤式、激光式、红外式传感器等）、热电式传感器、半导体式传感器、波式和辐射式传感器等。这些类型的传感器大部分是分别基于其各自的物理效应原理命名的。

（4）按结构分类

按传感器的结构构成可分为结构型、物性型和复合型传感器。结构型传感器是依靠传感器结构参数（如形状、尺寸等）的变化，利用某些物理规律实现信号的变换，从而检测出被测量，它是目前应用最多、最普遍的传感器。这类传感器的特点是其性能以传感器中元件相对结构（位置）的变化为基础，而与其材料特性关系不大。物性型传感器则是利用某些功能材料本身所具有的内在特性及效应将被测量直接转换成电量的传感器。例如，热电偶传感器就是利用金属导体材料的温差电动势效应和不同金属导体间的接触电动势效应实现对温度的测量；而利用压电晶体制成的压力传感器则是利用压电材料本身所具有的压电效应实现对压力的测量。这类传感器的"敏感元件"就是材料本身，无所谓"结构变化"，因此通常具有响应速度快的特点，而且易于实现小型化、集成化和智能化。复合型传感器则是结构型和物性型传感器的组合，同时兼有二者的特征。

（5）根据传感器的使用材料分类

根据传感器的使用材料也可以将传感器分为半导体传感器、陶瓷传感器、金属材料传感器、复合材料传感器、高分子材料传感器等。此外，根据应用领域的不同，还可分为工业用、农用、民用、医用、军用等不同类型。根据具体的使用目的，又可分为测量用、监视用、检查用、诊断用、控制用和分析用传感器。根据被测量的性质，可以将传感器分成物理型、化学型和生物型传感器三大类，等等。

3.4.2 无线传感网络

1. WSN 概述

传感器能够自动采集自然界的物理、化学、机械等各种变化量的信息，但单个传感器的数据采集和网络通信传输的能力非常有限，尤其是在大范围、恶劣的应用环境中这些弱点尤为突出。

"后 PC 时代"更小、更廉价的低功耗计算设备冲破了传统台式计算机和高性能服务器的设计模式,网络化的普及带来了难以估量的计算处理能力,微机电系统(Micro Electro-Mechanical System,MEMS)的迅速发展奠定了设计和实现片上系统(System On Chip,SOC)的基础,以上三方面的高度集成又孕育出了许多新的信息获取和处理模式,无线传感网络就是其中一例。

传感器技术、微电子机械技术、计算技术和无线通信等技术的进步推动了具有现代意义的无线传感网络(Wireless Sensor Networks,WSN)的快速发展。无线传感网络由部署在监测区域内大量的廉价微型传感器节点组成,这些低功耗传感器节点在其微小体积内能够集成信息采集和数据处理等多种功能,并通过无线通信的方式形成一个多跳的自组织的网络系统,其目的是协作地感知、采集和处理网络覆盖区域中感知对象的信息,并发送给观察者。无线传感网络是一种超大规模、无人值守、资源严格受限的全分布系统,其网络拓扑动态变化,具有自组织、自治、自适应等智能属性。

一个典型的无线传感网络结构如图 3-15 所示。

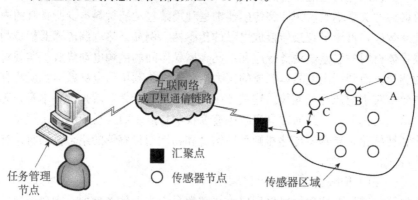

图 3-15 典型的无线传感网络应用系统

无线传感网络系统通常由传感器节点(Sensor Node)、汇聚节点(SinkNode)和管理节点(Task Manager Node)组成。通过随机部署在监测区域的大量传感器节点,采用自组织的方式构成网络,传感器节点间可以协作地实时监测、感知和采集各种环境或监测对象的信息,并对其进行处理。传感器节点所采集到的数据沿着其他传感器节点逐跳地进行传输,经过多跳(Multi-Hop)路由后采集数据被传送到汇聚节点进行处理,最后通过传统网络或卫星传输到管理节点。数据的观察者可以通过管理节点对传感网络进行配置和管理,发布监测任务及采集监测数据。传感器、感知对象和观察者构成了传感网络的三个基本要素。

传感器节点通常是一个集成有传感器、数据处理单元和无线通信模块的微型的嵌入式系统，它可以借助节点中内置的形式多样的传感器感知监控环境中诸如热、湿度、红外、声音、磁场、雷达和地震波信号，从而探测包括温度、湿度、距离、噪声、压力及移动物体的大小、速度、方向等众多人们感兴趣的物理现象，将现实世界中的物理量映射到一个定量的测量值，使人们对现实世界形成量化的认识。相对传统网络节点而言，无线感网络节点的处理能力、存储能力和通信能力都比较弱，而且一般使用电池供电，能量有限。与传统网络节点不同的是，每个传感器节点兼顾了传统网络节点的终端和路由器双重功能，既进行本地数据信息的采集，同时也要对其他节点转发来的数据进行存储、管理和转发，与其他节点协作完成特定任务。

相对而言，汇聚节点的处理能力、存储能力和通信能力一般要比普通传感器节点强，它连接无线传感网络与传统网络（如 Internet），实现两种网络协议栈中通信协议的转换，并把汇聚到的来自传感器节点采集的数据发送到外部网络上。另外，汇聚节点也会将来自管理节点的网络配置信息、采集监测任务等发布给传感器节点。汇聚节点比一般的传感器节点要求有更多的内存与计算资源，以及能量供给，可以是由一个具有增强功能的传感器节点来担当，也可以是没有监测功能仅带有无线通信接口的特殊网关设备。

管理节点则可以是普通 PC 或是 PDA 等便携设备。

2. WSN 结构

（1）通信结构

无线传感网络中的节点任意散落在被监测区域内，网络在完成对特定的对象感测的同时还需要进行简单的计算并维持互相之间的网络连接。初始的通信和协商在单个节点发起，经路由与邻居形成一个传输信息的多跳网络。每个感网络都部署一个连接到传输网络的网关，传输网络可以是一个单跳链接，也可以是由一系列的无线网络节点组成，而且无线传感网络本身具有自组织的功能，网关通过传输网络把来自无线传感网络的感测数据从传感区域传送到提供远程连接和数据处理的基站，基站通过互联网等方式把传感数据经由应用系统传入远程数据库。最后应用系统对采集到的数据经过计算、分析和挖掘后通过一个具体方式产生响应并提交给用户。

（2）无线传感器节点结构

典型的无线传感网络节点的结构包含 4 个基本组成部分：传感单元、处理单元、通信单元和电源，如图 3-16 所示。

传感单元由传感器和模数转换功能模块组成，处理单元由 CPU、存储器、嵌入式操作系统等组成，通信单元由无线通信模块组成。此外，定位系统、移动系统、电源自供电系统等也是可以选择的其他功能单元。电源为传感器提供

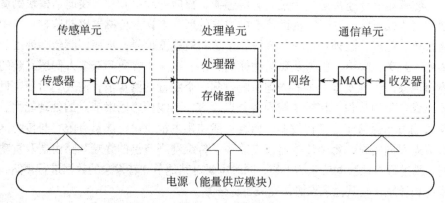

图 3-16　无线传感网典型传感器节点结构图

正常工作所必需的能源。感知、获取外界的信息则由感知单元完成,并将其转换为数字信号。负责协调节点各部分的工作由处理单元完成,如对感知单元获取的信息进行必要的处理、保存,控制感知单元和电源的工作模式等。负责与其他传感器或收发者的通信则由通信模块实现。此外,嵌入式操作系统、嵌入式数据库系统等软件则为传感器提供了必要的软件支持。

（3）拓扑结构

无线传感网络有星状网、网状网及混合网三种拓扑结构,每种拓扑结构都

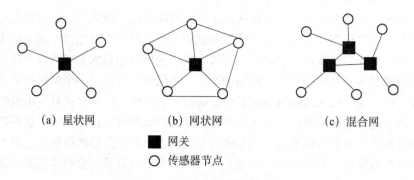

图 3-17　无线传感网络拓扑结构

有自身的优点和缺点,每种网络拓扑可以满足不同无线传感网络的应用要求。

星状网拓扑结构是一个单跳（Single-Hop）系统,所有无线传感器节点都与基站和网关进行双向通信,如图 3-17（a）所示。基站可以是一台 PC、PDA、嵌入式网络服务器或者其他与高数据率设备通信的网关,基站向各节点传输数据和命令,同时也可以与互联网等更高层系统之间传输数据。在网络中基站作

为所有节点的中间点,但节点相互之间并不传输数据或命令。在三种无线传感网络拓扑中,星状网整体功耗最低,这种拓扑的缺点是节点与基站间的传输距离有限,一般只有几十米。网状拓扑结构是多跳(Multi-Hop)系统,网络中的所有无线传感器节点都是对等的,而且互相直接通信,如图 3-17(b)所示。网状网的每个传感器节点都有多条路径到达网关或其他节点,因此它的容故障能力较强。相比星状网络拓扑,网状拓扑的多跳系统传输距离远得多,然而网络功耗也更大,原因是网络中的节点必须一直处在"监听"网络中某些路径上的信息和变化的状态。包含了星状结构和网状结构的无线传感网络具有混合网拓扑结构,如图 3-17(c)所示。这种拓扑结构兼具星状网的简洁和低功耗及网状网的长传输距离和自愈性等优点。在混合网拓扑结构的无线传感网络中,路由器和中继器组成网状结构,而传感器节点则在它们周围呈星状分布。由于混合网的无线传感网络中具有中继器,因此,扩展了网络传输距离,提供了较强的容错能力。如果网络中的某个中继器发生故障或某条无线链路出现干扰时,网络可依靠其他路由器进行自组,不影响监测任务的完成。

3. WSN 协议栈

无线传感网络的传感器节点上的协议栈随着技术发展不断完善。研究人员早期提出的一个协议栈如图 3-18(a)所示。

这个协议栈包括物理层、数据链路层、网络层、传输层和应用层,与互联

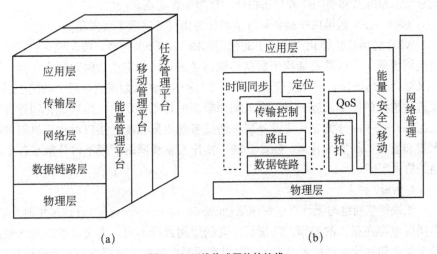

图 3-18 无线传感网络协议栈

网协议栈的 5 层协议相对应。此外,协议栈还包括能量管理平台、移动管理平台和任务管理平台。管理平台使得传感器节点能够按照能源高效的方式协同工作,在节点移动的无线传感网络中转发数据,并支持多任务和资源共享。各层

协议和平台的功能如下：

（1）物理层负责数据传输的介质规范，规定了工作频段、工作温度、数据调制、信道编码、定时、同步等标准，提供简单但健壮的信号调制和无线收发技术。物理层的设计直接影响到硬件节点的复杂度和节点能耗等问题，其目标是设计小体积、低成本和低功耗的传感器硬件节点。

（2）数据链路层除了要完成传统网络数据链路层的数据成帧、帧检测、媒体访问、差错控制等功能外，更重要的是设计一个适合无线传感网络的介质访问控制方法，合理与高效的介质访问控制方法能够有效减少传感器节点收发控制性数据的比率，进而减少能量损耗。

（3）网络层主要负责路由发现、路由维护和路由选择，使得传感器节点可以进行有效的相互通信。路由算法是网络层最核心的内容。路由算法执行效率的高低直接决定了传感器节点收发控制性数据与有效采集数据的比率，从而影响到整个无线传感网络的生存时间。

（4）传输层负责数据流的传输控制，是保证通信服务质量的重要部分。

（5）应用层包括了一系列基于监测任务的应用层软件。

（6）考虑各个协议层能量节省、传感器节点如何使用能源由能量管理平台负责管理。

（7）检测并注册传感器节点的移动、维护到汇聚节点的路由让传感器节点能够动态跟踪其邻居的位置功能由移动管理平台实现。

（8）WSN 区域内平衡和调度监测任务由任务管理平台实现。

WSN 的协议栈细化并改进了的模型如图 318（b）所示。协议栈中的定位和时间同步两个子层既要依赖于数据传输通道进行协作定位和时间同步协商，同时又要为网络协议各层提供信息支持。图 318 中用倒 L 型描述这两个功能子层。改进后模型的诸多机制一部分融入到原模型的各层协议中，用以优化和管理协议流程；另一部分独立在协议外层，通过各种收集和配置接口对相应机制进行配置和监控。如能量管理、QoS 管理、拓扑控制和网络管理不再分散在各个单独的协议层中。

4. WSN 特点

无线传感网络与无线自组织网络（Mobile Ad-hoc Network）有许多相似之处，但同时也存在很大的差别，特别是二者的应用目标不同。无线自组织网络通过动态路由和移动管理技术以为用户提供高质量的数据传输服务为首要设计目标，其次才考虑节约能源。无线传感网络则以监控物理世界为主要目标，由于传感器节点能量、处理能力、存储能力、通信能力等都十分有限，因而如何使能源高效使用是其首要考虑的。

与传统网络相比，无线传感网络具有以下显著特点：

（1）超大规模。

为了完成对物理世界的感知，获取精确信息，在监测区域中部署的传感器节点数量可能达到成千上万。无线传感网络主要是通过大规模、冗余的嵌入式设备的协同工作来提高系统的准确性和可靠性，而不是依靠单个节点设备的能力。

传感网络的大规模性具有如下优点：分布节点通过多角度、多方位获得的信息有效提高了信噪比；通过分布式处理大量的采集信息能够提高监测的精确度，降低对单个节点传感器的精度要求；低成本、高冗余的设计原则，使得系统具有较强的容错能力；大量节点形成覆盖面积较大的监测区域，并可借助个别移动节点对网络拓扑结构的调整，减少阴影或盲点。

（2）无人值守。

由于应用的需要，传感器节点通常由飞机撒布或是放置于危险区域执行监控任务，系统往往在无人值守的状态下工作。每个传感器节点只能依靠有限能量的电池供电，更换电源基本上是不可能的，由此导致的能源受限是阻碍无线传感网络发展的重要原因之一。

（3）无中心和自组织。

在无线传感网络中没有绝对的控制中心，所有节点的地位平等，能够自动进行配置和管理，通过拓扑控制机制和网络协议协调彼此的行为，自动组织形成一个无线网络系统。

正因为没有中心，网络便不会因为单个节点由于能量耗尽或环境因素脱离网络而受到损坏，使得网络有较好的鲁棒性和抗毁性。在传感网络应用中，通过飞机撒布等方式使得节点的位置不能预先精确设定，节点之间的相互邻居关系也无法预先知道，这就必然要求传感器节点具有自组织的能力。

（4）网络拓扑的动态性。

在传感网络使用过程中，部分传感器节点由于能量耗尽或环境因素造成传感器节点出现故障或失效。为了弥补节点失效，将会有新节点被补充到网络中。传感网络中节点个数的动态减少或增加会使网络的拓扑结构随之动态地变化。此外，在一些终端移动的传感网络中，网络拓扑也会随着移动终端和无线通信链路带宽的变化而变化。传感网络的自组织性被要求能够适应这种网络拓扑结构的动态变化。

（5）计算和存储能力有限。

无线传感网络节点因为其小体积、低成本、低功耗的特性必然导致其所具备的微处理器的处理能力和存储容量都比较小。在实际应用中，传感器节点需要完成监测数据的采集和转换、数据的传输和控制、甚至处理压缩与解压缩、加密与解密等多种任务，如何利用有限的计算和存储资源完成诸多协同任务成为传感网络设计的挑战。

(6)传输能力有限。

无线传感网络通过无线电波传输数据,由于无线信道本身的物理特性,它所提供的网络带宽相对于有线网络要低得多,通常仅有几百 kbps 的速率。由于节点能量的变化及受自然环境的影响,网络同时还要面临无线信号的冲突、信号衰减、噪声和信号间的相互干扰等多种因素,这决定了无线传感器节点传输数据的能力较为有限。无线通信的能量消耗与通信距离的关系为:

$$E=kd^n$$

参数 n 为路径损耗指数,满足关系 $2 < n < 4$,它决定路径损耗随距离增加而增大的速率。一般情况下,传感器节点部署贴近地面时,障碍物干扰就会增大,于是 n 的取值就大,此时随着距离的增加,能耗会急剧增加。因此,考虑到传感器节点的能量限制和较大的网络覆盖区域,多跳(Multi-Hop)、对等(Peer to Peer)的传输机制比传统的单跳、主从传输机制更适合在无线传感网络中使用。由于每跳的距离较短,无线通信可以在较低能耗下工作,多跳的传输机制还可以有效避免长距离单跳通信所带来的信号衰减和信号间的相互干扰问题。

(7)电源能量有限。

无线传感网络节点通常部署在人烟稀少的危险区域,人员甚至不能到达,需要依靠飞机撒布。节点携带能量十分有限的电池,通过人工更换电池来补充传感器节点能源是不现实的。虽然也有系统会采用诸如太阳能、风能、震动转化的能量,但目前化学电池还是无线传感网络应用中主要使用的能量载体。因此,如何高效使用能量来最大化网络生命周期是传感网络面临的首要挑战。

(8)以数据为中心。

无线传感网络是任务型的网络,脱离无线传感网络谈论传感器节点没有任何意义,因为在无线传感网络中,单个传感器节点已经失去了自身的个体特征,数据比传输处理数据的传感器节点位置更为重要。用户在使用传感网络时,直接将所关心的事件通告给网络,而不是通告给某个节点;用户也很少关心数据来自哪个节点,在用户眼中,他是在和整个网络进行交互而非某几个节点,这是和传统网络以主机地址为中心的交互方式的重要区别。所以通常说传感网络是一个以数据为中心的网络。

5. WSN 操作系统

无线传感网络操作系统是运行在每个传感器节点上的基础核心软件,它能够有效地管理硬件资源和任务的执行,并且使应用程序的开发更为方便。一方面,传感网络操作系统的目的是有效的管理硬件资源和任务的执行,并且使用户不用直接在硬件上编程开发程序,从而使应用程序的开发更为方便。另一方面,传统的嵌入式操作系统不能适用于传感网络，这些操作系统对硬件资源有较高的要求，传感器节点的有限资源很难满足这些要求。

无线传感网络与一般的计算机网络有着很大的差异，存在一定的特殊性，所以其操作系统也与传统的操作系统有着较大的差异。但是同其他操作系统一样，无线传感网络操作系统也是为了对整个网络进行有效控制，提高软件的重用性，降低开发难度。其独特性在于资源极端受限（处理器速度、存储器大小、内存大小、通信带宽、资源数量及电源受限）、设备的特殊性和缺乏一致的抽象层次。因此，无线传感网络操作系统的设计目标是高效地使用传感器节点的有限资源，且能够对各种特定应用提供最大的支持。其设计策略应该是一个资源库，从中抽取一部分组成应用。它致力于提供有限资源的并发，而不是提供接口或形式。在面向无线传感网络的操作系统支持下，利用有限资源对整体系统进行高效率的事件处理、能源管理、命令处理和工作描述。

此外，在传感网络中，单个传感器节点有两个突出特点：一是它的并发性很密集，即可能存在多个需要同时执行的逻辑控制，需要操作系统能够有效地满足这种发生频率、并发程度很高、执行过程比较短的逻辑控制流程；另外，传感器节点的模块化程度很高，要求操作系统能够让应用程序方便地对硬件进行控制，且在保证不影响整体开销的前提下，应用程序的各个部分能够比较方便地进行重新组合。

到目前为止，国内外研究机构已经开发出一些无线传感网络操作系统。其中，使用最广泛的当属加州大学伯利克分校依托 Smart dust 项目开发出来的 TinyOS。

6. WSN 应用

无线传感网络具有非常广阔的应用前景，在军事、健康护理、环境监测和预报、建筑物状态监控、智能家居、空间探索、复杂机械监控、城市交通、大型车间和仓库管理、人员定位、机场和大型工业园区的安全监测等众多领域得到广泛应用。

（1）军事应用和环境观测、预报。

无线传感网络具有可快速部署、可自组织、隐蔽性强和高容错性的特点，因此，通过飞机或炮弹直接将传感器节点播撒到敌方阵地内部，或者在公共隔离带部署无线传感网络，就能够非常隐蔽而且近距离准确地收集战场信息，迅速获取有利于作战的信息。在军事 C4ISRT（Command Control Communication Computing Intelligence Surveillance Reconnaissance and Targeting）系统中，无线传感网络已经是必不可少的一部分，受到军事发达国家的普遍重视并投入了大量的人力和财力进行研究。

人类的生存环境日益恶化并受到越来越多的关注，无线传感网络可以为环境科学研究所涉及的广泛范围监测提供技术手段,可用于监视农作物灌溉情况、土壤空气情况、牲畜和家禽的环境状况、气象和地理研究、洪水监测和大面积的地表监测等广泛环境观测和预报应用。例如,美国加州大学伯克利分校英特尔实验室和大西洋学院联合在大鸭岛上部署了一个多层次的无线传感网络系统,用来监测岛上海燕的生活习性。

(2)智能家居和医疗护理。

通过在家电和家具中嵌入传感器节点,通过无线网络与 Internet 连接在一起,将会为人们提供更加舒适、方便和更具人性化的智能居家环境。例如,可以在回家之前半小时打开空调,这样回家的时候就可以直接享受适合的室温等。也可以通过图像传感设备、利用远程监控系统随时监控家庭安全情况。无线传感网络在智能家居方面的应用随着技术的发展将越来越多。

无线传感网络在医疗系统和健康护理方面也有着诸多的应用,例如,通过把特殊用途的传感器节点(如心率和血压监测设备)安装在住院病人身上,通过无线传感网络医生就可以随时了解被监护病人的病情,出现异常能够迅速抢救。另外,将由 100 个微型传感器组成的人工视网膜植入人眼,传感器的无线通信可以满足反馈控制的需要,有利于图像的识别和确认,使失明者或者视力极差者能够恢复到一个可以接受的视力水平。

(3)实时定位与建筑物状态监控。

RFID 技术与无线传感网络结合的实时定位系统(Real Time Location System,RTLS)能够自动、连续、实时地追踪和记录贴有标签的人或物的位置。例如,在井下矿山人员和设备的定位管理系统中,通过给井下矿山人员和重要设备佩戴和黏贴 RFID 标签,利用在矿井巷道内部署的无线传感网络,可以帮助生产管理者实时掌握井下人员的动态分布及满足安全管理的需要,可实现考勤管理及快速指导矿井突发性事故的救援工作。

利用无线传感网络监控建筑物安全状态就是当前对建筑物状态监控(Structure Healthy Monitoring,SHM)的有效途径,由于建筑物不断修补,可能会存在一些安全隐患。例如,在地震多发区,虽然地壳偶尔的小震动可能不会带来看得见的损坏,但是也许会在支柱上产生潜在的裂缝,而这个裂缝可能会在下一次地震中导致建筑物倒塌。此外,诸如拉索桥钢索强度的实时监控等都可以利用无线传感网络及时采集建筑物当前是否安全、稳固的信息。

3.4.3 物联网感知与识别

1. 物联网感知

感知层是物联网的末端,由传感器节点完成具体的感知功能,传感器节点由传感器模块、处理器模块、无线通信模块和能量供应模块 4 部分组成。

传感器模块负责监测区域内信息的采集和数据转换；处理器模块负责控制整个传感器节点的操作，存储和处理本身所采集的数据及其他节点发来的数据；无线通信模块负责与其他传感器节点进行无线通信，交换控制消息和收发传感器采集的数据；能量供应模块为传感器节点提供运行所需的能量，通常采用微型电池。物联网的经典感知技术可以大致归纳为下述几种：

1）视觉感知技术

视觉感知技术是非接触型的，它是视频摄像设备等技术的综合。通过前端图像传感设备把采集到的图像数据传输到后端的视频分析服务器并存储，视频服务器对所采集的视频图像信息进行分析，将影像中的人或者物体的状态从背景中分离出来，并进行辨认、分析与追踪。根据预设的诸项安全规则，对照所追踪对象的行为模式，若发现异常与违规，立刻进行报警通知，并对相关信息记录或显示。

视觉感知主要有下述两种测量方式：

（1）直接处理图像传感设备所摄取的深浅图像亮度信息的处理方式，即把原图像处理成微分图像的深浅图像处理方式。

（2）把图像传感设备采集的图像像素点的灰度值设置为 0～255，将 256 个亮度等级的灰度图像通过选取适当阈值进行处理，判定所有灰度大于或等于阈值的像素属于特定物体，灰度值为 0，表示背景或者例外的物体区域，分离出图像的主题与背景，获得仍然可以反映图像整体和局部特征的二值化图像的处理方式。

当前监狱信息化建设的一个重要任务是实现监所视频监控的全覆盖。平均每个监狱数千个摄像机对监狱的警力是一个严重挑战，传统的轮询查看方式无法做到及时预警，视频智能分析技术是一个极佳的发展方向。最新的视频智能分析技术甚至可以在人群中寻找出高度紧张的人，为民警提供有效识别危险攻击者的工具。除了自动识别人脸外，多个摄像机之间还可以协同监控，实现视频监控跟踪接力。通过把采集的视频图像数据与监狱物联网系统中其他传感器采集的数据结合，能够有效识别危险行为，节省监狱警力，提高监狱监管安全和执法水平。

2）听觉感知技术

由于计算机和语音学的发展，现在已经实现用传感器代替人耳，通过语音处理及辨识技术识别讲话人，机器已能正确理解一些简单的语句。从应用的目的来看，可以将识别声音的系统分为两大类：

（1）发言人识别系统

发言人识别系统的任务是判别接收到的声音是否是事先指定的某个人的声音，也可以判别是否是事先指定的一批人中某个人的声音。

（2）语义识别系统

语义识别系统依据模式识别的基本原理，系统工作时，将接收到的语音信号与标准模式相比较，从而识别该语音信号的含义。

声传感器通常为传声器或水听器，它将声源通过空气或水振动产生的声波转换成电信号，是一种重要的电声器件。传声器的技术特性主要有灵敏度、频率响应、指向性和动态范围。

监狱日常管理和矫正改造中，了解服刑罪犯的实际思想动向非常重要。而服刑罪犯与直管民警的交流往往会掩盖自己真实的企图，难以及时掌握其思想动态，也就无法及时采取科学合理的教育矫正措施。通过在监狱中部署声音传感器，采集服刑罪犯平常谈话的内容，通过智能识别语义，可以为制定科学合理的个别化教育矫正方案提供帮助。监区部署声音传感器还将为狱内侦查提供一个全新、可靠的技术手段。此外，在监狱的适当位置部署基于声音频率识别的传感器，如玻璃破碎声探测器也可以对突发事件起到较好的预警作用。

3）温湿度等环境感知技术

以温度感知技术为例，主要有接触式和非接触式两大类，接触式温度感知测量最为常见的是热电偶法和热电阻法，非接触式温度感知测量采用热辐射和光电检测的方法。

（1）热电阻传感器

金属热电阻是利用一些金属材料的电阻随温度变化的性质来测温的。由于具有较高的稳定性和精度，目前广泛应用于中、低温测量。

（2）半导体热敏电阻传感器

半导体比金属具有更大的电阻温度系数，常称半导体电阻为热敏电阻。热敏电阻具有灵敏度高、体积小、较稳定、制作简单、价格便宜、寿命长、易于维护等特点，已经得到广泛应用。

（3）石英温度传感器

石英温度传感器是具有频率输出的自激振荡变换器，它可以用具有线性或者非线性温度—频率特性的压电谐振器制作，原则上这两种形式的热敏谐振器都能实现低误差的温度测量。

在石英晶体温度传感器中，振荡电路的基本谐振频率是根据温度每变化1℃振荡频率变化若干赫兹的要求和晶体的频率温度系数来确定的。

（4）全辐射测温系统

全辐射测温是指利用物体在全光谱范围内总辐射能量与温度的关系测量温度，通常把所测得的温度称为"辐射温度"，该系统的优点是可以进行非接触式温度测量。

温度传感器可以部署安装在对温度要求比较苛刻的重要场合环境中，实时监控温度变化,当有相关的事件发生可及时发出报警。例如通过给服刑罪犯佩戴内置微型温度、脉搏或血压传感器的电子腕带,即可实时掌控该人员生命体征状况并及时预警,可以有效监控和预报狱内罪犯的自残、自杀、猝死等突发事件。

4)位移感知技术

位移感知技术可以测量线位移和角位移。测量位移的传感器各种各样,如利用电磁感应定律制成的电涡流式位移传感器。光电式传感器是以光电效应为基础,将光信号转换成电信号的光电式位移传感器。将被测量,如位移、长度、厚度等一些模拟量直接转换成数字量输出的数字式位移传感器,数字式位移传感器主要包括编码器、感应同步器和计量光栅三种类型。

可以在监狱的武器和危险劳动工具、重要资产和固定设施上安装位移传感器,如警报器、视频摄像机、枪械、车辆、危险工具等,通过无线传感网络和计算机网络把它们的各项属性和位置发送给资产管理系统,当这些固定重要资产设施的传感器提示发生移动时,可以实时发出预警。

5)加速度感知技术

线加速度是指物体重心沿其运动轨迹方向的加速度,是表征物体在空间运动本质的一个基本物理量,可以通过测量加速度来测量物体的运动状态。线加速度的单位是 m/s2,习惯上常以重力加速度 g 作为计量单位。对于加速度,常用绝对法测量,即把惯性型测量装置安装在运动体上进行测量。用于加速度感知的传感器主要有电容式加速度传感器、力平衡式微机械加速度传感器、微机械热对流加速度传感器、微机械谐振式加速度传感器等。

通过在服刑罪犯佩戴的电子腕带中集成加速度传感器,在某些特殊应用时段,如夜晚睡眠时间段,一旦发生持续的加速度感知信号,可能提示有剧烈动作事件的发生,即可自动关联视频,调用最近的视频摄像机,从而有效避免相互斗殴、袭警等事件的发生,提高监管安全。

6)姿态感知技术

客观世界中运动体的姿态,即运动体的角度、角速度和角加速度可以通过陀螺仪技术来获取感知。通过陀螺的定轴性及进动性可测量运动体的姿态角(航向、俯仰、滚动),精确测量运动体的角运动,通过陀螺组成的惯性坐标系实现稳定惯性平台。

陀螺已有 100 多年的发展史,1910 年首次出现船载指北陀螺罗仪。第二次世界大战期间,德国将陀螺用于 v-2 火箭上,自那时起,为了提高它的性能价格比,科技工作者投入了大量的人力、物力,各种新型陀螺不断问世,如静电陀螺、激光陀螺、光纤陀螺、振动陀螺等。

通过在服刑罪犯佩戴的电子腕带和民警标签中集成微型陀螺仪,利用其姿态感知能力监测服刑罪犯和民警的行为状态,对顽危犯可能的暴力行为做到实时预警。

2. 物联网识别

自动识别是一种对数据进行自动采集和识读,并自动输入计算机的重要方法和手段,采集的数据主要是关于个人、动物、货物等被识别对象的信息。近二三十年来,自动识别技术在全球范围内得到迅猛发展,迅速推广应用到商业部门、生产企业和材料流通领域,初步形成了一个涵盖条码识别技术、射频识别技术、生物特征识别技术、图像识别技术、磁条识别技术等,集通信网络技术、计算机、光和电为一体的高技术学科。

根据识别对象的特征,自动识别技术可以分为两大类:数据采集技术和特征提取技术。这两类技术在本质上都是完成对物品的自动识别和数据的自动采集,数据采集技术是通过采集到需要被识别物体具有特定的识别特征载体(如标签、磁卡等)数据信息,完成自动识别任务;特征提取技术则根据被识别物体本身的行为特征(包括静态的、动态的和属性的特征)完成自动识别所需要数据的自动采集,从而实现对被识别物体的自动识别任务。自动识别技术分类如图 3-19 所示。

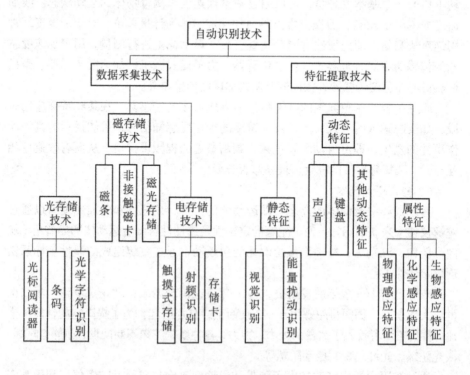

图 3-19 自动识别技术分类

典型的自动识别的比较如表 3-6 所示。

表 3-6 典型自动识别技术比较

系统参数	条码技术	OCR	生物识别		磁卡识别	IC 卡	RFID
			语音识别	指纹识别			
信息载体	纸、塑料、金属表面	物质表面	人本身	人本身	磁性物质	EEPROM	EEPROM
典型数据量	1~100	1~100	—	—	—	16~64 k	16~64 k
数据密度	低	低	高	高	高	很高	很高
读写性能	R	R	R	R	R/W	R/W	R/W
人可读	有限	简单	简单	不可	不可	不可	不可
污渍和潮湿的影响	很高	很高	—	—	可能	可能	不影响
遮盖的影响	完全失效	完全失效	没有影响		没有影响	没有影响	没有影响
方向和位置的影响	低	低	—	—	单向	单向	不影响
使用寿命	一次性	较短	很长	终身	短	长	很长
通信速度	低	低	低	低	快	快	很快
成本	最低	一般	较高	较高	低	较高	高
保密性	无	无	好	很好	一般	好	好
阅读速度	快	快	很低	低	快	快	很快
读取距离	近	很近	较近	直接接触	接触	接触（一般）	远
智能化	无	无	—	—	无	有	有
读取方式	CCD、激光束扫描	光电转换	机器识读	机器识读	电磁转换	电擦写	无线通信
国际标准	有	无	无	127无	有	有	有
多标签同时识别	不能	不能	不能	不能	不能	不能	能

3.5 网络层与支撑层技术

3.5.1 无线网络

1. 无线网络概述

物联网的出现使得各种物体之间的无缝连接成为可能，也标志着更加全面的互联互通成为可能。可以想象，在物联网中能够随时随地查询各种物体的状态，甚至还能够对这些物体进行观测、调整、控制，而实现这些功能的前提就是将它们连接起来。无线网络技术的发展使其成为可能，无线网络消除了有线网络对接入设备的位置限制，节省了相应的线缆，降低了信号传输设施的成本。这就意味着人们可以以相对低廉的价格,非常方便地使用各种移动设备在任何有无线信号覆盖的地方上网浏览、获取信息。物联网世界中,大到飞机、火车和轮船,小到微处理器、微控制器和传感器,都将被连成一个整体。因此,无线网络是实现物联网的互联互通的重要前提。

无线网络由无线连接、无线网络用户、基站等基本元素组成。无线连接是指无线网络用户与基站或者无线网络用户之间用以传输数据的通路(如无线电波、光波、微波等),不同的无线连接技术具有不同的数据传输速率和传输距离。无线网络用户是指具备无线通信能力,并可将无线通信信号转化为有效信息的终端设备(如3G手机、PDA、笔记本电脑等)。基站是负责在无线网络用户和它所属的上层网络之间进行信息传递的无线收发设备(如3G手机的基站塔、WiFi的接入点等)。

基于采用不同技术和协议的无线连接的传输范围,可以将无线网络分为无线个域网、无线局域网、无线城域网和无线广域网4类,如图3-20所示。此外,无线网络还包含了一系列无线通信协议。例如,无线广域网中的3G、无线城域网中的WiMax(IEEE 802.16)、无线局域网中的WiFi(802.11)、无线个域网中的蓝牙等。

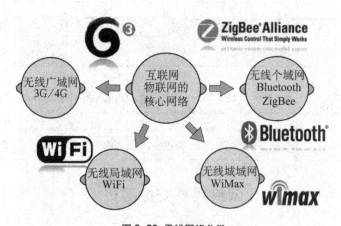

图3-20 无线网络分类

2. 无线广域网

无线广域网WWAN(Wireless Wide Area Networks)的连接信号可以覆盖整个城市甚至整个国家,其信号传播途径主要有两种:一种是通过多个相邻的地面基站接力传播信号,另一种是通过通信卫星系统传播信号。当前主要的无线广域网包括2G、2.5G、3G和4G系统。

2G系统的带宽约为10Kbps,其核心技术包括全球移动通信系统(Global System for Mobile Communications,GSM)和码分多址数字无线技术(Code

Division Multiple Access，CDMA）。

2.5G 系统的带宽为 100～400Kbps，在 2G 系统的基本架构上，增加了对文字、文件及图片等多媒体数据传输的支持，它的核心技术包括通用分组无线业务（General Packet Radio Service，GPRS）和增强型数据速率 GSM 演进技术（Enhanced Data Rates for GSM Evolution，EDGE）。

3G 系统是指将无线通信与国际互联网等多媒体通信结合的新一代移动通信系统。带宽约为 2Mbps，其核心技术包括 2000 型 CDMA（CDMA-2000）、时分同步码分多址数字无线技术（Time Division Synchronous Code Division Multiple Access，TD-SCDMA）和通用移动通信系统（Universal Mobile Telecommunications System，UMTS）。

3G 与 2G 相比，主要区别是传输声音和数据的速度有了较大提升，它能够在全球范围内更好地实现无线漫游，并能够处理图像、音乐、视频流等多种媒体形式，提供包括网页浏览、电话会议、电子商务等多种信息服务，同时也需要考虑到与已有 2G 系统的良好兼容性。为了提供这种服务，无线网络必须能够支持不同的数据传输速度，也就是说在室内、室外和行车的环境中能够分别支持至少 2Mbps（兆位/秒）、每秒 384Kbps（千位/秒）及 144Kbps 的传输速度（此数值根据网络环境会发生变化）。

4G 通常被用来描述相对于 3G 的下一代通信网络，国际电信联盟（ITU）定义了 4G 的标准——符合 100m 传输数据的速度，达到这个标准的通信技术理论上都可以称为 4G。不过由于这个极限峰值的传输速度要建立在大于 20MHz 带宽系统上，几乎没有运营商可以做得到，因此 ITU 将 LTE-TDD、LTE-FDD、WiMAX 及 HSPA+ 这 4 种技术定义于现阶段 4G 的范畴。它们其实并不符合国际电信联盟对下一代无线通信的标准（IMT-Advanced）定义。

3. 无线城域网

无线城域网（Wireless Metropolitan Area Networks WMAN）基站的信号可以覆盖整个城市区域，覆盖范围从几公里到几十公里，主要为城市区域内的一些大楼、分散的社区提供无线通信手段以便接入互联网。除了提供固定的无线接入外，还提供具有移动性的接入能力，在无线信号覆盖区域内的用户可通过基站访问互联网等上层网络。

IEEE 802.16 标准的全称是固定宽带无线访问系统空间接口（Air Interface for Fixed Broadband Wireless Access System），也称为无线城域网或无线本地环路标准。IEEE 802 委员会于 1999 年成立了 802.16 工作组来专门为宽带无线接入的无线接口及其相关功能制定标准，它由三个小工作组组成，每个小工作组分别负责不同的方面：IEEE 802.16.1 负责制定频率为 10～60GHz 的无线接口标准；IEEE 802.16.2 负责制定宽带无线接入系统共存方面的标准；IEEE 802.16.3

负责制定频率范围在 2 ~ 10GHz 之间获得频率使用许可的应用的无线接口标准。802.16 标准提供两个物理层标准 802.16d 和 802.16e。802.16d 主要针对固定的无线网络部署，802.16e 主要针对火车、汽车等移动物体的无线通信标准问题。

全球微波互联接入技术（Worldwide Interoperability for Microwave Access，WiMax）采用 IEEE 802.16 系列标准，特别是 802.16a，能提供面向互联网的高速连接，基站的视线（Line of Sight，LoS）覆盖范围可达到 112.6km。所谓 LoS 是指无线电波在相对空旷的区域以直线传播，但在建筑相对密集的城市中，无线电波会以非视线（None Line of Sight，NLoS）方式传输，802.16a 支持基站的非视线覆盖范围为 40km，WiMax 基站的传输带宽可达到 75Mbps。此外，WiMax 还具有服务质量（Quality of Service，QoS）保障、业务丰富多样等优点。当前，WiMax 正在成为继 WiFi 之后最受业界关注的宽带无线接入技术。

4. 无线局域网

无线局域网（Wireless Locate Area Networks，WLAN）是一种利用射频（Radio Frequency，RF）技术，在一个局部区域内为用户提供可访问互联网等上层网络的无线连接。无线局域网的出现不是用来取代有线局域网，而是用来弥补有线局域网络的不足，以达到网络延伸的目的，使得用户可以在一个区域内随时随地访问互联网。无线局域网有两种工作模式：一种是基于基站（无线接入点 AP）的 Infrastructure 模式，无线设备（手机、笔记本电脑等）通过接入点访问上层网络；另一种是基于自组织的 Ad-hoc 模式，这是一种特殊的自组织对等式多跳移动通信方式，网络中所有结点的地位平等，无须设置任何的中心控制结点，结点不仅具有普通无线终端所需的功能，而且具有报文转发能力。结点间的通信可能要经过多个中间结点的转发，即经过多跳（MultiHop）。

为了使无线局域网协议区域标准化，在 1990 年，IEEE 启动了 802.11 项目，正式开始了无线局域网的标准化工作。802.11 主要用于解决办公室局域网和校园网中用户与用户终端的无线接入，业务主要限于数据存取，速率最高可以达到 2Mbps。由于 802.11 在速率和传输距离上都不能满足人们的需要，因此 IEEE 工作组又相继推出了 IEEE 802.11a、IEEE 802.11b、IEEE 802.11e、IEEE 802.11g、IEEE 802.11n 等标准。大多数 802.11 协议标准的接入点覆盖范围在 100m 以内，802.11a 标准使用 5GHz 频段，支持的最大速度为 54Mbps；而 802.11b 和 802.11g 标准使用 2.4GHz 频段，分别支持最大 11Mbps 和 54Mbps 的速度。

无线局域网常用的各种无线网络协议标准如下：

● 802.11a：高速 WLAN 协议，使用 5GHz 频段。最高传输速率为 54Mbps，实际使用速率约为 22~26Mbps。缺点是与 802.11b 不兼容。

● 802.11b：目前最流行的 WLAN 协议，使用 2.4GHz 频段。最高传输速率为 11Mbps，实际使用速率根据距离和信号强度可变（50m 内可达到 11Mbps，

150m 内为 1~2Mbps）。

● 802.11g：802.11b 在同一频段上的扩展，最高传输速率可达到 54Mbps，兼容 802.11b。该标准已经战胜 802.11a 成为下一步无线数据网的标准。

● 802.11n：使用 2.4GHz 频段和 5GHz 频段，传输速度为 300Mbps，最高可达 600Mbps，可向下兼容 802.11b、802.11g。

WiFi（Wireless Fidelity）是一个基于 IEEE 802.11 系列标准的无线网络通信技术的品牌，目的是改善基于 IEEE 802.11 标准的无线网路产品之间的互通性，由 WiFi 联盟（WiFi Alliance）所持有，简单来说 WiFi 就是一种可以将个人计算机、移动设备（如 PDA、手机）等终端以无线方式互相连接的技术。WiFi 的覆盖范围可达 90m 左右，完全能够覆盖一间普通的办公室，甚至在小型楼宇中也可使用。因此，企业在实现自己的无线局域网时，WiFi 是最受青睐的技术。

5. 无线个域网

无线个域网 WPAN（Wireless Personal Area Networks）也称为无线个人局域网，是为了实现活动半径小（工作范围一般在 10m 以内）、业务类型丰富、面向特定群体、无线无缝的连接而提出的新兴无线通信网络技术。在网络构成上，无线个域网位于整个网络链的末端，用于实现同一地点终端与终端间的连接，其主要采用红外、蓝牙、ZigBee、UWB 等技术。无线个域网能够有效地解决"最后的几米电缆"问题，进而将无线联网进行到底。

802.15 是由 IEEE 制定的一种应用于无线个域网的规范标准，具有距离短、能耗小、成本低、适用于小型网络及通信设备等特征。802.15 工作组内有 4 个任务组，分别制定适合不同应用的标准。这 4 个标准如下：

● 802.15.1。蓝牙低层协议的一个正式标准化版本。原始的 802.15.1 标准基于蓝牙 1.1，在目前大多数蓝牙器件中采用的都是这一版本。

● 802.15.2。对蓝牙和 802.15.1 做了一些改变，其目的是减轻与基于 802.11b 和 802.11g 的无线网络之间的干扰。这些网络都使用 2.4GHz 频段，如果想同时使用蓝牙和 WiFi 的话，就需要使用 802.15.2。

● 802.15.3。其目的在于实现高速率。最初它瞄准的是消费类器件，如电视机、数码照相机等。其原始版本规定的速率高达 55Mbps，使用基于 802.11 但不兼容的物理层。

● 802.15.4。属于短距离低速率的无线个人域网。它的设计目标是低功耗（长电池寿命）、低成本和低速率。

无线个域网采用的主要技术如下：

（1）红外传输技术

红外（Infrared, IR）传输技术是以红外线作为载波进行数据传递的技术，传输过程中不需要实体连线，简单易用且实现成本较低，因而广泛应用于小型移动设备之间交换数据和电器设备的控制中，如手机、笔记本电脑、PDA等设备之间进行数据交换；电视机、空调等家用电器的遥控，它是一种比较早的无线传输技术，其覆盖范围仅为1m左右。

红外传输技术按照其传输速率可以分为低速红外（Slow IR）和高速红外（Fast IR），低速红外的传输速率为115.2Kbps，适用于传送简短的信息、文字或是图片。高速红外的传输速率为1~4Mbps。红外传输技术具有设备体积小、成本低、功耗低、不需要频率申请等优势。但是由于其传输距离短，且只能进行直线传输的缺点，目前已经逐渐被蓝牙技术所取代。

（2）蓝牙传输技术

蓝牙（Bluetooth）传输技术是以无线电波作为载波进行数据传递的技术，也是目前普遍使用的短距离通信技术，能够在手机、PDA、笔记本电脑、无线耳机、计算机相关外设等众多设备之间进行无线信息交换。它使用分散式网络结构及快跳频和短包技术，支持点对点和点对多点通信，采用时分双工传输方案实现全双工传输，工作在全球通用的2.4GHz频段，覆盖范围约为10m，传输速率可以达到1Mbps左右，蓝牙3.0版本可以达到24Mb/s的速率。最新的蓝牙4.0是3.0的升级版本，较3.0版本更省电，极低的运行和待机功耗可以使一粒纽扣电池连续工作数年之久。此外，低成本和跨厂商互操作性，3ms低延迟、AES-128加密等诸多特色，可以用于计步器、心律监视器、智能仪表、传感器物联网等众多领域，大大扩展了蓝牙技术的应用范围。

蓝牙技术通信半径从几米到上百米不等。通信半径越大，需要的发送功率也越大，能耗也会相应变大。在蓝牙通信中，一个蓝牙设备可以扮演两种角色，分别为主设备和从设备。同一个蓝牙设备可以在这两种角色之间转换。一个主蓝牙设备可以最多同时和7个从设备通信。在任意时刻，主设备单元可以向从设备单元中的任何一个发送信息，也可以用广播方式实现同时向多个从设备发送信息。利用蓝牙传输技术，能够有效地简化各种移动终端设备之间的通信及设备与互联网之间的通信，从而使数据传输变得更加迅速高效，为无线传输拓宽道路。

（3）ZigBee技术

在无线网络的使用过程中，人们发现蓝牙技术尽管有许多优点，但仍存在许多缺陷（如功耗大、距离短、组网规模小等）。在实际应用中，特别是工业自动化控制应用中，需要一种高可靠的，并能抵抗工业现场的各种电磁干扰进行无线数据传输的技术。在此需求下，ZigBee技术应运而生。

ZigBee技术是一种新兴的近距离、低速率、低功耗、低成本、自组网、低复杂度、安全可靠、扩展性好的双向无线通信技术，工作在2.4GHz频段，传输速率为250Kbps，传输距离为10~75m。主要适用于自动控制和远程控制领域，支持定位功能。它依据 IEEE802.15.4 标准，在数千个微小的传感器之间相互协调实现通信。这些传感器只需要很少的能量，以接力的方式通过无线电波将数据从一个传感器传到另一个传感器，所以它们的通信效率非常高。由于 ZigBee 低功耗的特点，使得配置的电源体积很小。ZigBee 的无线数据模块集成化程度高，体积也很小，便于安装和携带。

ZigBee 是一种短距离的通信技术，理论上通信距离是 75m，一般不超过 150m（视具体环境条件而定），其数据模块与子节点之间可以相互通信，且模块与模块之间、子节点与子节点之间也能相互通信。ZigBee 具有很强的扩展能力，模块之间可以随时随地自行组网，使得网络具有很大的伸缩性，一个无线传感网络（WSN）可以容纳 254 个子节点的无线数据模块和一个作为协调器的无线数据模块，一个区域内同时可以存在 254 个 WSN，即同时允许 65 000 多个无线数据模块。ZigBee 可以随时随地与局域网（LAN）或广域网（WAN）相连，实现各种远程控制能力。ZigBee 的投入成本和维护费用都比较低，使用 868MHz、915MHz 和 2.4GHz 的开放性频段。ZigBee 设计的初衷就是为了能够实现测距、测向、定位的要求，这是其他无线网络技术无法具备的。

（4）UWB 技术

超宽带（Ultra Wideband，UWB）是利用纳秒至微微秒级的非正弦波窄脉冲传输数据的通信技术。与蓝牙、WiFi 等带宽相对较窄的传统无线技术不同，UWB 在较宽的频谱上传送极低功率的信号。能在 10m 左右的范围内实现 100Mbps ~ 1Gbps 的数据传输速率。UWB 具有抗干扰性能强、传输速率高、带宽极宽、能耗低、发送功率小等诸多优势，主要应用于室内通信、高速无线局域网、无绳电话、安全检测、精确定位、雷达等领域。有人称它为无线通信技术领域的一次革命性进展，认为它将成为未来短距离无线通信的主流技术。

UWB 技术虽然被看作一种新技术，但这项技术已经有几十年的历史了。UWB 最初的定义是来自于 20 世纪 60 年代兴起的脉冲通信技术，又称为脉冲无线电（Impulse Radio）技术。与在当今通信系统中广泛采用的载波调制技术不同，这种技术用上升沿和下降沿都很陡的基带脉冲直接通信，所以又称为基带传输（Baseband Transmission）或无载波（Carrierless）技术。

脉冲 UWB 技术的脉冲长度通常在亚纳秒量级，信号带宽经常达数千兆赫兹，比任何现有的无线通信技术（包括以 3G 为代表的宽带 CDMA 技术）的带宽都大得多，所以最终在 1989 年被美国国防部称为超宽带技术。UWB 设备的平均发射功率很低，可以与其他无线通信系统"和谐的共存"。同时也有低能耗、低成本、保密性好、抗多径干扰等优点。但同时，脉冲 UWB 系统频谱利用率较低，不适合高数据率传输。另外，早期脉冲 UWB 技术的专利多掌握在一些小公司手中。因此，当近几年 Intel、TI、Motorola 等大公司开发高速 UWB 技术时，不约而同地摒弃了脉冲方法，转而对传统的载波调制技术进行改造，使其具有 UWB 技术的特点。目前在 IEEE 802.15.3a 工作组中形成了多频带 MB-OFDM 和 DS-CDMA 两大方案竞争的格局。这两种方案都是在对传统技术进行改进后用于满足 UWB 技术特征的。同时，脉冲 UWB 成为无线个域网标准 IEEE 802.15.4a 的重要候选技术。这个标准旨在提供低速率但覆盖范围较大、具有精确定位功能的近距离无线通信业务。

UWB 技术的应用场景可能首先出现在家庭。目前，"数字化家庭"的概念已经被提出。关注这一概念的消费电子厂商试图用网络将消费者家居中的各种电器用一个无线网络连接起来，使影音信息可以在这些电器之间传递和交换。支持"数字化家庭"的网络设备通常使用 IEEE 802.11b 作为物理层技术。但是，这种技术的数据传输速率通常只有几兆，而高质量影音信号的数据率达到十几兆至几十兆，所以数据率可达 100Mbps 以上的 UWB 技术就成为了"数字化家庭"的首选。

UWB 技术的另一大应用场景是"数字化办公室"。现在，蓝牙技术已经使某些设备的无线互联成为可能。但是由于传输速率低，只能用于某些计算机外设（如鼠标、键盘、耳机等）与主机的连接。而 UWB 技术可以提供高达 100Mbps 以上的高速无线连接，这样就可以实现主机与显示屏和监控视频之间的无线互联。

由于采用 UWB 技术能够方便地将定位与通信合二为一，因此可以用于监狱人员的精确定位。目前的一些人员定位技术定位精度低，只能实现区域定位，GPS 定位系统也只能工作在 GPS 定位卫星的可视范围之内。而 UWB 具有极强的穿透能力，可在室内和地下进行精确定位，与 GPS 提供绝对地理位置不同，它可以给出相对位置，其定位精度可达厘米级。

3.5.2 无线定位技术

无线定位技术是一种利用 RFID 射频识别、传感器、无线通信等设备，实现定位、追踪和监测特定目标的位置的技术。通过 AP 将收集的电子标签的信息发送到位置服务器，进行位置计算，然后由位置服务器将计算的位置数据传给图形软件，在图形软件上用户可以通过地图、表格或者报告等多种形式直观地获取目标的位置信息。

无线定位技术在监狱管理中具有广泛的应用前景，可以应用于劳动工具管理、重要物品或危险品管理、资产管理、人员的跟踪定位、外来车辆的跟踪管理、民警巡更等。

1. 无线定位技术概述

在实际应用中，定位节点必须知道自己的位置才能详细说明在什么地点或什么区域发生了特定事件，实现对目标物体的定位。对于移动目标而言，连续不断的定位就是跟踪。

无线定位技术从条码识别、被动式标签、主动式标签到实时定位的演进路线如图 3-21 所示。

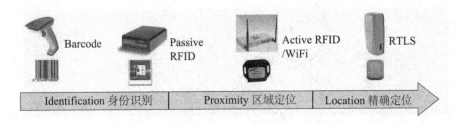

图 3-21 无线定位演进图

根据定位节点获取信息的不同方式，可以分为距离相关（Range-Based）的定位方法和距离无关（Range-Free）的定位方法两大类。距离相关的定位方法通过测量节点间点到点的距离或角度信息，使用三边测量法、三角测量法或极大似然估计法计算节点位置；距离无关的定位方法则无须距离和角度信息，仅根据网络连通性等信息来判断实现。距离相关的定位方法常用的测距技术有 TOA、TDOA、RSSI、AOA 等。距离无关的常用算法有质心算法、DV-Hop 算法、Amorphous 算法、APIT 算法等方法。还可以使用各种算法来减小测距误差对定位的影响，如多次测量和循环定位求精等算法，但这些都要耗费大量计算和通信开销，对于低功耗、低成本的应用领域是一个挑战。

2. 无线定位技术原理

目前，国内外各种无线定位技术层出不穷，但其中的基本原理都是相同的。要对一个物体作出定位，有两个关键：一是必须要有一个或多个已知坐标的信标节点，二是必须要得到待定位物体与已知信标节点之间的空间关系。

无线定位一般由以下三个步骤组成：

（1）测量无线信号的电参量（振幅、频率、相位、传播时间），根据信号的传播特性把测量的电参量转换为距离、距离差、到达角度等，用来表示位置关系。

（2）运用各种算法或技术来计算目标的位置。

（3）对估计值进行优化，使目标的位置更准确。

在定位过程中，未知节点在获取对于邻近信标节点的距离，或获得邻近的信标节点与未知节点之间的相对角度后，可以使用下列几种方法计算节点的位置。

（1）三边测量法

三边测量法如图 3-22 所示，已知 A、B、C 三个节点的坐标分别为 (x_a, y_a)、(x_b, y_b)、(x_c, y_c)，以及它们到未知节点 D 的距离为 (x_a, y_a)、(x_b, y_b)、(x_c, y_c)，假设节点 D 的坐标为 (x, y)。d_a、d_b、d_c。

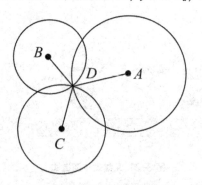

图 3-22 三边测量法

那么，存在下列公式：

$$\begin{cases} \sqrt{(x-x_a)^2+(y-y_a)^2}=d_a \\ \sqrt{(x-x_b)^2+(y-y_b)^2}=d_b \\ \sqrt{(x-x_c)^2+(y-y_c)^2}=d_c \end{cases} \quad (\text{式 3-1})$$

可以得到节点 D 的坐标为：

$$\begin{bmatrix} x \\ y \end{bmatrix} = \begin{bmatrix} 2(x_a-x_c) & 2(y_a-y_c) \\ 2(x_b-x_c) & 2(y_b-y_c) \end{bmatrix}^{-1} \begin{bmatrix} x_a^2-x_c^2+y_a^2-y_c^2+d_c^2-d_a^2 \\ x_b^2-x_c^2+y_b^2-y_c^2+d_c^2-d_b^2 \end{bmatrix}$$

（2）三角测量法

三角测量如图 323 所示，已知 A, B, C 三个节点的坐标为 (x_a, y_a)、(x_b, b_b)、(x_c, y_c)，节点 D 相对于节点 A, B, C 的角度分别为 ∠ABD、∠ADC、∠DBC，假设节点 D 的坐标为 (x, y)。

对于节点 A, C 和角 ∠ADC，如果弧段 AC 在 △ABC 内，那么能够唯一确定一个圆，设圆心为 $O_1(x_{O1}, y_{O1})$，半径为 $r1$，那么 $\alpha = \angle AO_1C = (2\pi - 2\angle ADC)$，并存在下列公式：

$$\begin{cases} \sqrt{(x_{O1}-x_a)^2+(y_{O1}-y_a)^2}=r_1 \\ \sqrt{(x_{O1}-x_b)^2+(y_{O1}-y_a)^2}=r_1 \\ \sqrt{(x_a-x_c)^2+(y_a-y_c)^2}=2r_1^2-2r_1^2\cos\alpha \end{cases} \quad (\text{式 3-2})$$

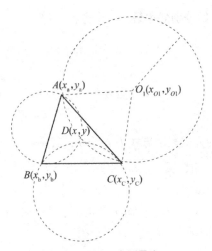

图 3-23 三角测量法

由式（3-2）就能够确定圆心 O_1 点的坐标和半径 r_1。同理，对 A，B，∠ADB 和 B，C，∠BDC 分别确定相应的圆心 $O_2(x_{O2}, y_{O2})$、半径 r_2、圆心 $O_3(x_{O3}, y_{O3})$、半径 r_3。

最后利用三边测量法，由点 $D(x, y)$，$O_2(x_{O1}, y_{O1})$，$O_2(x_{O2}, y_{O2})$，$O_3(x_{O3}, y_{O3})$ 确定 D 点坐标。

（3）极大似然估计法

极大似然估计法如图 3-24 所示，已知 1，2，3 等 n 个节点的坐标分别为 (x_1, y_1)，(x_2, y_2)，(x_3, y_3)，…，(x_n, y_n)，它们到节点 D 的距离分别为 d_1，d_2，d_3，…，d_n 假设节点 D 的坐标为 (x, y)。

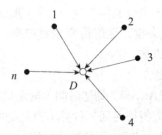

图 3-24 极大似然估计法

那么，存在下列公式：

$$\begin{cases} (x_1-x)^2 + (y_1-y)^2 = d_1^2 \\ \quad\quad\quad \vdots \\ (x_n-x)^2 + (y_n-y)^2 = d_n^2 \end{cases} \quad （式3-3）$$

从第一个方程开始分别减去最后一个方程,得:

$$\begin{cases} x_1^2 - x_n^2 - 2(x_1 - x_n)x + y_1^2 - y_n^2 - 2(y_1 - y_n)y = d_1^2 - d_n^2 \\ \quad\quad\quad\quad\quad\quad\quad\quad \vdots \\ x_{n-1}^2 - x_n^2 - 2(x_{n-1} - x_n)x + y_{n-1}^2 - y_n^2 - 2(y_{n-1} - y_n)y = d_{n-1}^2 - d_n^2 \end{cases}$$

(式 3-4)

式(3-4)的线性方程表示方式为 AX=b,其中:

$$A = \begin{bmatrix} 2(z_1 - x_n) & 2(y_1 - y_n) \\ \vdots & \vdots \\ 2(x_{n-1} - x_n) & 2(y_{n-1} - y_n) \end{bmatrix},$$

$$b = \begin{bmatrix} x_1^2 - x_n^2 + y_1^2 - y_n^2 + d_n^2 - d_1^2 \\ \vdots \\ x_{n-1}^2 - x_n^2 + y_{n-1}^2 - y_n^2 + d_n^2 - d_{n-1}^2 \end{bmatrix}, x = \begin{bmatrix} x \\ y \end{bmatrix}$$

使用标准的最小均方差估计方法可以得到节点 D 的坐标为

$$X = (A^T A)^{-1} A^T b$$

3. 无线定位技术分类

根据无线定位过程中是否测量实际节点间的距离,把无线定位算法分为距离相关的定位和距离无关的定位。前者需要测量相邻节点间的绝对距离或方位,并利用节点间的实际距离来计算未知节点的位置;后者无需测量节点间的绝对距离或方位,而是利用节点间的估计距离计算节点位置。

1) 距离相关的定位

距离相关的定位算法通过实际测量节点间的距离或角度,得到数据通过数学公式进行计算并得到定位,定位精度相对较高。常用的定位方法有 TOA、TDOA、RSSI、AOA 等方法。

(1) 基于 TOA 的定位

基于 TOA(Time of Arrival,到达时间)的定位方法的基本原理是已知信号的传播速度,根据信号的传播时间来计算节点间的距离,最后利用已有算法计算出未知节点的位置。采用 TOA 定位技术确定一个未知节点的坐标,前提是必须保证每个信标节点之间的时间同步,且至少有三个已知的信标节点。以这三个信标节点为圆心,信号传输的距离为半径,所有圆弧的交接点就是未知节点定位计算的位置。TOA 测量法要求已知点与待测点时间严格同步,否则会带来很大的定位误差。若收发两端节点并未同步,但是参考节点间存在同步,可采用 TDOA 方案来定位。

信号传输的距离可以通过下列方法得出:例如从信标节点向未知节点发出

一道波（可以是声波，也可以是电磁波），这道波从信标节点发出的时间为 t_0，波被未知节点接收到的时间为 t，波传播的速度为 v，那么信号传输的距离就是 $v(t-t_0)$。

（2）基于 TDOA 的定位

基于 TDOA 到达时间差（Time Difference of Arrival）的定位方法的基本原理是首先必须保证信标节点之间的时间同步。信标节点同时发射两种不同传播速度的无线信号，由于距离信标节点的距离差异，当未知节点的测量信号到达的时候具有不同的时间戳，便可以求得未知节点和信标节点之间的距离，最后利用已有算法计算出未知节点的位置。

TDOA 在 TOA 的研究上提出了改进。TDOA 定位技术不需要参考站和待测点间的绝对同步。每两个信标节点被未知节点进行协同监听，并测出同一测量信号到达这两个信标节点的时间差。每两个信标节点形成一个双曲线，若干组信标节点同时得到一组双曲线，通过定位算法计算就可以得到移动终端的位置，其实现相对简单，理论上得出的测量值误差也会比 TOA 小，TDOA 方式是广泛采用的定位方案。

（3）基于 RSSI 的定位

TOA 和 TDOA 两种方法都有一个共同的不足之处：它们都需要在设备上安装特殊的装置（定位信号发射、接收装置）才能对这个设备进行定位。这无形之中制约了这些定位方法应用范围。换个角度想，可以直接利用这些无线通信的射频信号进行定位，这样也就不需要再额外安装定位专用硬件了，这就是基于信号强度特征（Received Signal Strength Indication，RSSI）定位。RSSI 方法是待测点通过测出接收信号的场强值，由已知信道衰落模型及发射信号场强值估算出发射端到接收端间的距离，进而求出接收端的位置。用 RSSI 方法测距时，必须对信道的特性准确掌握，但实际中对信号传播模型的建模是相当复杂的，如反射、多径传播、非视距、天线增益等问题都有相当的不确定性和时变性；发射功率和参考功率之间存在偏差将会引起距离估计上的系统性偏差，所有这些因素都会给基于此方法的测距定位带来误差。因此，基于 RSSI 定位方案的精度非常有限。

（4）基于 AOA 的定位

基于 AOA（Angle Of Arrival，到达角度）的定位方法的基本原理是根据信标节点发送信号到达未知节点接收信号的角度，确定未知节点和信标节点的角度关系实现定位。角度达到这种定位技术的重要前提是信标节点需安装阵列天线。理论上未知节点只需要接收两组带角度到达信号，确定两组未知节点与两个信标节点角度之间的交点，就可以得到定位结果。AOA 定位过程可分为三个阶段：首先测定两个相邻节点之间的方位角，然后测量未知节点相对信标节点的方位角，最后利用方位信息计算未知节点的位置。AOA定位技术所需阵列天线成本较高，由于存在覆盖盲点，有的区域无法同时得到两组移动终端与两个信标节点的角度到达信号。AOA定位精度取决于波达角度的估计，超宽带信道极其复杂，在密集多径的情况下，AOA定位方案很难达到较高精度，所以它一般作为其他定位方法的辅助方案。

2）距离无关的定位

距离无关的定位算法倾向于大面积撒布网络节点，通过极低成本的大规模投放，在区域形成均匀分布的无线传感网络。常用的定位方法有质心算法、DV-Hop算法、Amorphous算法、APIT算法等方法。

（1）质心算法

质心算法的基本原理是未知节点以所有在其通信范围内的信标节点的几何质心作为自己的估计位置。在质心算法中，信标节点周期性地向邻近节点广播信标节点分组，这个分组包含信标节点的标识号和位置信息。当未知节点接收到来自不同信标节点的分组数量超过某一个门限 k 或接收一定时间后，就确定自身位置为这些锚节点组成的多边形的质心。该方法的优点是简单和易于实现，缺点是精确度不高。估计的精确度与锚节点的密度及分布有很大关系，密度越大，分布越均匀，定位精度越高。

（2）DV-Hop算法

DV-Hop算法的基本原理是将未知节点到信标节点之间的距离用网络平均每跳距离和两者之间的跳数乘积表示。未知节点首选计算与信标节点的最小跳数，然后估算平均每跳的距离，利用最小跳数乘以平均每跳距离得到未知节点与信标节点之间的估计距离，再利用三边测量法或极大似然法计算未知节点的坐标。DV-Hop算法的定位过程分为三个阶段：首先计算未知节点与每个信标节点的最小跳数，然后计算未知节点与信标节点的实际跳段距离，最后利用三边测量法或极大似然法计算未知节点的坐标。

（3）Amorphous算法

Amorphous算法的基本原理是利用两个节点之间跳段距离代表二者之间的直线距离，大致分为三个阶段：第一个阶段，与DV-Hop定位算法相同，未知节点计算与每个信标节点之间的最小跳数；第二个阶段，假设网络中节点的通信半径相同，平均每跳距离为节点的通信半径，未知节点计算到每个信标节点的跳段距离；第三阶段，利用三边测量法或极大似然算法计算未知节点的位置。Amorphous算法将节点的通信半径作为平均每跳段距离，所以定位误差大。

（4）APIT算法

APIT使用一个新的基于区域的方法来执行定位估测。其基本原理为未知节点侦听所有听得见的信标节点，再从这些信标节点中任选三个不共线的信标节点构成一个三角形，通过近似三角形内点测试法确定未知节点是否在三角形中，测试所有的三角形组合，就可确定多个包含未知节点的三角形区域。这些三角形区域的交集是一个多边形，它确定了更小的包含未知节点的区域。假设集合中有 n 个节点，那么共有 C3N 种不同的选取方法，确定 C3N 个不同的三角形，逐一测试未知节点是否位于每个三角形内部，直至穷尽所有的组合，最后计算包含未知节点所有三角形的重叠区域，将重叠区域的质心作为未知节点的位置。

3.5.3 地理信息系统

1.GIS 概述

地理信息系统（Geography Information System，GIS）是在计算机软、硬件支持下，把各种地理信息按照空间分布及属性，以一定的格式输入、存储、检索、更新、显示、制图、综合分析和应用的技术系统。它是一门综合性的技术，涉及地理学、测绘学、计算机技术、大气科学、城市科学、管理科学等多门学科，其概念和基础来自于地理学和测绘学，其支撑是计算机技术。

GIS 涉及的计算机技术由若干个相互关联的子系统构成，如数据采集子系统、数据管理子系统、数据处理和分析子系统、图像处理子系统、数据产品输出子系统等。这些子系统的优劣和结构直接影响着 GIS 的硬件平台、功能、效率、数据处理的方式和产品输出的类型。

GIS 的操作对象是空间数据和属性数据，即点、线、面、体这类具有三维要素的地理实体。空间数据的最根本特点是每一个数据都按统一的地理坐标进行编码，实现对其定位、定性和定量的描述，这是 GIS 区别于其他类型信息系统的根本标志，也是其技术难点所在。

GIS 的技术优势在于它的数据综合、模拟与分析评价能力，可以得到常规方法或普通信息系统难以得到的重要信息，实现地理空间过程演化的模拟和预测。

GIS 与测绘学和地理学有着密切的关系。大地测量、工程测量、矿山测量、航空摄影测量和遥感技术为 GIS 中的空间实体提供各种不同比例尺和精度的定位数；电子速测仪、GPS 全球定位技术、解析或数字摄影测量工作站、遥感图像处理系统等现代测绘技术的使用，可直接、快速和自动地获取空间目标的数字信息，为 GIS 提供丰富和更为实时的信息源，并促使 GIS 向更高层次发展。所以，地理学是 GIS 的理论依托。

2.GIS 发展历史

GIS 的发展始于 20 世纪 60 年代，起源于加拿大。但由于当时计算机技术水平不高，存储量小，磁带存取速度慢，使得 GIS 的功能极为简单。20 世纪 70 年代以后，由于计算机软、硬件技术的进一步发展，特别是大容量存储功能磁盘的使用，为地理空间数据的录入、存储、检索、输出提供了强有力的手段，使

GIS朝着实用的方向迅速发展。美国、加拿大、英国、西德、瑞典、日本等发达国家先后建立了许多不同专题、不同规模、不同类型的各具特色的地理信息系统。20世纪70年代的GIS和60年代相比,并未得到很大的扩充,其主要原因仍是数据库的容量较小,不足以支撑大量的空间数据和属性数据。因此,20世纪70年代可以说是地理信息系统的巩固阶段。20世纪80年代,由于新一代高性能计算机的普及和发展,GIS也逐步走向成熟。GIS的软、硬件投资大大降低而性能明显提高,GIS也由单一功能的分散系统发展成为多功能的综合性信息系统,并开始向智能化发展。

我国地理信息系统的起步稍晚,但发展势头相当迅猛,大致可分为以下三个阶段:

(1)起步阶段。20世纪70年代初期,我国开始推广电子计算机在测量、制图和遥感领域中的应用。随着国际遥感技术的发展,我国在1974年开始引进美国地球资源卫星图像,开展了遥感图像处理和解译工作。1976年,我国召开了第一次遥感技术规划会议,形成了遥感技术试验和应用蓬勃发展的新局面,先后在全国各地进行遥感试验,为建立我国的地理信息系统数据库打下了坚实的基础。

(2)试验阶段。进入20世纪80年代之后,我国开始执行"六五"、"七五"计划,国民经济全面发展。在大力开展遥感应用的同时,GIS也全面进入试验阶段。在试验中主要研究数据规范和标准、空间数据库建设、数据处理和分析算法、应用软件的开发等。

(3)全面发展阶段。20世纪90年代以来,我国的GIS随着社会主义市场经济的发展走上了全面发展阶段。国家测绘局开始在全国范围内建立数字化测绘信息产业,1:100万地图数据库开始公开发售,1:25万地图数据库也已完成建库,并开始了全国1:10万地图数据库生产与建库工作,各省测绘局也开始建立省级1:1万基础地理信息数据库。一些用于城市规划、土地管理、交通、电力及各种基础设施管理的城市地理信息系统在我国许多城市相继建立。

3.GIS组成

GIS主要由硬件、软件、数据库、模型和人员5个部分组成,如图325所示。其中,软件和硬件是GIS的核心,数据是GIS操作的对象,模型是GIS空间分析的方法和模式,人员是GIS成功应用的关键。

(1)硬件。主要包括计算机主机、输入设备(如全站仪、GPS、扫描仪等)、输出设备(如打印机、绘图仪等)、存储设备(如光盘机、硬盘阵列等)和传输设备。

(2)软件。主要包括系统软件(如操作系统、系统库等)、基础软件(图形、数据库等)和GIS软件(GIS基本功能软件、GIS应用软件和用户界面)。

图 3-25 GIS 组成结构图

（3）数据。系统中最重要的部分就是数据，它包括基础数据（如地形、地貌、地质数据等）和专题数据（如国土资源、规划、交通、环保数据等）。

（4）模型。主要包括理论模型、经验模型和混合模型。模型是对现实世界的简化表示，也是解决各种实际问题的专业程序。

（5）人员。主要包括系统管理人员、系统开发人员、数据处理和分析人员及最终用户。

从数据处理的角度出发，地理信息系统又被分为数据输入子系统、数据存储与检索子系统、数据分析和处理子系统、数据输出子系统。

●数据输入子系统：负责数据的采集、预处理和数据格式的转换。

●数据存储与检索子系统：负责数据库中数据的组织和管理，以便于数据查询、更新与编辑处理。

●数据分析与处理子系统：负责对数据库中数据的计算、分析和处理，如面积计算、体积计算、空间叠置分析、缓冲区分析等。

●数据输出子系统：以图形、图像、表格的方式将数据库中的数据和计算、分析结果输出到显示器或图纸上。

4.GIS 平台

在 GIS 中，软件部分直接关系到系统功能的强与弱。通常，GIS 中的软件系统具有层次结构。GIS 基本功能软件（又称为 GIS 平台）通常是由商业软件公司开发的，它提供了 GIS 应用软件开发的环境。大部分 GIS 工程应用都是在某个 GIS 平台的基础上通过二次开发完成的。国内外主要的 GIS 软件平台有：

● ArcGIS

ArcGIS 是由美国环境系统研究所（ESRI）公司开发的一套 GIS 平台产品，具有强大的地图制作、空间数据管理、空间分析、空间信息整合、发布与共享的能力。其最新产品 ArcGIS 10 是目前全球唯一支持云架构的 GIS 平台，可直接部署在 Amazon 云计算平台上，把对空间数据的管理、分析和处理功能送上云端。

● MapInfo

MapInfo 是由美国 MapInfo 公司开发的桌面 GIS 平台，它具有图形的输入与编辑、图形的查询与显示、数据库操作、空间分析、图形的输出等基本操作。MapInfo 依据地图及其应用的概念，采用办公自动化的操作，集成多种数据库数据，使用地理数据库技术，加入了 GIS 分析功能，是一种大众化的小型 GIS 平台。

● GeoMedia

GeoMedia 是由美国 Intergraph 公司开发的基于空间数据仓库技术的 GIS 平台，该平台应用了数据仓库技术和 OpenGIS 概念，管理数据和分析数据的能力及数据的安全性得到加强，实现了数据共享，兼容多种数据源。

● GeoStar

GeoStar 是由武汉武大吉奥公司研发的国产自主知识产权的 GIS 平台，它基于组件开发，支持多种数据库引擎，提供数据管理、图形编辑、空间分析、空间查询、制图、数据转换、元数据管理等功能，可适应多种用户、多种应用的需求。

● MapGIS

MapGIS 是由武汉中地数码集团研发的具有完全自主知识产权的 GIS 平台，采用搭建式 GIS 数据中心集成开发平台，实现遥感处理与 GIS 完全融合，支持空中、地上、地表、地下全空间真三维一体化的 GIS 开发平台。

● SuperMap

SuperMap 是由北京超图公司开发的具有完全自主知识产权的 GIS 平台，主要包括组件式 GIS 开发平台、服务式 GIS 开发平台、嵌入式 GIS 开发平台、桌面 GIS 平台、导航应用开发平台以及相关的空间数据生产、加工和管理工具。

5.GIS 应用领域

早期 GIS 主要应用于自动制图和土地信息管理，后来逐步扩展到军事、资源和环境管理、监测和预估等领域，随着 3S（GIS、GPS、RS 遥感技术）技术的成熟与相关学科的结合，GIS 已经进入政策分析与决策、经济规划、交通运输等所有涉及空间信息的行业和部门。

GIS 的主要应用领域及在监狱中的应用如下：

（1）资源管理

主要应用于农业和林业领域，解决农业和林业领域各种资源（如土地、森林、草场）分布、分级、统计、制图等问题。

（2）区域规划

空间规划是 GIS 的一个重要应用领域，城市规划和管理是其中的主要内容。在这类应用中，主要目标是保证资源的最合理配置和发挥最大效益。例如，在大规模城市基础设施建设中如何保证各种公共设施的合理分布。

（3）国土监测

有效用于森林火灾的预报预测、洪水灾情监测和淹没损失估算、土地利用动态变化分析和环境质量的评估研究等。

（4）军事战争

反映战场地理环境的空间结构，完成态势图标绘、选择进攻路线、合理配置兵力、选择最佳瞄准点和打击核心、分析爆炸等级、范围、破坏程度、射击诸元等。

（5）抗震救灾

解决在发生洪水、地震、核事故等重大自然或人为灾害时，如何安排最佳的人员撤离路线，并配备相应的运输和保障设施的问题。

（6）网络分析

建立交通网络、地下管线网络等的计算机模型，研究交通流量、进行交通规则、处理地下管线突发事件（爆管、断路）等应急处理。警务和医疗救护的路径优选、车辆导航等也是 GIS 网络分析应用的实例。

（7）GIS 在监狱中的应用

在监狱管理中，利用 GIS 可以对警戒位置、巡更路线、分押区域等进行科学合理的设置；在应急指挥中，GIS 也可以作为应急响应或突发事件的部署与决策平台；监狱无线定位更是离不开 GIS 的支持。

当有罪犯逃脱事件发生时，应急预案中可以利用 GIS 在地图上以罪犯最后出现的地点为圆心，建立以脱逃时间内可能移动的最大距离为半径的圆，在圆周与各道路的交汇点设置关卡，将为追逃工作提供有利支持。

3.5.4 卫星定位系统

1.GPS 概念

全球定位系统 GPS（Global Positioning System）是一种具有在海、陆、空进行全方位实时三维导航与定位能力的新一代卫星导航与定位系统。美国从 20 世纪 70 年代开始研制，耗资 200 亿美元，历时 20 年，于 1994 年全面建成，其目的是针对军事用途。全球定位系统属于美国第二代卫星导航系统，是在子午仪卫星导航系统的基础上发展起来的，它采纳了子午仪系统的成功经验。和子午仪系统一样，全球定位系统由空间部分、地面监控部分和用户接收机三大部分组成。该系统的空间部分是由 24 颗高度约为 20~200 公里的卫星组成的卫星星座。24 颗卫星均为近圆形轨道，运行周期约为 11 小时 58 分，分布在 6 个轨道面上（每个轨道面 4 颗），轨道倾角为 55°。卫星的这种分布使得在全球的任何地方、任何时间都可观测到 4 颗以上的卫星，这就提供了在时间上连续的全球导航能力。

GPS 早期仅限于美国军方使用，用于战机、军舰、车辆、导弹、人员、攻击目标等的精确引导和定位。时至今日，GPS 已开放给民间使用，这项结合太空卫星与通信技术的科技，除了能提供精确的定位服务之外，还能提供速度、时间、方向、距离等信息。自从第一颗 GPS 卫星发射以来，至今 GPS 已经显示出了它巨大的军事作用和社会效益。GPS 卫星发射的导航定位信号作为一种时空信息资源，可在全球范围内向无数用户提供位置、速度和时间信息。

2.GPS 发展历史

（1）第一颗人造卫星的发射

1957 年 10 月 4 日，苏联成功发射了世界上第一颗人造地球卫星，在苏联发射这颗卫星入轨后不久，美国霍普金斯大学应用物理实验室的韦芬巴赫等研究人员在地面已知坐标点上对其进行跟踪，捕获到了该卫星发送的无线电信号，测得了它的多普勒频移，进而解算出了卫星的轨道参数，掌握了它在空间的实时位置。根据这一观察结果，该实验室的麦克雷等研究人员提出了一个"反向观测"设想：知道地面已知点，可求出在轨卫星的空间坐标；反之，如果知道卫星的轨道参数，也能求出地面观测者的坐标。随后通过一系列的计算和实验证明这一设想是科学可行的。

（2）子午卫星导航系统

1958 年，美国派侦察船跟踪苏联向太平洋发射的导弹时发现，如果知道导弹轨迹，就可推算出船的位置，这一发现正好与"反向观测"的设想不谋而合。同年 12 月，美国海军委托霍普金斯大学应用物理实验室开始研制基于上述"反向观测"原理的世界上第一代卫星导航系统，即把在轨卫星作为空间的动态已知点，通过测量卫星的多普勒频移，解算出观测者的坐标数据，进而实现军用舰艇等运动客体的导航定位。这一系统称为美国海军卫星导航系统 NNSS（Navy Navigation Sate System）。由于该系统的卫星通过地球的南北两极上空，即卫星是沿地球的子午圈轨道运行，所以又称为子午卫星导航系统，简称 TRANSIT。

（3）全球定位系统

TRANSIT 在导航技术的发展中具有划时代的意义，但它存在观测时间长、定位速度慢（2 小时才有一次卫星通过，定位一个点需要观测 2 天）的缺点，不能满足连续实时的三维导航要求，尤其不能满足飞机、导弹等高速运动目标的精确导航要求。于是 20 世纪 60 年代中期，美国海军提出了 Timation 计划，美国空军提出了 621B 计划，并开始实施。但在发射了数颗实验卫星和进行了大量实验后发现各自都还存在一些大的缺陷。在此背景下，1973 年美国国防部决定发展各军种都能使用的全球定位系统，并指定由空军牵头研制。多家单位参加了项目的实施，其中包括美国空军、陆军、海军、海军陆战队、海岸警卫队、运输部、国防地图测绘局、国防预研计划局，以及北大西洋公约组织和澳大利亚。在历时20多年，耗资数百亿美元后，于1994年3月10日，GPS的24颗工作卫星全部进入预定轨道，系统全面投入正常运行，技术性能达到了预期目的，其中粗码（C/A码）的定位精度高达14m，远远超过设计指标。GPS是美国继"阿波罗"登月飞船和航天飞机后的第三大航天技术工程。该系统是能在海、陆、空进行全方位、高精度实时定位、测速、授时的新一代卫星导航定位系统。它是现代科学技术的结晶，它的推广应用有力地促进了人类社会进步。

3.GPS应用

1）GPS系统组成

GPS由空间部分、控制部分和用户部分三个部分组成，系统结构如图3-26所示。

（1）空间部分

GPS的空间部分由24颗均匀分布在6个轨道面上（每个轨道面4颗）的工作卫星组成，分别位于距地表20 200km的上空，轨道倾角为55°。卫星的分布使得在全球任何地方、任何时间都可同时观测到4颗以上的卫星。

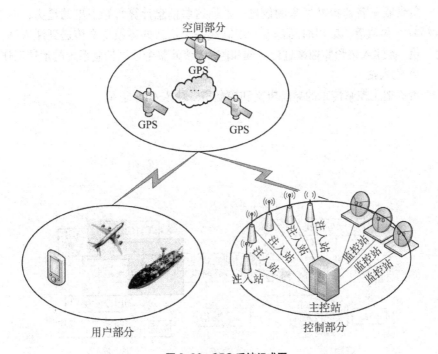

图3-26 GPS系统组成图

GPS 卫星实体是一个直径约为 1.5m 的柱形设备；卫星两侧各有一块面积约为 7m² 的太阳能电池翼板，为 GPS 卫星供电；卫星底部装多波束螺旋形定向天线阵，用于发射导航电文信号；波束方向能覆盖约半个地球；卫星上最核心的设备是两台铷原子钟和两台铯原子钟，为 GPS 定位提供高精度的时间基准。GPS 卫星产生两组电码，一组为 C/A 码（Coarse/Acquisition Code），另一组称为 P 码（Precise Code）。C/A 码定位精度低，主要用于民用；P 码定位精度高，抗干扰性强，主要为美国军方服务。

GPS 卫星的主要功能是：

①向地面发射导航电文，为 GPS 用户提供导航和定位信息。
②接收和执行地面监控站发出的指令。
③通过高精度的卫星钟（铯钟和铷钟）向用户提供精确的时间基准。

（2）地面控制部分

GPS 系统地面控制部分由一个主控站、三个注入站和 5 个监测站组成，如图 3-27 所示。各站点的功能如下：

●主控站

负责收集各监控站发来的信息；根据这些信息计算每颗卫星的星历，修正卫星时钟和轨道，给出时间基准，编制成一定格式的导航电文传送到注入站；对卫星、各注入站和监控站进行协调和监控，统筹整个地面控制系统的运转工作。

●注入站

负责把主控站传来的导航电文和控制指令注入 GPS 卫星。

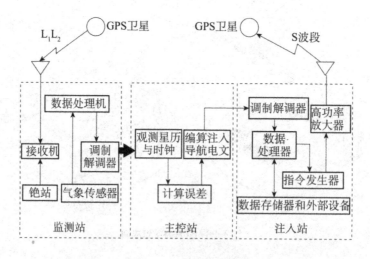

图 3-27 GPS 控制系统框图

● 监控站

负责为主控站编算导航电文并提供各类监控数据和观测信息。监控站每隔一段时间对 GPS 卫星进行一次监测,监测内容主要有轨道信息、卫星时钟、气象要素、运行状态等数据,并将这些信息传给主控站。

(3)用户设备部分

用户设备部分主要指 GPS 信号接收机。当接收机接收到卫星信号后,即可测量出接收天线到卫星的伪距离和距离的变化率,解调出卫星轨道参数等数据。根据这些数据,接收机中的微处理器就可按照定位解算方法进行定位计算,计算出用户所在位置的经纬度和高度,以及移动速度和时间等信息。GPS 接收机由天线单元和接收单元两部分组成,按用途可分为导航型、测地型和授时型;按工作原理可分为码相关型、平方型、混合型和干涉型。

2)GPS 的工作原理

GPS 要实现定位,要解决两个问题:一个是要知道 GPS 卫星的准确位置;另一个是要准确测量出 GPS 卫星到用户接收机之间的距离。

要确定 GPS 卫星所在的准确位置,除了要优化设计 GPS 卫星运行轨道,还需要监测站通过各种手段,连续不断监测卫星的运行状态,适时发送控制指令,使卫星保持在正确的运行轨道。主控站将正确的运行轨迹编成星历,交给注入站注入卫星,再由卫星发送给 GPS 接收机。GPS 接收机只要接收到每个卫星的星历,就可以知道卫星的准确位置。

GPS 卫星到用户接收机的距离是通过记录卫星信号传播到用户所经历的时间,再将其乘以光速得到(由于大气层电离层的干扰,这一距离并不是用户与卫星之间的真实距离,而是伪距)。当 GPS 卫星正常工作时,会不断地用二进制码组成的伪随机码(简称伪码)发射导航电文。导航电文包括卫星星历、工作状况、时钟修正、电离层延时修正、大气折射修正等信息。当用户接收到导航电文时,提取出卫星时间并将其与自己的时钟做对比便可得知卫星与用户的距离。

GPS 卫星的位置和 GPS 卫星到用户接收机之间的距离都确定后,综合多颗卫星的数据可以得出接收机的具体位置。定位的基本原理为:已知未知点到已知点的距离,未知点就必然位于以已知点为球心、两点间距离为半径的球面上;如果已知 A、B、C 三颗卫星的在轨坐标,又测出了观测站距三颗卫星的距离,然后分别以这三颗卫星为球心,以测得的距离为半径,得到三个球面,而观测站就一定位于这三个球面的相交处(若有多个解,可通过接收方向的判断进行排除),从而准确地解算出观测站的位置。然而,由于用户接收机使用的时钟与卫星的星载时钟不可能总是同步,因此除了用户的三维坐标 x、y、z 外,还要引进一个变量 Δt。即将卫星与接收机之间的时间差作为未知数,然后用 4 个方程将这4个未知数求解出来。所以如果要知道接收机所在的位置，至少需要接收到4颗卫星的信号。

3）GPS应用领域

当前，GIS的应用已经渗透到各行各业，尤其在交通运输领域中，GPS的应用最为广泛。例如，使用车载GPS设备可以对车辆进行精确定位，结合电子地图及实时的交通状况，自动匹配最优路径，并实行车辆的自主导航。民航运输通过GPS接收设备，使驾驶员着陆时能准确对准跑道，同时还能使飞机紧凑排列，提高机场利用率，引导飞机安全进离场。出租车、物流配送等行业利用GPS技术对车辆进行调度管理，合理分布车辆，以最快的速度响应用户的请求，降低能源消耗，节省运行成本。

将GPS应用在监狱和社区矫正管理工作中，同样也能发挥它强大的作用。在监狱应用中，以罪犯押解为例，当服刑人员外出就医、提审、转监等需要出监时，除了对押运车辆进行定位管理外，还可以对车辆内部在押人员及押车民警进行全程监控，监控中心可随时了解押运途中车辆及车内人员情况。

一般每辆押运车均配置车载GPS定位器，用于定位车辆位置，并且车内安装读卡器，押运民警与在押人员需佩戴身份卡（或电子腕带），经指挥中心授权预制外出人员信息（时间段信息、人员信息），读卡器接收的信息将通过移动基站无线网络传输到监狱监管系统。当车内人员在途中离开车辆时，系统可以发出告警信息，监狱指挥中心可立即获取相关音视频信息，如图3-28所示。

在社区矫正管理中，可以利用GPS技术实现对社区矫正人员的定位管理。例如，可以通过手机GPS定位，社区矫正管理人员能够24小时监控矫正人员（手机持有者）的位置，并记录其行动轨迹。所有的信息显示并储存在辖区司法所的计算机上，并能定期对社区矫正人员进行电话语音抽查。利用GPS、GIS和RFID技术相结合，可以限定矫正人员的活动范围，一旦出现矫正对象越界、人机分离、关机等异常情况时会自动报警和备案，通知矫正工作者及时确定矫正人员所在位置。GPS定位技术的应用大大加强了对社区矫正人员的监督管理手段。

4. 北斗卫星导航系统

北斗卫星导航系统（BeiDou Navigation Satellite System，BDS）是中国自行研制的全球卫星定位与通信系统，与美国的GPS、俄罗斯的GLONASS、欧盟的Galileo并称全球四大卫星导航系统。北斗导航系统由空间端、地面端和用户端组成，可在全球范围内全天候、全天时为各类用户提供高精度、高可靠定位、导航、授时服务，并具短报文通信能力，已经初步具备区域导航、定位和授时能力，定位精度优于20m，授时精度优于100ns。北斗卫星导航系统2012年12月27日起提供连续导航定位与授时服务。

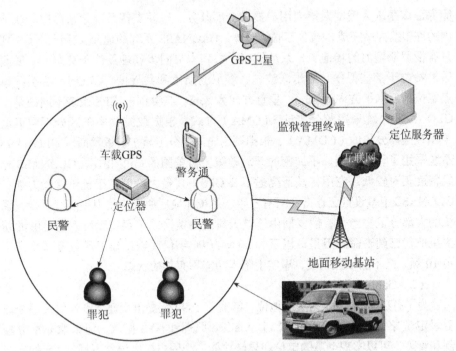

图 3-28　GPS 在罪犯押解途中的应用

北斗导航终端与 GPS、GLONASS 和 Galileo 相比,优势在于短信服务和导航结合,增加了通信功能;全天候快速定位,极少的通信盲区,精度与 GPS 相当。向全世界提供的服务都是免费的,在提供无源定位导航和授时等服务时,用户数量没有限制,且与 GPS 兼容;特别适合集团用户大范围监控与管理,以及无依托地区数据采集用户数据传输应用;独特的中心节点式定位处理和指挥型用户机设计,可同时解决"我在哪?"和"你在哪?"的问题;自主系统,高强度加密设计,安全、可靠、稳定,适合关键部门应用。

5. 其他卫星导航系统

(1) GLONASS 系统

GLONASS 系统(Global Navigation Satellite System)是前苏联国防部从 20 世纪 80 年代初开始建设的与美国 GPS 相抗衡的全球卫星导航系统,与 GPS 系统的原理和功能类似,耗资 30 多亿美元,于 1995 年投入使用,现由俄罗斯联邦航天局管理。

GLONASS 系统于 1996 年完成了 24 颗卫星在轨的组网,成为世界上第二个独立的军民两用全球卫星导航系统。该系统由星座、地面监测控制站和用户设备三部分组成,星座由 21 颗工作卫星和三颗备用卫星组成,均匀地分布在三个近圆形的轨道面上,每个轨道面 8 颗卫星,轨道高度为 19 100km。18 颗卫星就能保证该系统为俄罗斯境内用户提供全部服务。地面支持系统原来由前苏联境内的许多监控站完成，随着苏联的解体，GLONASS 系统的地面支持已经减少到只有俄罗斯境内的场地了，系统控制中心和中央同步处理器位于莫斯科，遥测遥控站位于圣彼得堡、捷尔诺波尔、埃尼谢斯克和共青城。GLONASS 系统单点定位精度水平方向为 16m，垂直方向为 25m。与美国的 GPS 系统不同的是，GLONASS 系统采用频分多址（FDMA）方式，根据载波频率来区分不同卫星（GPS 是码分多址（CDMA），根据调制码来区分卫星）。俄罗斯对 GLONASS 系统采用了军民合用、不加密的开放政策。与美国的 GPS 相比，GLONASS 导航精度相对较低，应用普及情况远不及 GPS，其最大价值在于抗干扰能力强。GLONASS 卫星设计工作寿命只有三年，系统建成后原来在轨卫星陆续退役，系统的大部分卫星老化，俄罗斯由于航天拨款经费严重不足，无法发射足够的新卫星取代已到寿命的卫星，以至到 20 世纪 90 年代后期工作卫星数量减少到不足 10 颗，已不能独立组网，事实上陷入功能不完善的状态。

（2）Galileo 系统

为了打破美国 GPS 的垄断地位，欧盟于 1999 年提出了建立欧洲的民用全球卫星定位导航系统的 Galileo 计划。Galileo 原理和 GPS 相似，但采取非军方控制和管理，可以实现全球的定位和导航功能，为用户提供误差不超过 1m 的高精度、高可靠性的定位服务。Galileo 计划投资 38 亿欧元，预计于 2010 年投入使用。Galileo 卫星导航系统将发射 30 颗卫星，其中 27 颗为运行卫星，三颗为预备卫星。卫星高度为 24 126km，位于三个倾角为 56° 的轨道平面内。该系统除了有 30 颗中高度圆轨道卫星外，还有两个地面控制中心。2003 年 3 月，Galileo 卫星导航系统计划正式启动，首颗实验卫星 GIOVE-A 于 2005 年 12 月 28 日由俄罗斯"联盟-FG"火箭从哈萨克斯坦的拜科努尔航天中心发射升空。

同 GPS 相比，Galileo 系统设计的防干扰性更强，技术更先进。此外，Galileo 系统还能够和美国的 GPS、俄罗斯的 GLONASS 系统实现多系统内的相互兼容。任何用户将来都可以用 Galileo 系统的接收机采集各个系统的数据，或者各系统数据的组合来实现定位导航的要求。但由于种种原因，Galileo 计划目前进展缓慢。

3.6 监狱物联网应用

3.6.1 监狱物联网架构

当前安防技术演变节奏迅速，新技术层出不穷。监狱是对安防等级要求最高的场所，过度追求新技术是一个误区，监狱不应成为某些所谓新技术的试验场，尤其在科学统一的顶层设计缺失之际，对安防新技术如何取舍把握是一个挑战。

监狱有其政务目标，即监管安全、教育矫正和执法公正。在评价一项安防技术对监狱的适用性方面，必须围绕上述目标，评价的标准就是看其是否有助于提升监管安全能力，是否有助于增强教育矫正的科学性，是否有助于规范执法管理，是否有助于提高工作效能，并有助于增强民警队伍素质（科技强警）。

以"物联网"为核心的智慧监狱安防建设是目前备受关注的。监狱作为保障社会公共安全的重要特殊场所，由于空间相对封闭、人员密度高、构成复杂、安全防范级别高，对精细化、智能化管理的要求尤其迫切。物联网允许人与物、物与物、人与人之间进行便捷、无缝的连接，通过射频识别、无线定位系统、视频摄像机、门禁周界等信息传感设备，按约定的协议把物与互联网连接起来，能够对整合网络内的人员、设备和基础设施实施实时的管理和控制，显然物联网技术非常适合监狱信息化的应用现状。

目前，司法部监狱管理局也开始了监狱物联网建设的试点。2012年6月，全国监狱信息化建设应用工作座谈会开始强调"推广物联网等新技术的应用"。2012年8月，司法部监狱管理局下发"关于组织开展物联网应用示范研究论证工作的通知"，要求"进一步加强监狱系统物联网技术应用推广，并制定物联网应用示范实施方案"。

监狱物联网总体架构如图3-29所示。

通过监狱物联网技术打通人防、物防、技防、联防之间的屏障，实现人防、物防、技防、联防的真正联动、联控和联防，全面提升监狱安全保障能力。

通过监狱物联网技术对监狱管理中人、物、环境的流动和变化做到实时监管和控制，确保过程安全，规范执法管理行为，实现监狱管理的精细化。

通过监狱物联网技术实时感知罪犯的生命体征和行为异常，可以为监狱科学建立心理评估和风险指标、更好实施个别化教育矫正提供关键支撑。

3.6.2 监狱物联网发展三阶段

"物联网"通俗来讲就是"物物相连的互联网"，监狱物联网应用可分为

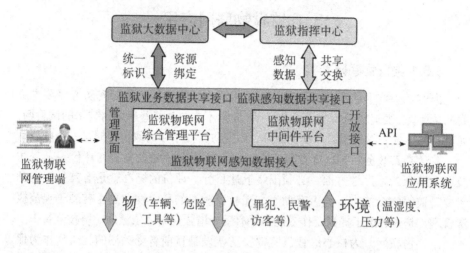

图 3-29 监狱物联网总体架构

三个阶段，可以用 M2M（M：为 Man 或 Machine）来诠释：

第一阶段是 Machine-to-Machine，主要解决物与物之间的联网联动问题，目前我国的监狱信息化即处于该阶段，指挥中心作为监狱管理的中心枢纽，其建设正是这一阶段的最佳实例。

第二阶段是 Machine-to-Man 或 Man-to-Machine，主要解决物与人之间的通信交流，该阶段也可称为半智能化阶段。这一阶段需要解决人（罪犯、民警、访客等）信息化、标签化问题。罪犯电子腕带、警察电子胸卡等即起到了将个人转换为一个信息节点接入监狱大网络的作用。

第三阶段是 Man-to-Man，即所有联网的物与物、物与人之间接近或达到类人智能的交流水平，该阶段可称为智能化阶段。

M2M（Machine-to-Machine，机器对机器通信）原意是指以机器终端智能交互为核心的、网络化的应用与服务，它是机器和机器之间的一种智能化、交互式的通信，从而赋予机器"智慧"。从基础设施的角度，智慧监狱在某种意义上就是物联网监狱。相较于传统监狱信息化建设的认识 MCP（MIS+Camera+Perimeter，信息系统+摄像机+周界防范系统），监狱物联网的主动安防、实时联动、精确管控等特性将为监狱监管模式再造提供机会。

尽管可预见监狱物联网大发展的时代即将到来，但无可否认目前其仍处于监狱物联网应用的初级阶段这一事实。作为监狱物联网的核心组成部分，传感

第 3 章 监狱物联网

网络在监狱基础网络设施建设中的地位目前存在严重缺失。在监狱人、物、环境传感感知的应用领域，除掉正在试点的无线定位应用外，成熟的只有视频监控摄像机和拾音器应用，但这两者在智能化领域（智能音/视频分析）都还有漫长的路要走。同样，无法回避的还有当前物联网发展确实存在的一些问题，包括在技术上、标准上或者产业应用上，还有隐私、安全等，以及物联网企业过多是中小企业等的担忧。

3.6.3 监狱物联网中间件

随着监狱传感网络逐步开始试点建设，尤其是以无线定位为主的 RFID 应用试点持续增长，监狱物联网中各异质设备难以整合的问题日益突出。由于缺乏监狱物联网相关标准及厂商之间的产品差异，各试点监狱都要为每个监狱物联网项目全新开发那些"缺乏软件重用性、难以推广的联动应用"，尤其是在指挥中心建设中。由于缺乏相关标准，现有的物联网系统中传感器所产生的数据往往被每个系统所"绑架"。因此，监狱物联网建设亟待解决建设标准问题，以使各物联网系统之间及与各业务系统之间能深度整合、共享联动。

监狱物联网中间件（Prison IOT Middleware，PIM）正是针对这一问题而设计，其基于面向服务的软件架构，以标准的服务接口向上层应用系统提供服务，可进行跨异质系统的统一的人员定位、视频监控、门禁和周界控制。监狱物联网中间件平台架构如图 3-30 所示。

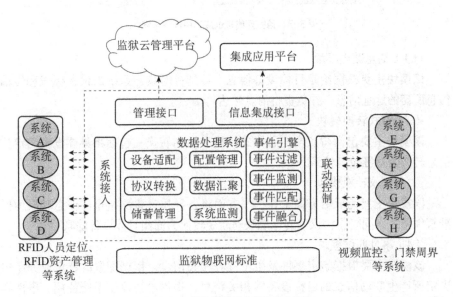

图 3-30 监狱物联网中间件平台架构

以具体的监狱无线定位为例，通过建设监狱无线定位应用中间件平台（监狱物联网中间件子平台），可以兼容不同厂商和技术选型的无线定位应用试点。平台系统可以对采集到的人员定位、视频监控、门禁和周界控制数据进行冗余过滤、整合及发布，对各消息格式和协议进行标准化转换，向上层应用系统或数据管理系统提供有价值的数据；同时屏蔽各类RFID读写器之间的不同，实现各部分之间透明融合，方便相关应用系统的开发，在RFID读写器与应用系统之间起到中介的作用。

监狱无线定位应用中间件系统如图3-31所示。

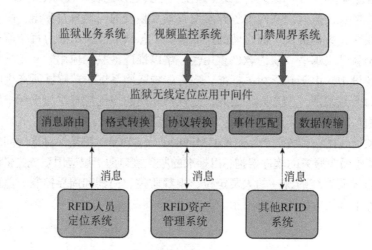

图3-31 监狱无线定位应用中间件系统

（1）消息路由模块

该模块主要根据给定目标设备信息，得到针对具体系统的设备标识和传输信息所需的地址信息，并负责将消息送达。

（2）格式转换模块

该模块主要包括协议内信息格式转换和反向转换，包括将具体设备的定位信息转换为标准位置信息等。

（3）协议转换模块

该模块主要完成两方面工作：一方面将各异质设备原始事件信息转换为标准事件格式，同时将协议中的标准联动命令转换为面向具体设备的联动命令。

（4）事件匹配模块

该模块主要根据给定事件发生位置等相关信息，依据配置的特定业务逻辑决定所产生联动信息的目标设备等相关信息，提供给协议子系统使用。事件匹配模块如图3-32所示。

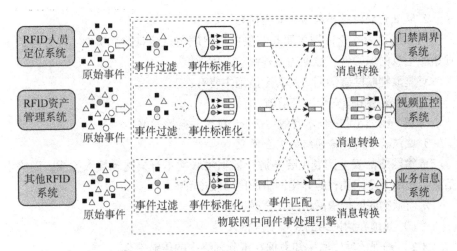

图 3-32 监狱无线定位应用中间件事件处理引擎

（5）数据传输模块

该模块主要针对视频流等大流量数据，提供保证服务质量的传输，在给定资源下保证高优先级信息流的稳定传输。

3.6.4 监狱物联网安全

监狱物联网应用中，如果没有信息安全保障措施，不仅个人隐私容易泄露，而且容易为黑客提供远程入侵操控物联网系统控制管理权限的可能。监狱物联网面临的信息安全问题主要包括感知终端安全、感知网络安全、传输网络安全、应用系统安全、中间件安全、信息服务安全等。

1. 监狱物联网感知终端的安全问题

在监狱无线定位应用中，罪犯电子腕带和民警标签等终端设备都存在着无线信号和电磁信号泄露问题。这些信号将有可能被专有设备截获后还原为原始数据导致信息泄露；攻击者也可以通过无线信号干扰，导致无线定位系统信息丢失；恶意攻击者甚至可能通过在物联网节点设置后门或恶意代码窃取相关信息。在 2005 年的黑帽子大会上，Felixis 公司就演示了在 21m 外对 RFID 标签的成功读写。目前在监狱无线定位实际应用中，传输的数据主要是相对位置坐标信息，安全性影响尚不明显。

对监狱物联网感知节点的安全措施主要有：

（1）实施电磁信息泄露防护。

（2）建立基于密码的身份认证与访问控制。

（3）电子腕带等终端设备要国产化，并在制造源头严格监管，防止后门。

2. 监狱物联网感知网络的安全问题

感知网络的安全保护主要是解决接入终端节点信息的真实性、可靠性；用户敏感信息的保密性；数据的完整性、可用性等。

对监狱物联网感知网络的安全措施主要有：

（1）实施物理安全保密措施。

（2）通过防冲突技术有效解决 RFID 读写碰撞问题。

3. 监狱物联网传输网络的安全问题

传输网络的安全问题主要来源于监狱物联网本身架构和接入方式；网络中信息传输的安全问题；跨异构网络的网络攻击等。

对监狱物联网传输网络的安全措施主要有：

（1）实施异构网络的终端安全接入。

（2）确保监狱物联感知数据在承载网络中的传输安全。

（3）建立统一的协议栈及相关技术标准。

4. 监狱物联网应用系统的安全问题

物联网应用系统安全问题主要涉及具体的应用业务，存在的问题主要有用户隐私信息的保护问题；信息泄露的追踪问题；物联网应用系统的安全性；信息取证与保护；黑客攻击等。

对监狱物联网应用系统的安全措施主要有：

（1）建立隐私保护安全机制。

（2）实施数据访问控制和审计追踪。

（3）建立监狱云安全机制。

5. 监狱物联网中间件的安全问题

物联网中间件需要完成海量感知数据的处理，其存在的主要安全问题有垃圾信息、恶意指令攻击；数据处理的及时性问题；内部攻击等。

对监狱物联网中间件的安全措施主要有：

（1）建立 RFID 中间件设备层安全协议。

（2）实施 RFID 中间件访问控制策略。

6. 监狱物联网信息服务的安全问题

监狱物联网平台需要一个统一的安全管理平台，可以将以上分散的安全技术和安全措施集成到监狱物联网安全管理系统，形成综合效应，如图3-33所示。

3.6.5 监狱物联网定位应用

监狱物联网系统是一个围绕监狱对象信息的智能采集、传输，统一汇聚和全局应用的过程。这一过程的起点是监狱的对象及其所产生的感知数据。监狱监管的对象是罪犯，如何获取服刑罪犯的位置信息、行为状态、生命体征等数据，成为智慧监狱前端感知层建设的核心任务。

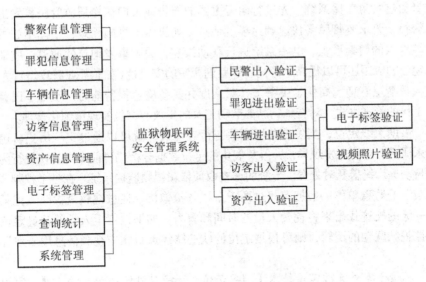

图 3-33 监狱物联网安全管理平台功能示图

物联网能够将监管的目标细化到个人，也就是将个人转换为一个信息点，从而获取该信息点的行为特征，如日常移动轨迹、消费记录、生活规律等，所得到的数据通过差异化、图表化等科学方式进行分析，然后将其模型化，实现监狱目标跟踪与智能研判。事实上监狱目标跟踪（即监狱无线定位）正是通过给服刑罪犯佩戴电子腕带，从而将罪犯转换为信息点。

监狱无线定位是监狱物联网领域最具代表性和发展前景的应用。监狱无线定位是指利用卫星定位系统、RFID 射频识别、传感器、无线通信等设备实现定位、追踪和监测特定目标位置的技术，通过无线定位基站将收集的电子标签的信息发送到位置服务器，通过位置服务器将计算的位置数据传给监狱 GIS，监狱民警可以通过 GIS 电子地图、表格或者报告等多种形式直观地获取目标的位置信息。无线定位技术在监狱的主要应用形式有监狱人员定位与人数清点（民警、罪犯、访客）、重要劳动工具和危险品定位与清点。

借助无线定位，通过对人员（罪犯、民警、访客等）所佩戴的电子腕带（有源 RFID 卡）进行授权或管理级别划分，监狱可以限定各种人员在监狱各个区域的准入范围。一旦有人进入了禁入的区域或位置，指挥中心可对其进行连续跟踪，同时启动视频摄像监控联动，该人员所处区域的监控设备所抓取的图像就立即进入监控人员的视野之内，通过观察其活动情况判断该人员是否有不法企图，同时通过系统与警示设备、显示设备、门禁周界、紧急广播、电梯系统的配合使用，在该人员一旦接近或到达禁入区域或位置时，报警器就会自动响起并提示该人员离开，或者通过电子显示屏的方式警告该人员进入了受限区域或位置，或者通过紧急广播系统，先进行语音方式的警告或者向该楼层监管民警发出语音警报，要求监管民警快速到达事发地点。如果以上措施无效，指挥中心可以对该地点的门禁系统、电梯系统进行联动操控，关闭事发地点的通道。监狱无线定位的应用还可以提高巡逻民警和服刑罪犯的安全性（如越界或有攻击行为），在人数清点管理上简化了民警工作繁杂度并具备应急报警能力，改善了民警日常工作的管理方式，对特殊物品或劳动工具的发放和归位实现精细化管理。

借助无线定位，当发现某服刑罪犯行迹可疑，就可以通过定位历史轨迹回放来研判。即使未发现异常，但智能化的定位数据分析仍可能发现其违规行为，可自动提示民警及时处置。传统的调查取证依赖视频监控系统，在一个视频"全覆盖"的监狱单位一般拥有超过两千个视频摄像机，通过视频录像回放把某罪犯一天的轨迹找出来将耗费大量的时间和警力，如果设定了人员的轨迹定位与监控视频联动的逻辑，则可根据定位的轨迹路线重组相应视频信息用于取证所需。

相较于室外无线定位技术（卫星定位、手机基站定位等）的成熟，室内无线定位技术作为当前国际上热门的技术之一，在具体实践上仍有待完善。目前监狱行业试点应用中精确定位被过度解读可能是一个问题。可以预见，随着无线定位技术的日益完善，以无线定位和视频监控为双中心重新架构监狱安防体系将是一种全新的可能。与此相适应，监狱的周界、门禁等系统都应调整到以无线定位与视频监控为核心来设计建设，有效解决监狱对4W（Who、Where、When、What，谁？在哪里？什么时间？在做什么？）的关注。

无线定位与视频监控双中心的监狱安防架构如图3-34所示。

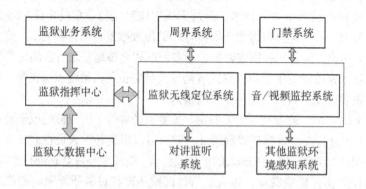

图3-34 无线定位与视频监控双中心的监狱安防架构

监狱实施信息化建设的本质就是把矫正管理全面彻底地纳入规范化、标准化的轨道，实现监狱管理模式的转变和创新，大幅提升监狱工作的法律效益与社会效益，降低行刑成本。把罪犯改造成为守法公民，预防和减少重新犯罪是监狱工作的根本任务，因此教育矫正作为监狱的中心地位必须得到加强，就监狱"以人为本"的理念而言，必须把信息化建设的重点从传统的"管牢"（安防信息化）迈向"改好"（矫正信息化）。当前监狱信息化的投入主要还是在"管牢"这一领域，"改好"领域涉足较少，目前在循证矫治知识库领域的探索是一个例子。

监狱物联网、智慧监狱建设必须把信息化建设的重点从传统的"管牢"迈向"改好"。可以通过 RFID 电子腕带实现服刑罪犯的标签化，腕带芯片可以存储罪犯的基本情况（包括罪犯的姓名、年龄、特征、文化程度、捕前职业等），犯罪情况（包括犯罪性质、原判刑种、刑期、释放日期、犯罪案情等），家庭和社会关系情况（包括籍贯、亲属、主要社会关系等），改造表现情况（包括认罪态度、行为表现、奖惩情况等）及相应的个别化矫正模块和矫正实施情况等，通过警务通 Pad 等移动办公终端可以方便读取，将会有效提高监狱教育矫正的能力和成效。

根据相关文献，1997 年在加州 Corcoran 州立监狱部署的 RFID 电子标签系统是美国首个监狱无线定位应用，其目的是用于追踪并保护监狱工作人员的安全。2002 年在密歇根州少年犯矫正部门部署的 RFID 项目是首个已知的针对服刑罪犯无线定位的 RFID 应用。根据报告，密歇根州少年犯矫正部门在为期 3 年的服刑罪犯 RFID 无线定位试验期间，逃逸和暴力事件相比实施 RFID 应用之前减少了 65%。

根据美国非营利性研究机构 RAND Corp 发表的一份研究报告，2009 年全美共采用了 14 套 RFID 监狱追踪系统，由 TSI Prism 或 Elmo-Tech 提供。其中三套用于员工追踪，5 套用于服刑罪犯追踪，剩下 6 套两者都追踪。2005 年，洛杉矶警方耗资 150 万美元为其所属惩教机构（监狱）部署了 Alanco 公司的 TSI Prism 系统。TSI PRISM 系统采用主动式有源 RFID 标签，做成可用于服刑罪犯佩戴的电子腕带，并在整个监狱部署 RFID 阅读器。每个佩戴这种标签的罪犯链接到定位系统中一个特定的配置属性文件，该文件的功能用于描述实现电子腕带可以被用来限制该犯只能在监狱的一定范围内活动或者禁止接近某些限制区域，或是限制其接近其他特殊罪犯。一旦有服刑罪犯进入限制区域，系统将立即向监狱工作人员发出警报。该系统实施的最终目标是减少服刑罪犯间的暴力冲突，并通过在全时段监控所有服刑罪犯的行踪，从而制止越狱的企图。TSI PRISM 系统目前也已在明尼苏达州、密歇根州、伊利诺伊州和俄亥俄州监狱部署。监狱用的电子腕带与电子脚环如图 3-35 所示。

图 3-35 电子腕带与电子脚环

注：原图取自 TSIPRISM System.www.tsiprism.com

监狱无线定位系统的主要功能是实现室内 2~5m 的定位精度、室内特定房间和特定区域无误差区分、所在楼层无误差判定、室内外无误差区别及室外精度为 8～15m 的定位精度，定位对象可分为人员定位和重要资产及劳动工具定位（含危险品管理）。系统的扩展功能主要有自动点名、报警管理、视频联动、轨迹回放和查询统计。其中，自动点名可分为"人数清点"和"重要资产及劳动工具清点"两个子模块，两个子模块都是在定位结果上点名，并提供点名未到的预警提示，系统的所有扩展功能都建立在定位数据库上，引用定位结果实现。随着无线定位技术的不断发展，定位精度将不断提高。

当前监狱无线定位应用面临的主要技术挑战有：

（1）能耗问题。随着无线定位技术的发展，越来越多的系统将会集成定位人员的移动速度、方位、高度、生命体征（温度、脉搏）等传感信息，然而多任务环境下的能耗管理是一个大的挑战。如何减少节点定位带来的通信开销也是值得考虑的问题。

（2）定位精度问题。由于定位基站信号之间可能会存在相交的现象，假定 A、B 两台基站相邻，当人员处于信号交叠部分，将难以判别人员是处于哪一个基站范围内。

（3）定位大量人数的问题。一个定位基站由于处理性能和防碰撞算法的原因，一般来说能同时接收腕带信息的数量是有限的，如果定位基站信号范围内有超过其处理能力的腕带个数，那么一些腕带的数据可能无法被定位基站接收，导致射频标签发出的信号被漏读及定位反应时间的延迟。

（4）系统联动问题。无线定位系统要充分发挥功能，就必须和监狱其他安防系统深度整合、共享联动。但是目前监狱的软硬件建设标准尚未统一，每个硬件厂家有自己的接口协议，造成无线定位应用中各异质设备难以整合的问题。

（5）电子腕带潜在误报的问题。服刑罪犯佩戴的腕带标签可能会因为靠近特定的物体，如紧贴墙面、地板等，引起射频信号被遮盖，腕带无法被读取到，导致服刑罪犯在定位监管系统中突然"消失"而发生误报。包括某些特定动作（当腕带集成状态感知），如不断在打牌过程中甩牌，会造成系统误判为打架斗殴事件而产生误报。

（6）移动节点的定位问题。当前的定位算法多数只是局限于静态网络，对移动节点的定位问题还需要进一步研究。

3.6.6 监狱无线定位应用价值评估

物联网技术在监狱的应用是一个全新的领域，本节将从创新监狱管理的视角，介绍本书作者在全国率先开展的针对监管场所 RFID 技术应用价值评估的研究，结论将有助于监狱更有效的对是否采用无线定位技术、采用何种无线定位技术、部署范围和对象（如针对顽危犯还是所有服刑人员）等做出决策参考。本评估设计参照的主要问题如表 3-7 所示。

表 3-7 监管场所 RFID 技术应用价值评估问卷表

部署监狱基本情况	RFID 应用情况
	RFID 单元数量
	RFID 部署年份
	RFID 部署执行状况
	RFID 应用对象
	供应情况
RFID 无线定位技术情况	CPU 芯片
	无线通信芯片
	无线频率
	采集频率
	是否带有感知设备
	电池时间、能耗及是否支持睡眠
	区域定位/精确定位的选择
	定位方式
	定位效果、数据传输、历史轨迹查询等技术指标
	实际定位范围
	定位基站位置部署规划
	定位软件平台情况
	与其他系统实施联动情况
	电子腕带的防破坏性
	RFID 误报情况

监狱无线定位应用价值情况	支持应用价值评估所需要的数据系统建设情况
	选择无线定位主要考虑的功能
	罪犯位置、行动轨迹和警报消息留存情况
	电子腕带安装拆卸等使用培训和管理规章
	电子腕带尚存问题和技术障碍
	实施 RFID 无线定位应用前后违规数据统计分析
	RFID 无线定位投资的效益与产出
	RFID 无线定位应用价值和效益
	用户体验

　　监狱 RFID 无线定位的试点需要投入，从投资成本与收益的角度考虑，无线定位标签（电子腕带）的成本高低是相对而非绝对的，能否找到效益所在才是评估无线定位技术在监狱应用价值的关键。目前监狱应用中碰到的最大瓶颈并非电子标签的价格过高，而是预期与无线定位部署的效益无法被精准评估。

　　部署 RFID 无线定位的首要目标是增强监狱周界的控制，通过实时定位来确认一名服刑罪犯是否在它应该在的地方，从而避免脱逃。此外，RFID 电子腕带应用可以提供实时的电子化人数清点和定位，提高监狱的执法和管控能力。电子腕带应用还能减少罪犯间相互聚集、攻击、逃逸和被错误指控等事件发生，提高监狱对被禁止行为的监测能力，从而改善服刑罪犯的行为，减少违规和攻击行为。RFID 无线定位和视频联动有助于协助调查取证，减少不实指控。通过在 RFID 电子腕带芯片中设置以服刑人员的罪犯类型、个性特点、文化程度、现实表现、心理测评为依据的个别化矫正方案，提高监狱教育矫正的能力。

　　评估发现监狱 RFID 无线定位的某些关键数据项（数量、次数）亟待建立专门的数据库，例如服刑罪犯脱逃的事件；药物毒品发现的事件；武器发现的事件；破坏性事件；武力攻击的事件；关禁闭室的事件；违反制度的事件；药检结果

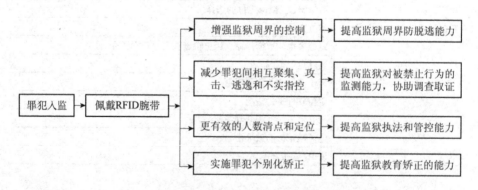

图 3-36　RFID 无线定位应用价值

的事件；涉及凶杀案的事件；自杀和自杀企图的事件；性侵犯事件等。这些数据将有助于比较无线定位应用实施前后的效果。

评估发现 RFID 无线定位技术作为一种有效的管理工具，在实时人数清点、识别罪犯当前所处位置等方面表现出巨大便利，尤其是无线定位与视频联动后，在调查取证、查询视频时对民警时间和精力的节省、工作效率的提升非常有效。

评估也关注了罪犯对佩戴 RFID 腕带的态度——尽管更多的促使他们去关注电子腕带集成的 13.56M 的刷卡系统（用于购物和亲情电话），但很明显的使罪犯认识到违规被发现的风险增加，对阻止违规行为、袭击等的发生有积极作用。

评估还发现一些问题，例如电子腕带尺寸大小、安装松紧程度、电池更换要求等都还没形成完整的标准规范，尤其是电子腕带的误报，频繁的虚假警报，会导致民警成为习惯而减少关注，这是非常危险的。

任何的管理手法或工具都可以依据其所需投资的成本、风险及预期可提升的价格或销售量来评估其投资报酬率（ROI）。以成本的观点来看，采用 RFID 虽然会造成单位成本的提高，但是可以从其他成本来评估预期可以带来的成本效益，例如 RFID 技术可以帮助监狱民警更精准地去掌控劳动工具与危险品使用和回收入库的状况，减少管理的人力成本；利用 RFID 具有自动感应的特性，在罪犯、物品出入核查、数量清点等流程上可以有效取代人工，避免人员因人力不足或疏漏造成的等候成本。

根据评估结果，RFID 技术将有助于实现监管安全由被动防御转向主动安防，提升监狱精细化管理水平，实施个别化教育矫正，目前尚没有其他技术可以替代。RFID 无线定位技术在监狱应用的目的归结为：

（1）提高监狱管理水平，实现精细化的管控。
（2）提供更有效的定位服刑罪犯的方式。
（3）实现自动人数清点。
（4）通过触发报警提醒管教民警服刑罪犯聚集、越界、逃逸等事件。
（5）利用电子腕带（标签）实施服刑罪犯个别化矫正。

随着传感技术的进步，可以针对监狱需求在电子腕带中加入运动传感器件，如姿态与加速度传感器，当服刑罪犯发生超过传感器预定值的变化时（如发生斗殴等），实时采集数据发送给民警预警；还可以集成温度、脉搏（血压）传感器，当罪犯的体温、心率等生理参数出现异常时设备会自动向管理人员发出报警信息，从而及时响应突发的暴力或猝死等事件。

3.6.7 适用监狱的无线定位技术

可用于定位的无线信号多种多样，所以无线定位系统种类繁多。如利用卫星信号的 GPS、利用红外和激光的光学定位、利用超声和声纳的声音定位、利用图像处理和计算机视觉的视觉定位、利用陀螺原理的相对定位等。

国际上对无线定位技术的研究与应用始于 20 世纪 60 年代的车辆自动定位 AVL（Automatic Vehicle Location）系统，初期的无线定位技术多采用无线电波传播信号，检测移动物和基站之间无线电波传播信号的信号场强、到达时间及时间差、信号射入角度等特定参数，再通过相关的定位算法来确定移动物的几何位置。由于采用的长波信号易受到天气和建筑物的影响，初期的无线定位主要集中在室外定位。其中，GPS 是目前应用最成功的室外定位技术，但是对于室内近距离定位，GPS 信号难以穿透建筑物。鉴于监狱的特殊封闭场景，除了服刑罪犯押解应用，如人员外出就医、提审、转监等需求可采用室外定位技术外，绝大多数情况都适用室内定位。因此，本书讨论的监狱无线定位技术将以室内定位应用为主。

在过去的几十年里，室内局部区域定位的巨大市场前景促使与之相关的无线定位系统研究迅猛发展，先后出现了红外定位、超声波定位、电磁波定位等室内定位技术。

红外线是一种波长介于无线电波和可见光波之间的电磁波。典型的红外线定位是使待测物体附上一个电子标识，红外线 IR 标识发射调制的红外射线，通过安装在室内的光学传感器接收进行定位。虽然红外线具有相对较高的室内定位精度，但是由于光线不能穿过障碍物，使得红外射线仅能视距传播。直线视距和传输距离较短这两大主要缺点使其室内定位的效果很差，平均定位误差可以达到 5m 以上。当标识放在口袋里或者有墙壁及其他遮挡时就不能正常工作，需要在每个房间、走廊安装接收天线，造价较高。因此，红外线只适合短距离传播，而且容易被荧光灯或者房间内的灯光干扰，在定位上有局限性。

超声波定位采用反射测距原理，系统由测距器和若干个放置于固定位置的电子标签组成，先由上位机发送同频率的信号给各个电子标签，电子标签接收到后又反射传输给测距器，从而可以根据算法确定各个电子标签到测距器之间的距离。当同时有三个或三个以上不在同一直线上的应答器做出回应时，可以根据相关计算公式确定被测物体所在二维坐标系下的位置。超声波定位整体定位精度较高，可以达到 2 ~ 10cm，结构简单，功耗较低。超声波的传播速度受空气的密度所影响，而空气的密度又与温度有着密切的关系，在实际应用时遇到墙体等障碍物阻挡时或者非视距传播时衰减明显，从而影响其定位有效范围。

电磁波定位是利用空气中无线传播的电磁波进行定位，是目前室内定位应用最为广泛的一类定位技术,出现了基于有源 RFID、WiFi、ZigBee、UWB、Bluetooth 等众多无线网络定位技术。这些技术除了通信机制和频段差异外,定位原理大同小异(可参考本篇章的无线定位技术章节),主要有基于 TOA(到达时间)的距离测量、基于 TDOA(到达时间差)的距离测量、基于 AOA(到达角度)的距离测量、基于 RSSI(信号强度特征)的相似度拟合定位、基于接近关系检测等。

目前可用于监狱室内定位的无线网络技术主要有以下几种:
- 无线射频(RFID)技术;
- 无线网络(WiFi)技术;
- 超宽带(UWB)技术。

无线射频技术可分为有源射频技术和无源射频技术。

有源射频又分为有源 RFID 技术和 ZigBee/802.15.4 技术。

无源射频技术又分为近距离 RFID 技术和远距离 RFID 技术。

有源 RFID 与无源 RFID 的区别如表 3-8 所示。

表 3-8 有源 RFID 与无源 RFID 的区别表

	有源(主动式)RFID	无源(被动式)RFID
标签能源	自带	来自读写器
对读写器信号强度的要求	低	高
通信距离	0～100 m(可调)	小于 3m
系统使用期是否需要人工	标签每 2s(或 10s)发送信息,阅读器自动接收后更新系统。自动系统,不需要人员介入	比条形码先进,但还需要人工对标签近距离扫描,更新系统信息
信息的实时性	实时,小于或等于 10s	等待读写器触发,信息准确到最近一次对标签的扫描日期
能否防止破坏	自动检测损坏报警	无法主动示警
是否有主动求助(报警)功能	可集成报警求助装置	无法主动示警
边界控制功能	触发警戒线主动报警识别	越界无法迅速主动识别
读取准确性和抗冲突性能	穿透人体,同时可识别多人	无穿透性,多人刷卡会有严重冲突
其他功能	环境监控(传感器标签);人员和设备实时定位、跟踪;人员和设备进出门监控	人员和设备进出门监控

1. 有源 RFID 技术
- 定位精度:2～5m。
- 通信距离:小于 100m。
- 辐射强度:极低。
- 三维定位能力:无。

● 信息安全：高。
● 单点失效容错能力：低。
● 定位原理：基于信号强度特征的相似度拟合定位。
● 特点：有源RFID技术的定位需要事先采集定位区域内多个定位基站发射信号的RSSI值，定位设备通过实时采集比较RSSI值实现相似度拟合和位置确定。由于事先采集RSSI数据的工作量较大，而且定位区域会因人员移动、中大型电子设备干扰而发生变化，影响定位精度。该类产品的主要工作频率有超高频433MHz，微波2.45GHz和5.8GHz等。

2. 近距离无源RFID技术

近距离无源RFID是发展最成熟、市场应用最广的产品。如公交卡、食堂餐卡、银行卡、宾馆门禁卡、二代身份证等，其定位原理是基于接近关系检测，覆盖范围小。近距离无源RFID技术定位的本质就是传统的刷卡技术，一般可将其安装在关键通道旁边，让罪犯通过的时候刷一下腕带，通过门禁系统实现以房间为基本单位的局部区域定位。该类产品的主要工作频率有低频125kHz、高频13.56MHz、超高频433MHz、超高频915MHz。

3. 远距离无源RFID技术

远距离无源RFID技术的定位原理与有源RFID类似，但该技术的一个缺陷是由于无源卡没有电池供电，因此需要安装一个有较大辐射的电磁场基站，工作能量全部由读写器的天线提供，并持续工作，其单点容量低。考虑到电磁辐射因素，远距离无源RFID技术一般主要应用于物流定位方面，尚难以在人员定位中应用。目前主要有工作于UHF和2.45GHz频段的两种远距离无源RFID技术。

4. WiFi技术

● 定位精度：2~5m。
● 通信距离：小于100m。
● 辐射强度：低。
● 三维定位能力：有。
● 信息安全：低。
● 单点失效容错能力：一般。
● 定位原理：基于TOA的距离测量、基于TDOA的距离测量、基于AOA的距离测量、基于信号强度特征的相似度拟合定位。
● 特点：WiFi的优势在于日益普及的WLAN，越来越多的WiFi热点将为定位提供更多的参照点，将有效提高定位的精准度。例如，目前已被苹果收购的室内地理位置服务商Wifi SLAM就是通过分析周围所有WiFi网络的信号强度和唯一ID识别码，从网络中下载或已经储存在设备中的该区域的引用数据集进行匹配，并通过重力感应同步脚步的移动，实现用户在室内位置的定位。作为目前无线 IP 传输的成熟技术，WiFi 无线定位技术由于采用公开的无线网络协议，考虑到众所周知的无线网络加密算法的脆弱性，其安全性存在一定缺陷。但从另一方面考虑，采用公开协议也许反而安全，如 WPA2、WAPI。受限于 WiFi 的工作机制，WiFi 无线定位技术的未来取决于腕带低功耗技术或者电池性能的提升。

5.IEEE802.15.4/ZigBee 技术

- 定位精度：2~5m。
- 通信距离：小于 75m。
- 辐射强度：极低。
- 三维定位能力：无。
- 信息安全：一般。
- 单点失效容错能力：一般。
- 定位原理：距离相关有 TOA、TDOA、RSSI、AOA 等，距离无关有质心算法、DV-Hop 算法、Amorphous 算法、APIT 算法等。
- 特点：820.15.4/ZigBee 技术主要面向无线个人区域网（PAN），网络系统在应用中表现出近距离、低功耗、低成本等特征。ZigBee 定位属于无线传感网（WSN）技术范畴，技术理念先进，但其缺陷在于网络稳定性还有待提高，易受环境干扰。ZigBee 的设计初衷是用于野外 WSN 中对每个静止节点位置的一次性定位，用于对监狱内较大数量的移动目标定位场合会有一定的困难。ZigBee 定位精度在移动时会受到人体较大干扰，可靠性降低。根据 ZigBee 技术的定位原理，其定位依赖每个节点附近的一个有限区域内相邻节点，当该节点发生移动而脱离该区域时，需要重新组网（自组织）并计算定位，移动目标的反复定位将会迅速消耗掉腕带的电池容量。

6.UWB 技术

- 定位精度：0.1~0.3m。
- 通信距离：依发射功率的大小决定，一般小于 10m。
- 辐射强度：极低。
- 三维定位能力：有。
- 信息安全：低。
- 单点失效容错能力：一般。
- 定位原理：基于 TOA 的距离测量、基于 TDOA 差的距离测量、TDOA/AOA 相结合等。
- 特点：UWB 技术是一种使用 1GHz 以上带宽且无需载波的先进无线通信技术，超宽带无线电中的信息载体为脉冲无线电（Impulse Radio，IR）。脉冲无线电是指采用冲击脉冲（超短脉冲）作为信息载体的无线电技术。这种技术的特点是通过对非常窄（往往小于 1ns）的脉冲信号进行调制，以获得非常宽的带宽来传输数据。虽然是无线通信，但其通信速度可以达到几百 Mbps 以上。UWB 系统的体积小且结构简单、隐蔽性和保密性强、功耗低、多径分辨力强、数据传输率高、穿透能力强、定位精确、抗干扰能力强。UWB 系统发射的功率谱密度可以非常低，甚至低于美国联邦通信委员会（Federal Communications Commission，FCC）规定的电磁兼容背景噪声电平，因此短距离 UWB 无线电通信系统可以与其他窄带无线电通信系统共存。作为室内通信用途，FCC 已经将 3.1G ~ 10.6GHz 频带向 UWB 通信开放。IEEE802 委员会也已将 UWB 作为个人区域 PAN（Personal Area Network）的基础技术候选对象来探讨。UWB 技术被认为是无线电技术的革命性进展，巨大的潜力使得它在无线通信、雷达跟踪、精确定位等方面有着广阔的应用前景。UWB 定位产品的价格因素是限制其在监狱应用的主要瓶颈。

7. 其他定位技术

（1）基于 LF 低频的无线定位技术

LF 低频（125kHz）无线定位技术是利用 LF 低频信号覆盖范围受限（2~5m 左右），采用基于接近关系检测的定位技术实现的。由于低频信号受人体移动等环境变化影响较小，不存在多径传播效应，识别定位准确率高。目前，定位商用中 125kHz+2.45G 的精准触发定位方案比较多。该方案的实质就是低频激活触发技术，一般用于半有源 RFID 产品（即整合了 125kHz+2.45G），可以结合有源 RFID 产品及无源 RFID 产品的优势。通过 125kHz 定位基站持续不停的发送触发信号，集成 125kHz 的腕带标签一旦接收到 125kHz 触发信号时即被唤醒（无触发信号时休眠）并起到定位功能，然后 2.45G 可以远距离识别和上传数据。

（2）CSS 定位技术

在无线定位领域，IEEE802.15.4a 定义了两种可实现高精度定位的物理层——脉冲超宽带（UWB）和线性调频扩频技术（Chirp Spread Spectrum，CSS）。CSS 通信是一种载波通信技术，Chirp 信号又称为线性调频信号，最先应用在雷达领域。Chirp 扩频信号具有时间分辨率高、抗多径能力强、传输速率高、功耗低、系统复杂度低等特点，在室内目标定位方面有较好的应用前景。与通常的正弦信号载波不同，CSS 技术采用的是脉冲载波。CSS 脉冲信号与 UWB 冲击脉冲信号不同，UWB 冲击脉冲信号可以直接携带信息，而 CSS 技术用一串脉冲携带信息，并在发送端进行调制后发出，接收端经过滤波压缩后提取信息。

与 UWB 相比，CSS 相对频率低、带宽窄，在定位的分辨率、功耗等方面不如宽频带的 UWB。CSS 系统可以看作是 UWB 系统的折中版本，CSS 系统能够实现比 UWB 略差的定位效果，但在性价比上确有提高。

（3）蓝牙定位技术

蓝牙技术通过测量信号强度进行定位，是一种短距离、低功耗的无线传输技术，基于蓝牙技术的无线接入简称为 BLUEPAC（Bluetooth Public Access），蓝牙网络系统的拓扑结构有两种形式：微微网（Piconet）和分布式网络（Scatternet）。一个蓝牙网络由一个主设备和一个或多个从属设备组成，它们都与主设备的时间和跳频模式同步（以主设备的时钟和蓝牙设备的地址为准）。每个独立的同步蓝牙网络就被称为一个微微网。在一个微微网中，所有设备的级别是相同的，具有相同的权限。

蓝牙 4.0 是 2012 年最新蓝牙版本，解决了前期版本广为诟病的功耗和启动速度问题。基于蓝牙 4.0 的定位是当前的热点应用。例如 iBeacons 就是苹果公司推出的一项基于蓝牙 4.0 的精准微定位技术，当手持设备靠近一个 Beacon 基站时，设备就能够感应到 Beacon 信号，范围可以从几毫米到 50m。普通的蓝牙（蓝牙 4.0 之前）一般的传输距离在 0.1～10m，而 iBeacons 信号可以精确到毫米级别，并且最大可支持到 50m 的范围。

（4）地磁定位技术

地磁定位不属于电磁波无线定位，但地磁定位在原理上与基于信号强度特征（RSSI）的相似度拟合定位接近。地磁定位是基于地球上不同区域的各个位置上地磁场信号强度均不相同这一客观事实，在记录定位区域内各个位置的地磁信号强度特征后，根据相似度拟合算法实现定位。InDooRatlas 地磁场定位导航地图系统就是一个利用地磁进行室内导航的移动地图应用，它可以在没有无线信号的区域进行工作。根据该技术工作原理，在面对建筑物内金属物体移动等场景变化时，其定位精度会大幅下降。

（5）惯性导航技术

惯性导航技术也不属于电磁波无线定位。惯性导航是利用惯性元件（加速度计和陀螺仪）来测量运载体本身的加速度，通过三个自由度陀螺仪测量运载体的三个转动运动；三个加速度计测量运载体的三个平移运动的加速度。计算机根据测得的加速度信号经过积分运算，计算出运载体的速度和位置数据，从而达到对运载体导航定位的目的。惯性导航系统体积小、成本低、精度高，组成惯性导航系统的设备都安装在运载体内，工作时不依赖外界信息，也不向外界辐射能量，不易受到干扰，隐蔽性好等特点，很有可能使其成为 GPS 技术的替代者。惯性导航技术的缺点在于累积误差会逐步加大，必须定期修正。

不同的无线定位技术适用范围如图 3-37 所示。

3.6.8 无线定位的能耗管理

以无线定位技术能耗管理为例，无线节点（电子腕带）的电池更换是否频繁将决定无线定位（试点）在监狱的应用前景，如何高效使用能量来最大化无

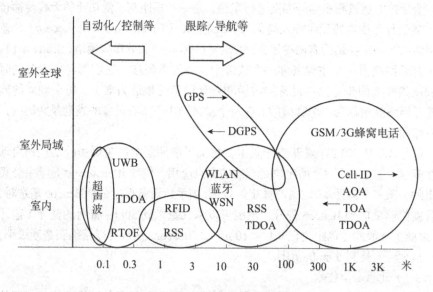

图 3-37 不同定位技术适用范围

线节点的网络生命周期是无线定位技术应用面临的首要挑战。随着复杂任务需求的日益增长,要实现整个系统节能的关键在于:一是节点硬件的设计必须支持低功耗方式;二是系统的调度策略必须支持低功耗方式,当不再有任务需要被调度时,应该关闭相应节点的硬件资源并使整个系统进入低功耗的睡眠状态,从而减少或避免在普通多任务系统中因忙等待或轮询所带来的能量损耗。

无线节点(电子腕带)硬件资源中消耗能量的模块主要包括传感器模块(集成状态感知)、处理器模块和无线通信模块。无线通信模块占据了绝大部分的能量消耗,如图3-38所示(见 Deborah Estrin 在 Mobicom 2002 会议上的特邀报告——Wireless Sensor Networks,Part IV: Sensor Network Protocols)。

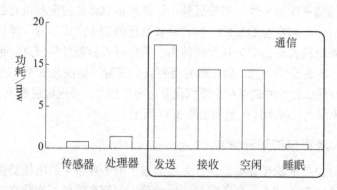

图 3-38 无线节点能量消耗示意图

从图 3-38 中可以看出，无线通信模块在发送状态的能量消耗最大，在空闲状态和接收状态的能量消耗接近，略少于发送状态的能量消耗，在睡眠状态时能量消耗最少。

采用低占空比（Low Duty Cycle）工作模式，使节点在大多数的时间里休眠能有效延长无线节点生命周期。通过设置周期性采样数据的时间间隔来减少处理器和无线通信模块的活动工作时间，如每 100s 激活 10s，则可以减少 90% 的能耗。当然，这是以限制实际的带宽为代价的，客观上也表现出定位速度的延迟。

因而节能机制实现的关键就是：当无线节点系统不再有任务需要被调度执行时，如何使系统进入低功耗节能的休眠状态，避免能量消耗在忙等待和轮询上。

在单任务系统（仅仅实现定位）中休眠的实现相对简单：在处理器活动状态处理任务，在处理器空闲的工作周期则令系统进入休眠状态，直到唤醒事件的到来（可以在需要的地方布置唤醒信号），从而达到降低系统功耗的目的。

然而，要在多任务系统中实现休眠，其调度机制会比单任务系统复杂。例如在一个采集并发送数据的 sensor 节点中，如果只需要采集一个传感器数据，采样周期为每 60s 一次，那么该线程的休眠时间参数就可以简单的设置为 60s。但是在多任务系统中，可能有多个采集并发送数据的任务，如节点需要同时去采集温度传感器数据、加速度传感器数据和二氧化碳传感器数据。假设条件是加速度传感器要求 10s 采集一次数据，温度传感器要求 30s 采集一次数据，二氧化碳传感器则要求 60s 采集一次数据。这种多形式的传感任务将会使多任务系统的能耗调度机制变得复杂，系统要求能够适应这种多任务下休眠时间参数交错的应用环境。在应用中可能动态变化的采样频率和休眠时间也要求得到系统的支持，以使系统能够响应网络应用环境的变化。例如在一个具体应用中，系统可以根据能量多少来动态的调整采样频率和睡眠时间。此外，一些长时间需求的任务可能希望去延缓无线节点的休眠，直到该任务运行结束，而并不考虑无线节点中其他任务的工作周期，节点系统也被要求能够具备相应的灵活性来适应这种特别的任务行为。总之，一个任务系统要支持低功耗的应用需求，就必须明确什么时候才能使系统真正安全的进入到休眠模式中。

对电源的能量管理是无线节点协议各层都必须考虑的问题，单独在某一层设计能量管理机制并不一定能取得整体的网络节能效果。只有结合物理层、MAC 层、路由层协议等，实现跨层优化，才能真正达到综合节能的目标。

3.6.9 无线定位的电磁辐射

随着人们健康意识的不断提高，电磁辐射对人体的影响逐渐成为人们非常关注的一个热点话题，由于电磁辐射对人的作用有一个积累的过程，研究也需要较长周期，人们对它的认识还是很有限的，并且电磁辐射看不见、摸不着、不易察觉，因此在目前尚没有定论的情况下很容易引起人们的疑虑。此外，有些关于电磁辐射的报道不太客观，缺乏科学性，也引起一些不必要的误解和恐慌。

判定电磁辐射是否会对人体产生不利影响，应从电磁波辐射强度、主要辐射方位与辐射源的距离等几方面综合考虑。为了控制电磁波对人体的影响，各个国家都制定了自己的电磁波防护标准。目前国际上有两大主流标准：一是ICNIRP（The International Commission for Non-Ionizing Radiation Protection）标准，它是国际非电离辐射防护委员会发布的标准，主要在欧洲、澳大利亚、新加坡、巴西、以色列及我国的香港特区等范围使用。另一个标准是美国的IEEE标准，主要使用范围在美国、加拿大、日本、韩国及我国的台湾地区。ICNIRP关于电磁辐射暴露限值的推荐标准是基于热效应和即时效应的科学数据基础制定的。标准提出了各频率电磁场对人体影响的阈值，然后取阈值的1/10作为职业照射限值，1/50作为公众照射限值。

我国制定了比ICNIRP的暴露限值更为严格的标准，比ICNIRP标准有更大的安全余度。1988年卫生部颁布了GB8702-88《电磁辐射防护规定》和GB9175-88《中华人民共和国环境电波卫生标准》，这两个标准很详细地规定了电磁波对人体影响的定义、计算方法、安全值等内容，应该指出达到这两个标准就应认为电磁波环境对人体是安全的。标准以电磁波辐射强度及其频段特性对人体可能引起潜在性不良影响的阈下值为界，将环境电磁波容许辐射强度标准分为两级。一级标准为安全区，指在该环境电磁波强度下长期居住、工作、生活的一切人群（包括婴儿、孕妇和老弱病残者），均不会受到任何有害影响的区域。新建、改建或扩建电台、电视台、雷达站等发射天线，在其居民覆盖区内必须符合"一级标准"的要求。二级标准为中间区，指在该环境电磁波强度下长期居住、工作和生活的一切人群（包括婴儿、孕妇和老弱病残者）可能引起潜在性不良反应的区域。在此区内可建造工厂和机关，但不许建造居民住宅、学校、医院、疗养院等，已建造的必须采取适当的防护措施。电磁辐射强度分级标准表，如表3-9所示。

表 3-9 电磁辐射强度分级标准表

波长	单位	容许场强	
		一级（安全区）	二级（中间区）
长、中、短波	V/m	≤10	≤25
超短波	V/m	≤5	≤12
微波	$\mu W/cm^2$	≤10	≤40
混合	V/m	按主要波段场强。分散波段则按复合场强加权	

从表 3-9 可看出一级标准安全区的微波允许辐射场强为 $10\mu W/cm^2$。根据中国消费者协会和中国计量测试学会委托中国计量科学研究院进行的手机电磁辐射测试实验（http://www.cca.org.cn/web/xfzd/newsShow.jsp? id=15556），测试结果显示，手机在呼出和接通时的几秒内电磁辐射最大，19 种 GSM 手机中有 15 种辐射最大值可达 $2000\mu W/cm^2$ 以上，更有个别手机辐射最大值高达 $10000\mu W/cm^2$，最小值也达到 $300\mu W/cm^2$，而无线对讲机甚至可以达到 5W；待机状态下，虽然手机不时发射信号与基站保持联系，但电磁辐射很小，测试的 19 种 GSM 手机中，有 11 种手机待机状态时电磁辐射都在 $1\mu W/cm^2$ 以下，其他牌子也在 $7\mu W/cm^2$ 以下。而目前基于 RFID、ZigBee、UWB、WiFi 等无线技术实现定位的电子腕带（或电子脚环）均能够满足国标中的一级标准，在此环境下使用对于人体的电磁辐射非常小，对于婴儿、孕妇和老弱病残特殊人群而言也是相对安全的。

目前，我国与电磁辐射相关的国家标准情况如下：
- GB8702—88《电磁辐射防护规定》；
- GB9715—88《环境电磁波卫生标准》；
- GB12638—90《微波和超短波通信设备辐射安全要求》；
- GB10436—89《作业场所微波辐射卫生标准》；
- GB10437—89《作业场所超高频辐射卫生标准》；
- GB16203~96《作业场所工频电场卫生标准》；
- HJ/T10.3—1996《电磁辐射环境影响评价方法与标准》。

第 4 章 监狱云

监狱对应的云计算平台可称为"监狱云"。通过虚拟化技术在云平台的基础上搭建监狱各类业务应用,实现虚拟服务器、存储资源的定制化、可计数、动态分配和使用。应用云计算技术可有效解决目前监狱信息化中存在的一些问题:

(1)节约建设资金。借助监狱云强大并可不断扩充的计算和存储能力,可以减轻监狱在设备和管理方面的资金投入,也节省了升级和维护费用。

(2)统一数据标准。所有软件和数据都在监狱云中,有且仅有一个标准。

(3)避免信息孤岛。存储在监狱云中的数据能更好的实现资源共享,数据传输效率更高。

(4)有助于加强安全保密。本地无需存储数据,通过身份认证,由统一入口登录。

(5)便于统一管理维护。

4.1 云计算定义

云计算(Cloud Computing)是分布式计算(Distributed Computing)、并行计算(Parallel Computing)、效用计算(Utility computing)、网络存储(Network Storage Technologies)、虚拟化(Virtualization)、负载均衡(Load Balance)、热备份冗余(High Available)和网格计算(Grid Computing)等技术发展融合的产物。云计算的核心思想是将大量用网络连接的计算资源统一管理和调度,构成一个计算资源池向用户按需服务。云计算的目标是将计算和存储简化为像公共的水和电一样易用的资源,用户只要连上网络即可方便地使用,按量付费。云计算提供了灵活的计算能力和高效的海量数据分析方法,企业不需要构建自己专用的数据中心就可以在云平台上运行各种各样的业务系统,这种创新的计算模式和商业模式吸引了产业界和学术界的广泛关注。

1. 云定义

云(Cloud)是广域网或者某个局域网内硬件、软件、网络等一系列资源合并在一起的一个综合称呼。它包括硬件资源(服务器、存储器、CPU 等)和软件资源（如应用软件、集成开发环境等），本地计算机只需要通过互联网发送一个需求信息，远端就会有成千上万的计算机为你提供需要的资源并将结果返回到本地计算机，这样，本地计算机几乎不需要做什么，所有的处理都由云计算提供商所提供的计算机群来完成。云中的资源在使用者看来是可以无限扩展的，并且可以随时获取，按需使用，随时扩展。

之所以称为"云"，是因为它在某些方面具有现实中云的特征：云一般都较大；云的规模可以动态伸缩，它的边界是模糊的；云在空中飘忽不定，无法也无需确定它的具体位置，但它确实存在于某处。

2. 云计算定义

2006年8月9日，Google首席执行官埃里克·施密特（Eric Schmidt）在搜索引擎大会SES（SanJose2006）首次提出"云计算"的概念。目前，对于云计算仍没有普遍一致的定义。狭义的云计算指信息技术基础设施的交付和使用模式，指通过网络以按需要和易扩展的方式获得所需资源。广义的云计算指厂商通过建立网络服务器集群，向各种不同类型客户提供在线软件服务、硬件租借、数据存储、计算分析等不同类型的服务。

经过这几年的发展，人们对云计算的理解也日趋深刻。云计算可以看成一个面向服务的计算平台，它通过互联网将大规模计算和存储资源整合起来，按需提供给用户，同时它的新型计算机资源的公共化方式，使得用户从繁重、复杂、易错的计算机管理中解放出来，只关注业务逻辑，从而降低了企业信息化的难度。

3. 云计算的工作原理

以典型的云计算模式为例，用户通过终端设备连接到互联网，向云端提出需求；云端接收到用户发送的请求后，调度各种资源为用户提供服务。以前需要在用户终端上进行的各种复杂计算和处理过程可以全部转移到云端去完成。用户需要的各种应用程序不需要运行在本地的用户终端，而是运行在互联网上的服务器集群中；用户要处理的数据也不需要存储在本地，而是保存在互联网上的数据中心。提供云计算服务的企业负责服务器和数据中心的管理和维护，并为用户提供所需的计算能力和存储空间。用户只要接入到互联网，就能够访问云，最终实现随时随地，即需即用。

云计算是一种全新的信息技术，也是一种革命性的突破，它表示计算能力也可以作为一种商品进行流通，当然这种商品是通过互联网进行传输的。云计算作为下一代企业数据中心，基本形式为大量链接在一起的共享IT基础设施，不受本地和远程计算机资源的限制，可以方便地访问云中的"虚拟"资源，使云服务提供商和用户之间可以像访问网络一样进行交互操作。随着云计算理念和应用的推广，云计算的优势已经逐渐得到了越来越多的用户肯定。目前，Google、IBM、SUN、Amazon、Microsoft等信息业巨头都已经参与到云计算研究和开发中。云计算的最终目标就是，在未来只需要一台笔记本电脑或者一个手机，就可以通过网络服务来得到我们需要的一切服务，甚至包括完成超级计算这样的任务。

4.2 云计算架构

云计算充分利用网络和计算机技术实现资源的共享和服务，其基础架构可以描述如下：

1. 云计算体系结构

云计算平台是一个强大的"云"网络，连接了大量并发的网络计算和服务，可利用虚拟化技术扩展每一个服务器的能力，将各自的资源通过云计算平台结合起来，提供超级计算和存储能力，如图4-1所示。

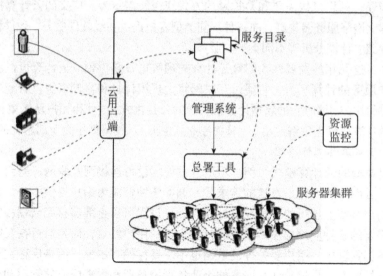

图 4-1 云计算体系结构

（1）云用户端

云用户端是用户使用云的入口，它为云用户请求服务提供一个交互界面。用户通过 Web 浏览器进入这个交互界面，可以进行注册、登录、定制服务、配置、管理用户等操作。打开应用实例与本地操作桌面系统一样。

（2）服务目录

云用户在登录并取得相应的权限后可以选择或定制服务列表，相应的服务以图标或列表的形式展示在云用户端界面，用户也可以对已经定制的服务进行退订操作，以及对自己的服务目录进行维护。

（3）管理系统

主要提供各种管理和服务功能。例如管理云用户、用户授权、认证、登录控制、可用计算资源和服务等。

（4）部署工具

部署工具可以接收来自服务目录的用户请求，根据用户请求转发到相应的应用程序，智能地、动态地调度资源进行部署、配置、应用和回收。

（5）资源监控

主要监控和统计云系统资源的使用情况，以便及时作出各种反应，完成节点的同步配置、负载均衡和资源监控，确保资源能够顺利分配给所需的用户。

（6）服务器集群

服务器集群就是各种服务器的统一集合，将大量的服务器集中在一起进行同一种服务，在用户终端看来就像是只有一个服务器。服务器集群负责高并发量的用户请求处理、大运算量的计算处理及各种各样的Web应用服务，可以利用多个服务器进行并行计算，从而获得很高的计算速度；也可以使用多个服务器进行备份存储，从而使得任何一台服务器出现故障后，整个系统还能够正常运行。

2. 云计算技术体系结构

云计算技术体系层次主要从系统属性和设计思想角度来说明"云"，是对软硬件资源在云计算技术中所充当角色的说明。从云计算技术角度来分，由物理资源、虚拟化资源、服务管理中间件和服务接口4个部分构成，如图4-2所示。

（1）物理资源

主要指能支持计算机正常运行的一些硬件设备及技术，如计算机、存储器、网络设施、数据库、软件等。它们可以是价格低廉的PC，也可以是价格昂贵的服务器及磁盘阵列等设备。可以通过现有网络技术和并行技术、分布式技术将分散的计算机组成一个能提供超强功能的集群用于云计算和云存储等。

（2）虚拟化资源

指一些可以实现一定操作，具有一定功能，但其本身是虚拟而不是真实的资源，如计算资源池、存储资源池和网络资源池、数据资源池等。通过软件技术来实现相关的虚拟化功能，包括虚拟环境、虚拟系统和虚拟平台。

（3）服务管理中间件

服务管理中间件负责对云计算的资源进行管理，如用户管理、任务管理、资源管理和安全管理，并对众多应用任务进行调度，使资源能够高效、安全地为应用提供服务。其用户管理包括用户账号管理、用户环境配置、用户交互管理和使用计费；任务管理包括映像部署和管理、任务调度、任务执行和生命周

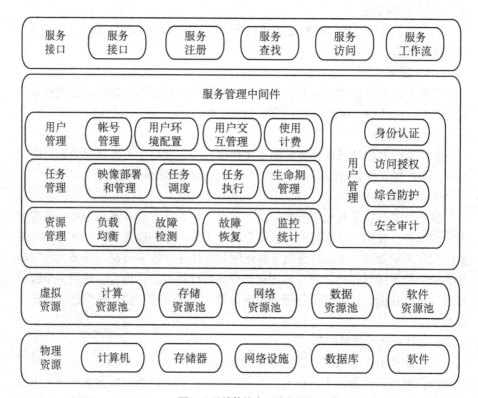

图 4-2 云计算技术系统结构

期管理；资源管理包括负载均衡、故障检测、故障恢复和监视统计；安全管理包括身份认证、访问授权、综合防护和安全审计。

（4）服务接口

统一规定使用云计算的各种规范、云计算服务的各种标准等。用户端与云端交互操作的入口，可以完成注册服务、定制服务、使用服务等。

4.3 云计算分类

从云计算提供的服务类型和服务方式的角度出发，云计算的分类如下：

1.按服务类型分类

所谓云计算的服务类型，就是指其为用户提供什么样的服务；通过这样的服务，用户可以获得什么样的资源；以及用户该如何去使用这样的服务。以服务类型为指标，云计算可以分为：

（1）基础设施云（Infrastructure Cloud）

这种云为用户提供的是底层的、接近于直接操作硬件资源的服务接口。通过调用这些接口，用户可以直接获得计算和存储能力，而且非常自由灵活，几乎不受逻辑上的限制。但是，用户需要进行大量的工作来设计和实现自己的应用，因为基础设施云除了为用户提供计算和存储等基础功能外，不再提供其他任何应用类型的服务。

（2）平台云（Platform Cloud）

这种云为用户提供一个托管平台，用户可以将他们所开发和运营的应用托管到云平台中。但是，这个应用的开发和部署必须遵守该平台特定的规则和限制，如语言、编程框架、数据存储模型等。通常，能够在该平台上运行的应用类型也会受到一定的限制，比如 Google App Engine 主要为 Web 应用提供运行环境。但是，一旦客户的应用被开发和部署完成，所涉及的其他管理工作，如动态资源调整等都将由该平台层负责。

（3）应用云（Application Cloud）

这种云为用户提供可以为其直接所用的应用，这些应用一般是基于浏览器的，针对某一项特定的功能。应用云最容易被用户使用，因为它们都是开发完成的软件，只需要进行一些定制就可以交付。但是，它们也是灵活性最低的，因为一种应用云只针对一种特定的功能，无法提供其他功能的应用。

2. 按服务方式分类

从服务方式角度来划分，云计算可分为三种：为公众提供开放的计算、存储等服务的"公共云"，如百度的搜索和各种邮箱服务等；部署在防火墙内，为某个特定组织提供相应服务的"私有云"；以及将以上两种服务方式进行结合的"混合云"。

（1）公有云

公有云是企业和用户共享使用的云环境，用户所需的服务由一个独立的、第三方云提供商提供。同时，该云提供商也为其他用户提供服务，这些用户共享这个云提供商所拥有的资源。

（2）私有云

私有云是由某个企业或组织单独构建和使用的云环境，在私有云中，用户是这个企业或组织的内部成员，这些成员共享该云计算环境所提供的所有资源，公司或组织以外的用户无法访问这个云计算环境提供的服务。

（3）混合云

混合云把公有云模式与私有云模式结合在一起，有助于提供按需的扩展。

一般来说，一些对安全性和可靠性需求相对较低的中小型企业和创业公司可能选择公有云。而对安全性、可靠性及 IT 可监控性要求高的公司或组织，如金融机构、政府机关、大型企业等可能更倾向于选择私有云或混合云。

4.4 云计算平台

云计算平台也称为云平台。云计算平台可以划分为三类：以数据存储为主的存储型云平台，以数据处理为主的计算型云平台及计算和数据存储处理兼顾的综合云计算平台。

目前典型的云计算平台有 Google 的云计算平台、IBM 的"蓝云"计算平台、Amazon 的 EC2 计算平台、Microsoft 的 Azure 平台等。

1.Google 的云计算平台

Google 使用的云计算基础架构模式包括 4 个相互独立又紧密结合的系统，分别是并行数据处理 MapReduce，建立在集群之上的 Google 文件系统（Google File System，GFS），分布式锁 Chubby 及结构化数据表 BigTable。

（1）MapReduce

MapReduce 是 Google 开发的 Java、Python、C 等编程工具，它是云计算的核心技术，一种分布式运算技术，也是一种简化的分布式编程模式。MapReduce 框架可以把一个应用程序分解为许多并行计算指令，跨大量的计算节点运行非常巨大的数据集，用于大规模数据集（大于 1TB）的并行运算。

（2）GFS

GFS 是一个可扩展的分布式文件系统，用于大型的、分布式的、对大量数据进行访问的应用，为 Google 云计算提供海量存储。它处于所有核心技术的底层，可以运行于廉价的普通硬件上，可以给大量的用户提供总体性能较高的服务。

（3）Chubby

Chubby 主要用于解决分布式一致性问题。它的设计目标是高可用性、高可靠性、支持粗粒度的分布式锁服务、支持小规模文件直接存储。

（4）BigTable

BigTable 是 Google 开发的一个用来处理大数据量的非关系型数据库系统，它的设计目的是可靠地处理 PB（1PB=1000TB）级别的数据，并且能够部署到上千台机器上。

2.IBM"蓝云"计算平台

"蓝云（Blue Cloud）"是由 IBM 开发的企业级云计算解决方案，该方案可以对企业现有的基础架构进行整合，通过虚拟化技术和自动化技术构建企业自己拥有的云计算中心，实现企业硬件资源和软件资源的统一管理、统一分配、统一部署、统一监控和统一备份，打破应用对资源的独占，从而帮助企业实现云计算理念。

"蓝云"平台的一个重要特点是虚拟化技术的使用。虚拟化的方式在"蓝云"中有两个级别，一个是在硬件级别上实现虚拟化，另一个是通过开源软件实现虚拟化。硬件级别的虚拟化可以使用 IBM p 系列的服务器，获得硬件的逻辑分区（Logic Partition，LPAR）。逻辑分区的 CPU 资源能够通过 IBM Enterprise Workload Manager 来管理。通过这样的方式加上在实际使用过程中的资源分配策略，能够使相应的资源合理地分配到各个逻辑分区。p 系列系统的逻辑分区最小粒度是 1/10 颗 CPU。Xen 则是软件级别上的虚拟化，能够在 Linux 基础上运行另外一个操作系统。

"蓝云"计算平台由一个数据中心、IBM Tivoli 部署管理软件（Tivoli Provisioning Manager）、IBM Tivoli 监控软件（IBM Tivoli Monitoring）、IBM WebSphere 应用服务器、IBM DB2 数据库及一些开源信息处理软件和开源虚拟化软件共同组成。

3.Amazon 的 EC2 计算平台

Amazon 是互联网上最大的在线零售商，为了应付交易高峰，不得不购买了大量的服务器，然而在大多数时间，大部分服务器闲置，造成了很大的浪费，为了合理利用空闲服务器，Amazon 建立了自己的云计算平台弹性计算云（Elastic Compute Cloud，EC2），使用者可以在这个虚拟机上运行任何自己想要的软件或应用程序，提供可调整的云计算能力。

EC2 使用 Xen 虚拟化技术。每个虚拟机，又称作实例，能够运行小、大、极大三种能力的虚拟私有服务器。Amazon 将 EC2 建立在公司内部的大规模集群计算的平台上，而用户可以通过弹性计算云的网络界面去操作在云计算平台上运行的各个实例。用户使用实例的付费方式由用户的使用状况决定，即用户只需为自己所使用的计算平台实例付费，运行结束后计费也随之结束。通过这种方式，用户不必自己去建立云计算平台，节省了设备与维护费用。

4.Microsoft 的 Azure 平台

Windows Azure 是微软的云计算平台，它的主要目标是为开发者提供一个平台，帮助开发可运行在云服务器、数据中心、Web 和 PC 上的应用程序。云计算的开发者能使用微软全球数据中心的储存、计算能力和网络基础服务。Azure 服务平台包括的主要组件有 Windows Azure；MicrosoftSQL 数据库服务，Microsoft .Net 服务；用于分享、储存和同步文件的 Live 服务；针对商业的 Microsoft SharePoint 和 Microsoft Dynamics CRM 服务。

4.5 云计算服务

云计算的概念提出后，各大厂商都开始研发不同的云计算服务，如 Google 提供的 Google Earth、Picasa、Gmail、Docs 等服务，Amazon 利用虚拟化技术提供的 S3（Simple Storage Service）云计算服务，国内的阿里巴巴、腾讯等企业也提供了自己的应用和服务。

云计算的表现形式多种多样，对于众多应用和服务，可以将其主要分为以下三种，如图 4-3 所示。

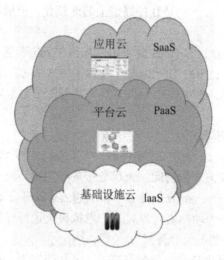

图 4-3 云服务层次分类

（1）软件即服务（Software as a Service，SaaS）

SaaS 是一种基于互联网通过浏览器为用户提供软件服务的应用模式，它将应用软件统一部署在自己的服务器上，用户根据需求通过互联网向服务提供商订购应用软件服务，服务提供商根据用户定制软件的数量、时间、功能等因素收费，并通过浏览器向客户提供软件。从用户的角度来看，可以省去服务器和软件购置上的开支；从服务提供商的角度来看，减少了软件的管理和维护成本。在这种模式下，用户只需要支出少量的租赁服务费用，通过互联网便可以享受相应的软、硬件和维护服务，这是网络应用最具效益的营运模式。

（2）平台即服务（Platform as a Service，PaaS）

PaaS 是把开发环境作为一种服务来提供。这是一种分布式平台服务，厂商提供开发环境、服务器平台、硬件资源等服务给用户，用户可以在服务提供商的基础平台上开发自己的程序并通过互联网传给其他用户。PaaS 能够为企业或个人提供研发的中间平台，提供应用程序开发、数据库、应用服务器、托管及应用服务。例如 Google App Engine 是一个由 python 应用服务器集群、BigTable 及 GFS 组成的平台，为开发者提供一体化的在线应用服务。

（3）基础设施服务（Infrastructure as a Service，IaaS）

IaaS 是指将服务器集群的基础设施作为计量服务提供给用户。它将内存、输入输出设备、计算能力和存储整合成一个虚拟的资源池为用户提供所需的服务。这是一种托管型硬件方式,用户支付一定的费用使用提供商的硬件设施。例如 IBM 的"蓝云"就是将基础设施作为服务出租。这种应用模式的优点是用户只需低成本就可按需租用相应计算能力和存储能力,大大降低了用户在硬件上的开销。

4.6 虚拟化技术

虚拟化技术是云计算的基石,是云计算最重要的支撑技术。目前的云计算融合了以虚拟化、服务管理自动化和标准化为代表的大量革新技术。

虚拟化是指计算机元件在虚拟的基础上而不是真实的基础上运行,是一个为了简化管理,优化资源的解决方案,这种把有限的固定资源根据不同需求进行重新规划以达到最大利用率的思路就叫做虚拟化技术。虚拟化技术可以扩大硬件的容量,简化软件的重新配置过程。该技术实现了资源的逻辑抽象和统一表示,在服务器、网络、存储管理等方面都有着突出的优势,大大降低了管理复杂度,提高了资源利用率,提高了运营效率,从而有效地控制了成本。虚拟化技术有很多种,如服务器虚拟化、存储虚拟化、网络虚拟化、CPU 虚拟化、内存虚拟化、桌面虚拟化、应用虚拟化等。

云计算借助虚拟化技术的伸缩性和灵活性,可以提高资源利用率,简化资源和服务的管理和维护;利用信息服务自动化技术,将资源封装为服务交付给用户,减少了数据中心的运营成本;利用标准化,方便了服务的开发和交付,缩短了客户服务的上线时间。

本节根据监狱信息化实际情况,主要对服务器虚拟化、存储虚拟化技术、桌面虚拟化技术等做简单介绍。

4.6.1 服务器虚拟化

服务器虚拟化技术即将服务器物理资源抽象成逻辑资源,让一台服务器变成几台甚至上百台相互隔离的虚拟服务器,不再受限于物理上的界限,而是让 CPU、内存、磁盘、I/O 等硬件变成可以动态管理的"资源池",从而提高资源的利用率,简化系统管理,实现服务器整合,让 IT 对业务的变化更具适应力。

由于在大规模数据中心管理和基于互联网的解决方案交付运营方面有着巨大的价值,服务器虚拟化技术受到人们的高度重视,人们普遍相信虚拟化将成为未来数据中心的重要组成部分。服务器虚拟化技术允许 IT 部门整合运行在多个操作系统和软件堆栈上面的工作负载并且动态分配平台资源,以便满足特定的业务和应用需求。

根据资料，通过对IT企业的长期追踪，发现维护一个系统的5年总费用由以下几个部分构成（将硬件的费用定义为1），如表4-1所示。

表4-1 一个系统5年总维护费用构成

费用	在5年总TCO中的比例
硬件	1x
电力和冷却系统等	0.25x
网络和存储	0.8x
软件费用	2~8x
系统管理支持	5~10x

对于IT业务系统来说，虚拟化带来的好处有：
（1）提升系统的利用率，降低运营成本。
① 通过虚拟化进行整合，减少系统设备的数量，降低基础架构复杂度。
② 简化基础架构的管理。
③ 通过整合节省机房空间。
④ 提高资源利用率；更高效的电源和冷却系统。
（2）改进服务。
① 改进系统、网络和应用的性能。
② 增加系统灵活性，使新的服务快速上线，提高服务水平。
（3）管理风险。
① 提高系统可用性，增强业务弹性。
② 在进行数据管理和保证数据安全的同时，不影响数据可用性。
③ 加强系统恢复能力，减少系统中断时间。

虚拟化技术打破了数据中心、服务器、存储、网络、数据和应用的物理设备障碍，降低了动态基础架构的总体拥有成本，提高了弹性和灵活性。实施服务器虚拟化可以有效解决上述问题，表42展示了某用户实施虚拟化技术后的成本分析。服务器虚拟化技术的主流厂商包括VMware、Microsoft、IBM、Citrix等。

表4-2 某用户实施虚拟化后的成本分析

费用	预计节省	分析
维护成本	69%~76%	服务器数量的减少降低了维护所需费用
软件	65%~69%	更少的服务器数量及更少的CPU数量，显著降低软件的许可费用、升级和服务费用
人工	31%~45%	更少的服务器数量和简化的IT架构；自动化的管理工具
运营成本	52%~61%	节省机房空间、空调、用电等

4.6.2 存储虚拟化

存储虚拟化是对存储硬件资源进行抽象化表现，通过将一个（或多个）目标服务或功能与其他附加的功能集成，统一提供有用的全面功能服务。典型的虚拟化包括如下一些情况：屏蔽系统的复杂性，增加或集成新的功能，仿真、整合或分解现有的服务功能等。虚拟化是作用在一个或者多个实体上的，而这些实体则是用来提供存储资源及服务的。

在当今的企业运行环境中，数据的增长速度非常之快，而企业管理数据能力的提高速度总是远远落在后面。通过虚拟化，许多既消耗时间又多次重复的工作，例如备份、恢复、数据归档、存储资源分配等可以通过自动化的方式进行，大大减少了人工作业。因此，通过将数据管理工作纳入单一的自动化管理体系，存储虚拟化可以显著地缩短数据增长速度与企业数据管理能力之间的差距。将存储资源虚拟成一个"存储池"，这样做的好处是把许多零散的存储资源整合起来，从而提高整体利用率，同时降低系统管理成本。

目前实现存储虚拟化的方式主要有三种：基于主机的存储虚拟化技术、基于存储子系统的存储虚拟化技术和基于网络的存储虚拟化技术。

（1）基于主机的存储虚拟化技术

服务器厂商在服务器端实施虚拟存储，软件厂商则在服务器平台上实施虚拟存储。这些虚拟存储的实施都是通过服务器端将镜像映射到外围存储设备上，除了分配数据外，对外围存储设备没有任何控制。服务器端一般是通过逻辑卷管理来实现虚拟存储技术。逻辑卷管理为从物理存储映射到逻辑上的卷提供了一个虚拟层。服务器只需要处理逻辑卷，而不用管理存储设备的物理参数。用这种方式构建虚拟存储系统，对服务器端性能要求较高。

（2）基于存储子系统的存储虚拟化技术

在存储子系统端的虚拟存储设备主要通过大规模的 RAID 子系统和多个 I/O 通道连接到服务器上，智能控制器提供 LUN 访问控制、缓存和其他如数据复制等的管理功能。这种方式的优点在于存储设备管理员对设备有完全的控制权，而且通过与服务器系统分开，可以将存储的管理与多种服务器操作系统隔离，并且可以很容易地调整硬件参数。

（3）基于网络的存储虚拟化技术

网络级存储虚拟化是由加入到存储网络 SAN Fabric 中的专用装置（Appliance）来实现的。这种专用装置实际上是装有存储虚拟化管理和应用软件的服务器平台，这个服务器平台可以横跨在 SAN Fabric 中间，把服务器和存储设备隔离——对称的（Symmetric）或带内的（In-band）存储虚拟化；也可以在旁边接入 SAN Fabric——不对称的（Asymmetric）或带外的（Out-of-band）

存储虚拟化。带 band 是指数据交换路径（Data Path）。

4.6.3 桌面虚拟化

桌面虚拟化技术是将用户的桌面环境与其使用的终端解耦合，在服务器端以虚拟镜像的形式统一存放和运行每个用户的桌面环境。它能通过界面来远程使用另外一台计算机上运行的应用程序。瘦客户端就是一种典型的桌面虚拟化技术应用。

桌面虚拟化的前身是终端服务器。终端服务技术是一项应用广泛的成熟技术，客户端可以连接到终端服务器，在终端服务器上执行应用程序，然后把执行结果回传到客户端。这样一来，当客户端受到某些条件制约而无法在本机部署某些应用程序时，就可以借助终端服务器来运行程序，运算部分在服务器完成，客户端只是负责输入输出。有了终端服务技术之后，很多配置老旧的计算机重新获得了生机，应该说终端服务技术在提高计算机硬件利用率方面发挥了很大作用。

桌面虚拟化针对终端服务技术进行了改进。在桌面虚拟化中，用户在客户端上运行远程服务器上的应用程序时，不再需要得到整个服务器桌面，只需要看到应用程序运行的窗口。桌面虚拟化中的应用程序和客户端桌面实现了集成，在任务栏中有自己的条目，运行在自己的窗口中，看起来就像客户端的本地程序一样。漫游用户和移动用户是桌面虚拟化的最大受益者，因为他们无论在哪台计算机上登录，都会惊喜地发现所需要的应用程序已经"安装"好了，可以直接运行。除了上述优点外，和终端服务技术相比，桌面虚拟化显著地降低了网络资源的消耗，因为桌面虚拟化只需要显示应用程序的运行窗口就可以了，不再需要完整地显示整个终端服务器的桌面。

虚拟化是一种经过验证的软件技术，它正迅速改变着 IT 行业的面貌，并从根本上改变着人们的计算方式。如今，利用虚拟化可以在一台物理机上运行多个虚拟机，因而得以在多个环境间共享这一台计算机的资源。不同的虚拟机可以在同一台物理机上运行不同的操作系统及多个应用程序。

监狱云平台采用虚拟化后，会带来如下方面的优势：

（1）提高现有资源的利用程度。通过服务器整合将共用的基础架构资源聚合在池中，打破原有的"一台服务器一个应用程序"模式。

（2）通过缩减物理基础架构和提高服务器/管理员比率，降低数据中心成本。由于服务器及相关 IT 硬件更少，因此减少了占地空间，也减少了电力和制冷需求。采用更出色的管理工具可以提高服务器/管理员比率，因此人员需求也得以减少。

（3）提高硬件和应用程序的可用性，进而提高业务连续性。可安全地备份和迁移整个虚拟环境而不会出现服务中断。消除计划内停机，并可从计划外故障中立即恢复。

（4）实现了运营灵活性。由于采用动态资源管理、加快了服务器部署并改进了桌面和应用程序部署，因此可响应市场的变化。

（5）更灵活的访问和使用。用户对桌面的访问不需要被限制在具体设备、具体地点和具体时间，可以通过任何一种满足接入要求的终端设备访问主计算机桌面。

（6）更广泛与简化的终端设备支持。由于所有的计算都放在服务器上，终端设备的要求将大大降低，不需要传统的台式机，而瘦客户端又重新回到人们的视野，而且智能手机、上网本、接近报废的 PC 等设备甚至于电视都成为可用设备，在虚拟桌面的推动下，未来的企业 IT 可能会更像一个电视网络，变得更加灵活、易用。

（7）终端设备采购、维护成本大大降低。这种 IT 架构的简化带来的直接好处就是终端设备的采购成本大幅降低。

（8）集中管理、统一配置，使用安全。由于计算发生在数据中心，所有桌面的管理和配置都在数据中心进行，管理员可以在数据中心对所有桌面和应用进行统一配置和管理，所有的数据和计算都发生在数据中心，则机密数据和信息不需要通过网络传递，增加了安全性。另外，这些数据也可以通过配置不允许下载到客户端，保证用户不会带走、传播机密信息。

4.7 云计算与物联网

物联网的发展依赖于云计算的完善，从而为海量物联信息的处理和整合提供平台条件，云计算的管理能力和数据集中处理能力将有效地解决海量物联信息的处理和存储问题。

云计算与物联网各自具有很有优势，如果把云计算与物联网结合起来，可以更加充分地发挥它们各自的优势来为我们服务。云计算与物联网的结合方式可以分为以下几种：

（1）一对多，即单个云计算中心，多业务终端。这类模式中，分布范围较小的各物联网终端设备（传感器、PDA、手机等）把云中心或部分云中心作为数据处理中心，终端所获得的信息和数据统一发送给云中心处理和存储，云中心提供统一的交互界面给用户操作或查询。这类应用的云计算中心可提供统一界面、分级管理、海量存储等功能，一般以私有云居多。

（2）多对多，即多个云计算中心，大量业务终端。对于许多在地理上跨区域的大型企业、单位来说，这种模式比较适合。例如，一个跨地区或者跨国家的企业，因其分公司或分厂较多，要对各个分公司或分厂的生产流程进行监控、对相关的产品进行质量跟踪等。

（3）信息和应用的处理分层化，海量业务终端。这种模式可以针对用户的范围广、信息的种类多、数据的安全性要求高等特征来打造。当前，用户对各种海量数据的处理需求越来越多，针对这种情况，可以根据用户需求及云计算中心的分布进行合理的配置。对信息量大，但是安全性要求不高的数据，可以使用本地云计算中心处理或存储。对于计算能力要求高，但是信息量不大的数据，可以放在专门负责高端运算的云计算中心。而对于安全性要求非常高的信息和数据，可以放在具有容灾备份的云计算中心。这种模式是根据具体应用和不同场景，对各种信息和数据进行分类处理，然后选择相关的途径发送给相应的终端。

云计算和物联网都是新兴事物，在发展的道路上也是相辅相成的。有了云计算廉价的计算能力和海量的存储能力，再加上物联网无处不在的信息采集能力，两者的结合是互联网发展的必然趋势，它将引导互联网和通信产业的发展，并在未来若干年内形成一定的产业规模。

4.8 监狱云应用

4.8.1 监狱云架构

云计算的安全性和可信性是目前业界普遍关注的热点，云计算的安全认证体系建立需要一个过程。考虑到监狱部分信息涉密或不宜公开，监狱适合选择私有云，把安全要求级别高的服务放在监狱私有云上进行管理，对公众服务的内容则可放在公有云上。

监狱云平台通过在物理服务器的基础上搭建若干虚拟机，部署相应的应用服务器、数据库服务器，并基于 NAS、IP SAN、FC SAN 等技术构建虚拟化存储体系，在云端存储相应的应用数据。通过云平台管理套件实现虚拟服务器、存储资源的定制化、可计数、动态分配和使用，并在云平台的基础上搭建各类监狱业务应用。监狱云平台总体架构图如图 4-4 所示。

典型的监狱云平台搭建步骤如下：

（1）通过 VMware vSphere 构建虚拟服务器及虚拟机管理平台。

vSphere 是 VMware 公司推出的一套服务器虚拟化解决方案，vSphere 将应用程序和操作系统从底层硬件分离出来，从而简化了 IT 操作。现有的服务器、存储则可以作为资源进行管理。vSphere 是一个套件，主要产品包括 VMware ESXi、VMware vCenter、VMware vCloud Director 等。

（2）通过网络存储技术（NAS、IP SAN、FC SAN）构建云平台虚拟化存

第 4 章 监狱云

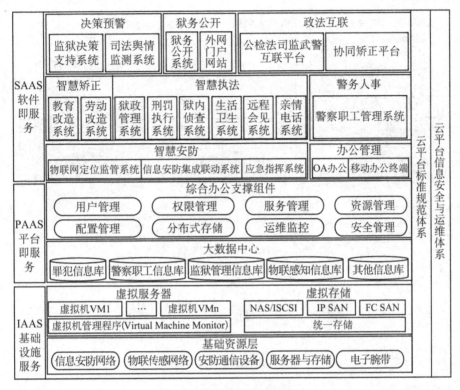

图 4-4 监狱云平台总体架构图

储体系。

通过网络存储技术构建统一的云端存储机制,并按需分配各个虚拟机,满足应用服务器和数据库服务器的存储需求。

(3)通过虚拟桌面技术构建虚拟用户端。

通过瘦客户端远程到云端的虚拟机,在云端虚拟机上为客户定制其应用程序其中大部分 B/S 架构的应用程序通过浏览器即可访问,无需定制。瘦客户端上只显示了云端虚拟机的操作界面和显示结果,一切应用和存储均在云端进行。综合考虑监狱系统的特点,特殊业务应用必须考虑安全性,因此非常适合采用虚拟桌面技术。

(4)在虚拟服务器和虚拟存储上搭建监狱业务应用系统。

通过虚拟机管理程序实现对虚拟机的动态管理,并在此集成上搭建监狱的业务应用,为用户服务。

监狱云平台拓扑如图 4-5 所示。

智慧监狱

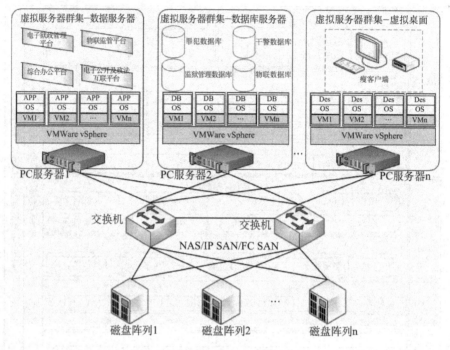

图 4-5 监狱云平台拓扑图

4.8.2 监狱云服务

1. 基础资源服务

在监狱专网、服务器、存储设备等 IT 基础设施基础上构建监狱云平台的基础资源服务，主要包括虚拟服务器、虚拟存储等。

（1）虚拟服务器

在物理服务器上安装虚拟机管理程序（Virtual Machine Monitor），根据用户实际需求（CPU 主频、内存大小、硬盘容量等）构建相应虚拟服务器作为部署业务系统的应用服务器和数据库服务器。主流的虚拟机管理程序有 VMWare vSphere、微软 Hyper-V、Citrix Xen 等。

（2）虚拟存储

通过成熟的 NAS、IP SAN、FC SAN 技术构建集群的云端存储体系，为各个虚拟应用服务器和数据库服务器提供存储。

2. 平台即服务

通过云平台管理程序对虚拟机的创建、负载均衡、回收、备份进行统一的管理，并提供相应的技术组件为云平台上的应用提供支撑。具体如下：

（1）用户管理

对于任何信息系统而言，用户的管理都是必须的。然而传统的信息系统，各个应用系统各有一套自己的用户账号和组织机构表。而且，针对同一个用户，在各个系统存储的登录账户名和秘密不一致，导致用户在不同应用系统之间进行切换使用时需要记住多套用户名和密码，多次登录。

监狱云平台将充分发挥云的特点和优势，对需要登录云平台应用系统的相关用户信息进行统一管理，包括用户账号、登录密码、所属监狱、所属监区等信息。云平台将警察干部人事管理系统中的用户账号及组织机构信息作为标准信息，通过标准 WebServices 服务为其他应用系统提供，并提供用户账户信息的同步服务，各应用系统定期调用同步服务，保障各自系统的用户账户和组织机构信息与警务人事系统保持一致。

（2）权限管理

对云平台所有访问用户的权限进行统一管理，系统用户包括系统管理员、组管理员、一般操作员和信息查询员，系统用户具有编号、编码、名称等属性。从状态上讲，系统用户具有锁定和正常两种状态。为了管理的方便，将系统划分为操作员组和操作员层次，角色是定义在一组资源上的权限，角色权限描述角色与资源操作权限间对应关系的信息实体，一个角色拥有一些资源及其在资源上的权限，权限是对某一资源的操作许可类型。操作员组代表一组操作员的信息实体，操作员组、操作员都可以分配角色。系统用户统一编号，每个系统用户编号唯一。

权限管理模块完成本系统资源树的维护管理功能，主要包括系统用户增加、系统用户注销、系统用户授权、系统用户资料修改、系统用户查询；角色增加、角色修改、角色授权、角色查询；操作员组的增加、修改、授权、查询；操作员的增加、修改、授权、查询。

（3）服务管理

遵从 SOA 面向服务的架构规范，将云平台上各个应用系统的通用功能拆分为多个服务，并通过定义良好的接口和契约为其他应用系统提供服务。这样做的好处是能使整个监狱云平台松耦合，从而使各个应用系统能够通过不断演化来更好的为用户服务。

监狱云平台本质上即是由许许多多的服务组成，如部署虚拟机的服务、启动或者关闭虚拟机的服务、虚拟机负载均衡服务、信息查阅服务、信息交换服务等。服务管理主要包括如下功能。

① 管理接口

提供完善的关于服务的 Web 管理界面和 API 接口。

② 虚拟机管理服务

包括虚拟机的部署、启动、关闭等。用户可以在一个 Web 界面上填写虚拟机申请信息，比如 CPU 主频、内存大小、硬盘容量、所需操作系统、数据库系统、应用中间件、应用软件等信息。云平台即可以迅速的按需定制出相应虚拟机并反馈其虚拟机 IP 地址、登录用户名和密码，供用户使用。

③ 虚拟机负载均衡服务

云平台中的虚拟机管理程序会根据各个虚拟机的运行状态进行统筹调控。某一台物理服务器运行虚拟机较多，负载较大，内存及 CPU 占用过高，虚拟机管理程序会将该物理服务器上的若干虚拟机迁移到另外一台物理服务器上。某一物理服务器出现宕机，其上运行的虚拟机会被自动迁移到另外一台物理服务器上。

④ 虚拟机备份/恢复服务

为防止数据丢失，会对运行重要应用系统的虚拟机，包括应用服务器虚拟机和数据库服务器虚拟机进行备份。

⑤ 信息查阅服务

各应用系统的数据可以通过服务的方式提供给平台用户或者提供给其他应用程序调用。

⑥ 信息交换服务

通过 XML 数据标准，为云平台上的各个应用系统之间交换数据提供服务。

⑦ 单点登录服务

通过部署 Single Sign on Server（单点登录服务），实现用户登录一次监狱云平台上的任何一款应用系统，就可以访问所有互相信任的应用系统。

⑧ 服务目录

将所有基于 SOA 架构的 WebServices 服务通过服务目录进行统一的管理，为服务的查询、调度提供快捷的通道。

⑨ 日志管理

虚拟服务器、存储设备、应用系统的运行日志会记录在云端存储上，便于日后查看、回溯。

（4）资源管理

资源管理和物理节点的管理有关，比如服务器、存储设备、网络设备等。它涉及如下功能：一是资源池。通过使用资源池这种资源抽象方法，能将具有庞大数量的物理资源集中到一个虚拟池中。二是自动部署。也就是资源从创建到使用的整个流程自动化。三是资源调度。不仅能更好地利用系统资源，而且能自动调整云中资源来帮助运行于其上的应用更好地应对突发流量，从而起到负载均衡的作用。

（5）配置管理

包括虚拟机的模板配置、云平台关键参数配置、应用系统功能配置等。配置管理模块完成系统的数据库表结构的维护，系统资源的增加、修改、授权、查询，数据库复制等功能。系统资源是司法/监狱云平台应用系统所提供的所有功能模块及其集合，包括界面菜单项、具体模块、模块中的功能等内容。

（6）分布式存储

通过分布式存储程序实现云平台的分布式存储应用。

3. 软件即服务

软件即服务在基础资源服务和平台服务的基础上，为监狱用户提供监管安全类、监管改造类、公正执法类、综合保障类、队伍建设类和业务协同类6大类的应用服务。

（1）监管安全类
- 物联定位监管系统
- 信息安防集成联动系统
- 应急指挥系统
- 监狱辅助决策系统
- 舆情监控系统
- 狱内侦查系统

（2）监管改造类
- 狱政管理信息系统
- 刑罚执行管理系统
- 教育改造管理系统
- 劳动改造管理系统

（3）公正执法类
- 狱务公开系统
- 亲情电话管理系统
- 外网门户网站
- OA办公

（4）综合保障类

生活卫生管理系统

（5）队伍建设类

警察职工管理系统

（6）业务协同类

政法互联系统

云平台的PAAS层通过提供通用的云平台管理技术组件为监狱云平台业务应用提供技术支持。

4.8.3 监狱云部署

我国监狱系统包含三级机构：
- 司法部监狱管理局
- 省监狱管理局
- 基层监狱

随着监狱信息化、监狱物联网和智慧监狱的建设逐步推进，各个监狱将积累大量的监管改造综合业务信息和海量的监狱传感感知信息（如监控视频数据），可以考虑在司法部监狱管理局和省监狱管理局两级构建云计算中心，主要面向监管改造综合业务信息。同时，也建议各监狱单位搭建自己的云计算中心，主要面向监狱传感感知信息，并可以通过监狱专网和数据传输交换平台向省监狱管理局、司法部监狱管理局汇总。

监狱云平台部署拓扑如图4-6所示。

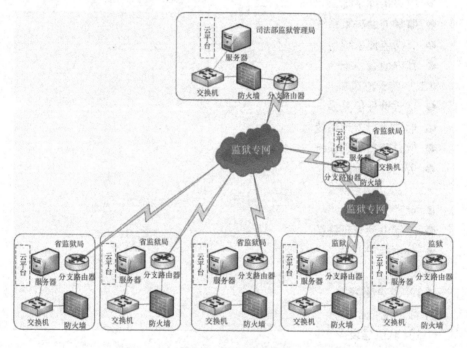

图4-6　监狱云平台部署

4.9 基于云平台的政法互联

基于云平台的政法互联体系是在当前公安、检察院、法院、司法行政、监狱等各单位信息化基础上,实现政法部门之间信息资源共享、业务协同互联,强化政法部门信息资源的整合能力,满足政法部门业务工作的管理平台支撑要求,为政法工作提供有力支撑。

4.9.1 政法互联总体架构

政法互联总体架构如图 4-7 所示。

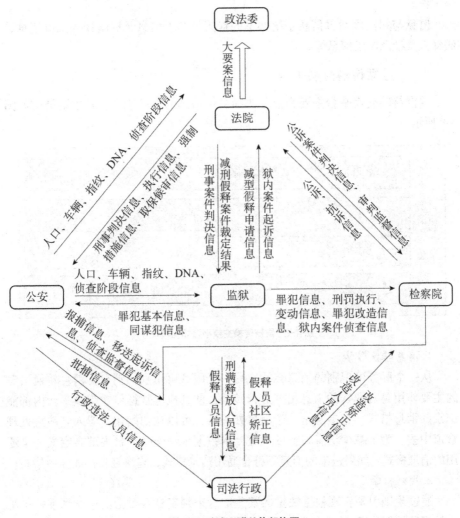

图 4-7 政法互联总体架构图

监狱与法院以减刑假释业务为代表实现减刑假释业务的协同及远程庭审，另外也实现法院与监狱之间刑事案件的交付。因此，法院与监狱之间需要建设数据传输系统实现法监系统之间的信息共享，实现庭审视频的共享，促进法监业务协同。

监狱与公安通过信息系统实现人口、车辆、指纹、DNA信息、侦查阶段相关信息、罪犯基本信息、同谋犯信息的共享及人犯押送、调查取证、解回再审等业务的协同办理。

监狱与检察院通过信息系统共享罪犯基本信息、刑罚执行信息、刑罚变动信息、罪犯改造信息、狱内案件侦查信息，进一步便捷检察院对监狱的执法监督工作。

监狱与司法厅通过信息系统共享假释人员基本信息、刑满释放人员信息、假释人员社区矫正信息等。

4.9.2 数据传输交换平台

数据传输交换平台主要为业务协同提供基础的组件服务，其主要结构如图4-8所示。

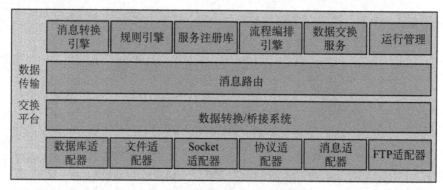

图4-8 数据传输交换平台功能模块

1. 消息转换引擎

从一个服务可识别的消息转换成另一个服务可识别的消息。消息转换引擎的主要作用是对异构的消息格式进行转换，使其成为数据传输交换平台内部能识别的消息格式。它本身是一个消息处理器，可以在初始化时置入到消息处理管道中去。为了减少消息转换的次数，本数据传输交换平台内部会定义一个通用的消息格式，如果进来的消息不符合通用消息格式，它将被转换成通用格式。

2. 规则引擎

通过规则引擎实现根据数据的某些信息来判定是否要把消息送到下一个消息处理器进行处理。在进行判定时，可以将相应的判定规则基于规则引擎来实现。

本规则引擎实现对规则定义、规则的调用等功能。

3. 服务注册库

服务注册库主要实现以下功能：

（1）服务注册。注册服务地址、服务描述及服务规约。

（2）服务版本管理。管理服务的多个版本。

（3）服务客户端代码的生成。根据服务地址及说明生成服务客户端。

（4）服务路由表的查找。主要作用是查找对应的服务地址，而且可以推送给服务路由器。

（5）服务的使用方注册。要调用服务，就必须到注册组件中进行注册，没有注册的使用方不允许进行服务的调用。这样就可以通过此组件找到此服务的使用路径，从而当服务进行更改后，可以有效的通知相应的服务使用方。

4. 流程编排引擎

流程编排引擎主要提供了对于流程定义的解析及流程流转的支持。流程定义文件描述了业务的交互逻辑，流程编排引擎通过解析此流程定义文件按照业务的交互逻辑进行业务的流转。流程编排引擎通常通过参考某种模型来进行设计，通过调度算法进行流程的流转（流程的启动、终止、挂起、恢复等），通过各种环节调度算法实现对于活动的流转（活动的合并、分叉、选择、条件性的选择等）。

流程编排引擎的主要功能是：

（1）解释流程定义。

（2）创建流程实例（支持人工创建、自动定时创建、自动周期性的创建）。

（3）控制流程实例的创建、激活、挂起、终止等行为。

（4）支持多种流程激活方式。

（5）控制活动实例（活动实例创建、运行、挂起、恢复、终止等）。

（6）在活动间路由，包括控制顺序或并行操作，控制实例生存期。

（7）控制工作项的创建、运行、挂起、恢复、终止等。

（8）提供用户交互接口，确定工作项分配给用户并提醒用户工作到达。

（9）维护工作流控制数据及相关数据，并且提供用户的操作接口支持。

（10）给应用程序或用户传递工作流相关数据。

（11）激活外部应用程序的调用。

（12）控制、管理和监督工作流实例运行情况。

（13）数据库存取服务。

（14）对 WebService 的调用支持，实现业务流程协同。

（15）支持流程变更，不影响当前运行实例。

5. 数据交换服务

（1）PtP（Peer to Peer）消息传输

以消息为载体，实现政法各部门业务系统之间信息传递功能，可实现一个业务系统向另一个业务系统传输各种业务数据，包括数据库结构化数据、文书材料扫描件数据、多媒体数据等。以 PtP 消息方式传输业务数据，最明显的特征是数据发送之前，数据的发送者和接收者是已知和确定的，发送者只能有一个，而接收者可以有多个；在发送之前应由发送方指明该数据的发送者和接收者；数据的接收方在接收到数据之后也能知道该数据的发送者。PtP 消息传输功能具体包括一对一方式、一对多方式和广播方式三种数据传递类型，支持异步、同步、应用级自动回执等功能。对于数据的发送者和接收者，应当是政法业务协同平台中供政法各部门业务系统连接用的有效用户。

（2）文件传输

当前政法各部门在办理批捕、移送审查起诉、公诉业务时，除了以数据库形式的结构化数据之外，还有较大部分文书材料的扫描件、语音数据、多媒体数据等需要交换，此部分的信息量与结构化数据相比，数据量相对较大，政法业务协同平台应该考虑提供以文件方式的信息传输功能，以便于对这部分数据在政法部门业务系统之间的可靠传输，提供更合适的传输方式。届时政法部门需要参与协同的业务系统，可通过政法业务协同平台生产和消费各种包含共享和协同数据的文件。

（3）并发控制及调度

通过并发控制与调度实现政法业务协同平台内部的并发控制、线程同步、任务调度等功能，保障所有并发线程协调、统一的工作，避免死锁，提高系统资源利用率，从而发挥最大的服务器性能。

（4）自动回执

政法业务协同平台为政法系统各部门应用系统提供安全、可靠、及时的信息通道，在提供数据传输功能的同时，需要提供自动回执功能，回执包括协议级回执、应用级回执和文件级回执。

（5）断点续传

业务数据在政法业务协同平台节点之间传递时，保障业务数据完整、准确、及时地从一个节点传递到远端的另一个节点，整个传输过程是异步的、自动的、不需要用户关心，数据只传一次，即不重、不漏。当因系统故障造成业务数据传输中途失败时，平台应能从传输失败点继续传输该项业务数据的剩余部分，而不是将整个业务数据重新发送，这将大大提高网络带宽的利用率及传输效率。

（6）自动重连

政法业务协同平台每个节点服务器依据当前自己的交付路径配置信息，周期性尝试与其他节点服务器建立连接，直到与交付路径配置信息所描述的节点服务器之间的连接成功建立。

（7）数据有效期

接入政法业务协同平台的业务系统，在将某项业务数据提交协同平台进行传输之前，可依据业务需求设定该项业务数据的有效期。由于网络、目的业务系统未能及时接收等原因，协同平台未能在该有效期内将该项业务数据送达最终目的业务系统时可自动产生通知，将该情况及时通知原请求交付该项业务数据的业务系统，以便于该系统进行重发或其他符合业务逻辑的必要处理。

业务数据的发送者也可以不明确设定该业务数据的有效期，而使用默认值。该默认值由政法业务协同平台的系统管理员通过运行管理的系统配置功能进行统一配置。

（8）传输超时控制

业务协同平台在向最终目的业务系统交付业务数据的过程中，目的业务系统由于各种异常情况，比如网络故障、设备掉电、计算机重启等，出现长时间未响应，此时平台提供超时控制功能，可及时中断此种长时间、无限期的等待，以免系统资源长期累计而耗尽或无法收回。

（9）死信处理

政法业务协同平台在交付各种业务数据到最终目的业务系统的过程中，由于各种异常情况，比如报文格式异常、发送目的地错误、超过业务数据有效期、超过最大尝试交付次数等，永远无法将业务数据成功送达目的业务系统时，协同平台将该项待送达的业务数据视作死信，将其进行永久保存，以等待业务协同平台操作员人工处理，以及手工干预。

（10）传输调度策略

为了避免大批量并发数据传输时的拥塞、溢出等异常情况，应该提供多种合理的传输调度策略，这些调度策略包括：

① 大消息、大文件的传输采用较低优先级，其传输过程可以被较高优先级的短消息、小文件的传输任务所抢占，待优先级较高的传输任务完成之后，原被抢占的传输过程可自动恢复。业务数据的传输优先级可由业务系统自行设定，也可采用缺省优先级，缺省优先级由协同平台统一配置。

②在某个时刻，业务协同平台某节点存在大量较短消息需要发送到另一个相同节点时，该节点可以将这些较短消息拼接在一起组成较长的消息一次性发送，从而提高网络带宽的利用率。拼接成的消息大小可以选用一次拼接所包含消息的个数或拼接后消息的总字节数进行限制。具体采用哪个参数进行限制，以及其值大小由协同平台统一配置。

③对于业务协同平台节点之间传输大消息、大文件时，需将原来的大消息或大文件切割成较小的单元，然后依次对这些较小的单元进行传输，每个单元

传输完成后需要接收方确认,之后再进行下一单元的传输。所有单元传输完成之后,在目的节点完成拼接,以恢复成原大消息或大文件,整个过程对接入业务协同平台的业务系统透明。

(11)可靠保障

政法业务协同平台提供多种可靠保障机制,以保障将待交付的业务数据在正确的时间,以准确的方式及时送达目的业务系统。这些可靠保障机制包括:

①业务数据只传一次,即不重传,也不漏传。

②业务数据的交付次序性,依次提交、依次送达,即在相同优先级的情况下,先提交业务协同平台进行传输的业务数据,先送达目的业务系统。

③业务数据在被送达目的业务系统后,还需要业务系统进行提交或回滚的显示事务性操作,只有当成功提交的情况下,业务协同平台才将已成功交付的业务数据从平台中永久删除。

(12)恢复机制

政法业务协同平台在运行的过程中遇到重启、掉电等例外情况时,可通过自动恢复机制使整个平台恢复到之前一个有效、完整的状态,从而避免各种待处理、正在处理、已完成任务的丢失。这些自动恢复机制包括:

① 对平台内部各种任务队列,比如发送任务队列、接收任务队列、本地任务队列、日志任务队列等进行永久化保存,需要时可进行重新加载。

② 对平台内部处理发送任务和接收任务的过程进行单步日志,需要时尽可能恢复到最后一刻那个待处理步骤继续处理;在无法恢复时,所有处于中间状态而未处理完成的任务需要重新处理。

6. 运行管理

(1)传输客户端管理

政法业务协同平台与各部门业务系统之间通过接口系统连接,具体讲是各部门业务协同接口与本部门政法业务协同平台客户端节点进行连接,在业务系统、接口系统、政法业务协同平台相互配合、各负其责,共同实现政法部门之间的业务协同。对于业务协同平台各部门的客户端节点,平台应当提供远程管理功能:

①提供客户端参数配置管理,包括配置客户端节点IP地址及监听端口号、中心节点IP地址及端口号,各种资源池比如发送线程池、接收线程池大小,各种服务操作超时限制的大小,各种日志记录的详细等级,是否当前运行在调试状态下等。

②提供客户端运行状态管理,包括检查客户端节点目前系统运行状态、可远程启动或停止客户端节点运行。

(2)报文信息管理

政法业务协同平台向所有客户端接口系统提供统一的传输报文的格式模板，拟提供完备的报文模板定制、报文模板下载、报文模板查找功能。

①提供报文模板定制功能。每一种传输的报文消息需要按照统一的格式编制，系统需要为每一种报文提供模板格式，以便收发双方按照固定格式对报文进行封装和解析。

②提供报文模板下载功能。协同平台为不同的业务接口系统提供报文格式模板，模板定制保存在平台上，为接口系统提供方便的下载功能；

③提供报文模板查找功能。方便对报文模板的修改或浏览。

（3）异常情况下的手工处理

政法业务协同平台在运行的过程中如果遇到系统无法自动恢复的异常情况时，能够进行人工方式的干预和手工处理。这些异常情况主要包括出现死信、远程连接丢失无法重连、业务系统连接平台时的安全性验证失败、磁盘空间不够等。

（4）提醒及报警功能

政法业务协同平台应具有提醒功能，一方面对平台中出现的各种非常规情况下的自动报警及提醒功能，另一方面可通过与政法信息网短信平台接口，实现以发送手机短消息的方式，随时通知有关操作人员、业务人员、维护管理人员、系统支持人员、售后服务人员等。

① 运行状态提醒及报警。消息是否正常传输，系统运行出现问题，这些状态系统都应该及时报警和提醒，引起有关人员注意。

② 短信提醒。可通过手机短信的方式发送到接收方的手机上，使有关人员无论在任何地点都能及时掌握业务协同状况。

（5）路由管理

对政法业务协同平台中的路由表、路由规则进行配置与管理。一方面实现对业务协同平台中的路由表进行增加、修改、删除等日常维护功能；另一方面依据政法各部门的业务协同需求，实现对业务协同平台中的路由规则进行增加、修改、删除、查询、启用、暂停等日常管理功能。

7. 消息路由

政法业务协同平台对当前即将交付的消息报文进行解析，依据当前路由规则配置信息进行路由逻辑的处理，以保障将各种业务数据最终送达正确的目的业务系统。业务协同平台的路由规则配置信息，可依据实际业务需求，使用业务协同平台运行管理系统中的路由管理模块进行统一管理。

8. 数据转换/桥接系统

（1）数据转换

无论是业务系统的数据交换到前置机中还是前置机中的数据传输到交换中

心、业务系统，均需要进行数据的抽取、格式的转换。因此，通过设定数据传输交换的标准格式，数据交换平台将系统中的数据转换成标准的数据格式，通常将数据的标准格式统一定义为 XML 从而实现数据的交换。

针对转换的数据，系统还需要提供对前置机系统中数据的存储管理、交换中心数据存储的管理。

（2）桥接系统

实现业务数据库与交换数据库、共享数据库与交换数据库之间的双向数据同步。

桥接系统负责从临时业务数据库中提取需要发送和对外共享的数据保存到部门前置交换库。同时，桥接系统负责从前置交换库中提取接收到的反馈信息保存到临时业务数据库。

在前置系统上建立交换库，用于存储各节点向外发布的信息和从其他节点交换过来的信息。

（3）原业务系统适应性修改

为了保证共享协同数据能够被现有业务系统更好的利用，需要对参与共享协同的政法单位现有的业务系统进行必要的适应性修改。

9. 适配器

监狱云平台中具有的适配器通过与数据交换平台对接，实现各个应用系统数据增量转换与采集，完成司法云、监狱云平台数据交换。

适配器实现对不同数据类型文件、协议、消息等的接入适配，实现专用协议和数据格式与统一协议和数据规范之间的转换。

监狱云平台数据传输交换平台主要建设以下适配器：

（1）数据库适配器

实现数据库中数据能够直接接入数据传输交换平台，并能实现对数据的转换。

（2）文件适配器

文件适配器可从文件中读取消息并将其提交给服务器，完成文件信息的转换和传输。

（3）Socket 适配器

系统提供支持 Socket 的适配器。

（4）协议适配器

提供协议转换的适配器，实现协议的自动转换，支持 HTTP、HTTPS、RMI / IIOP 等通信协议。

（5）消息适配器

提供消息适配器，实现消息的接入、转换。

（6）FTP 适配器

提供 FTP 适配器，能够实现对 FTP 数据的接入、转换。

4.9.3 交换数据汇总

1. 公安

公安可对外提供如下信息：常住人口信息、暂住人口信息、机动车辆基本信息、案件基本信息、涉案机动车辆信息、涉案枪支信息、涉案物品信息、失踪人员信息。

需从其他政法单位获取的信息：服刑的在逃人员情况、劳教人员、劳教在逃人员、职务犯罪人员逃跑信息、职务犯罪人员统计、职务犯罪人员逃跑去向统计。

业务协同包括批捕协同和人犯送押协同。

2. 检察院

检察院可对外提供如下信息：公诉对象基本情况、公诉对象所在单位信息、公诉对象设计案件基本情况、公诉对象涉案情况、一审判决、二审判决。

需从其他政法单位获取的信息：刑事案件情况、刑事案件法律辩护情况、刑事案件被害人、刑事案件被告人情况、刑事减刑、假释案件、二审复核生效情况、二审复核生效情况被告人、行政案件情况、行政案件当事人、执行案件情况、执行案件当事人、申请案件申诉、申请再审人。

业务协同包括批捕业务协同接口、庭审监督协同接口、民事行政申诉案件审查协同接口和人犯送押协同接口。

3. 法院

法院可对外提供如下信息：刑事案件信息（基本情况、收立案情况、立案案由、涉嫌犯罪特征、案件特征、法律辩护情况（律师人数）、结案情况、结案案由、二审再审刑罚改变情况、生效情况、原审情况、附带民事诉讼当事人、自诉人、被害人、辩护人、延长审限、扣除审限记录、强制措施记录、裁判文书、附带民事诉讼执行情况、后续诉讼情况、被告人信息、被告人起诉情况、被告人原审判决情况、被告人判决情况、被告人前科劣迹、被告人量刑情节、被告人立案罪名、被告人结案罪名）。

普通民事案件信息（基本信息、收立案情况、管辖异议、案件特征、结案情况、生效情况、原审情况、当事人、保全记录、延长审限、扣除审限记录、强制措施记录、后续诉讼情况、裁判文书）。

行政案件信息（基本情况、收立案情况、案件特征、结案情况、生效情况、原审情况、当事人、被告的行政行为、保全记录、后期诉讼情况、裁判文书）。

需从其他政法单位获取的信息：常住人口信息、机动车辆基本信息、机动车辆信息统计、刑事案件信息、涉枪人员信息、涉爆人员信息、涉枪单位信息、涉爆单位信息、律师信息、律师奖惩表现、律师的法律资格、律师事务所信息、律师事务所奖惩信息、律师事务所统计信息、服刑人员基本情况、服刑人员服刑情况、服刑的在逃人员情况、服刑的统计情况、公诉对象基本信息、公诉对象涉案信息、公诉对象的一审判决情况、公诉对象的二审判决情况、公诉对象的统计。

业务协同包括公诉业务协同、庭审监督协同、民事行政申诉案件审查协同、人犯送押协同。

4. 司法行政

司法行政可对外提供如下信息：律师基本信息、律师工作经历信息、律师投诉信息、律师处罚信息、律师嘉奖信息、法律资格、律师事务所基本信息、律师事务所投诉信息、律师事务所处罚信息、律师事务所嘉奖信息。

需从其他政法单位获取的信息：服刑人员基本情况、服刑人员服刑情况、服刑的在逃人员情况、服刑的统计情况、劳教人员、劳教在逃人员、劳教人员统计、刑事案件情况、刑事案件法律辩护情况、刑事案件被害人、刑事案件被告人情况、刑事减刑、假释案件、二审复核生效情况、二审复核生效情况被告人、普通民事案件情况、普通民事案件当事人、民事破产案件情况、民事破产案件债务人、民事破产案件债权人、行政案件情况、行政案件当事人、赔偿案件情况、赔偿案件赔偿请求人、赔偿案件赔偿义务机关、申诉案件情况、申请案件申诉、申请再审人。

业务协同包括公诉业务协同和人犯送押协同。

5. 监狱

监狱可对外提供如下信息：服刑人员基本信息、服刑人员犯罪审判信息、服刑人员关押信息、服刑人员离监信息、服刑人员家庭成员及主要社会关系、服刑人员刑罚变更信息、服刑人员奖惩情况、服刑人员前科劣迹、服刑人员脱逃信息、死亡情况。

需从其他政法单位获取的信息：常住人口信息接口、机动车驾驶员基本信息统计、因私出境人员信息、刑事案件信息、在逃人员信息、律师信息、律师奖惩表现、律师的法律资格、律师事务所信息、律师事务所奖惩信息、律师事务所统计信息、服刑人员服刑情况、服刑的在逃人员情况、服刑的统计情况、劳教人员、劳教在逃人员、劳教人员统计、公诉对象基本信息、公诉对象的二审判决情况。

业务协同包括人犯送押协同。

6. 劳教（戒毒）

劳教（戒毒）可对外提供如下信息：劳教（戒毒）人员基本信息、在逃劳教（戒毒）人员基本信息。

需从其他政法单位获取的信息：常住人口信息、刑事案件信息、在逃人员信息、律师奖惩表现、律师的法律资格、律师事务所信息。

业务协同包括人犯送押协同。

第5章 监狱大数据

智慧监狱的本质是对监狱数据的智慧处理，大数据是智慧监狱的智慧引擎。通过智慧的信息采集、信息存储和智慧的数据分析挖掘，监狱大数据的应用打破了数据条块分割，实现了信息资源的按需共享，将极大的提升监狱精细化管控水平，切实提高罪犯矫正质量，降低刑释人员重新犯罪率。智慧监狱本身就是一个大数据系统。

5.1 大数据定义

继物联网、云计算后，大数据（Big Data）逐渐成为对于ICT(Information and Communications Technology)产业具有深远影响的技术变革。大数据技术的发展与应用，将对社会的组织结构、国家的治理模式、企业的决策架构、商业的业务策略及个人的生活方式产生深刻影响。

从目前学术界对大数据的研究看，大数据的出现是跨学科技术与应用的发展结果。"大数据将自然科学的方法应用到社会科学领域方面。自然科学家强调网络虚拟环境下对于密集型数据的研究方法，社会科学家则看重密集型数据后面隐藏的价值与推动社会发展的模式。"然而，无论从哪个角度看，大数据将起到越来越重要的作用是一个共识。本章将探讨大数据的定义、特征、价值、发展概况及大数据在监狱领域的应用。

大数据，或称为巨量资料，其中的"大"是指大型数据集，一般在10TB规模左右；多用户把多个数据集放在一起，形成PB级的数据量；同时这些数据来自多种数据源，以实时、迭代的方式来实现。大数据所涉及的资料规模如此巨大，以至于几乎无法通过目前的主流软件工具，在合理时间内达到撷取、管理、处理，并整理成为帮助企业经营决策目的的信息。大数据的数据规模超出传统数据库软件采集、存储、管理、分析等能力的范畴，涉及多种数据源、多种数据种类和格式，冲破了传统的结构化数据范畴，社会向着数据驱动型的预测、发展和决策方向转变，决策、组织、业务等行为日益基于数据和客观分析做出，而非基于主观经验和直觉。通过海量数据的整合共享、交叉复用、组合分析，可以从中获得新知识，创造新价值。

5.2 大数据特征

大数据不能简单看成数据的集合,而是代表着一个由量到质的变化过程。这个数据规模质变后带来新的问题,即数据从静态变为动态,从简单的多维度变成巨量的维度,而且其种类日益丰富,无法控制。这些数据的分析处理涉及复杂的多模态高维计算过程,涉及异构媒体的统一语义描述和数据模型建设。

目前对于大数据基本特征的描述主要集中在 3V、4V 两种,3V 即规模化(Volume)、快速化(Velocity)、多样化(Variety),4V 则增加了潜藏价值(Value),也有文献将真实性(Veracity)作为第四个 V。综合而言,可以从规模、变化频度、种类、价值和真实性 5 个维度进行理解。

● 规模化

是指聚合在一起供分析的数据规模非常庞大。谷歌执行董事长艾瑞特·施密特曾说,现在全球每两天创造的数据规模等同于从人类文明至 2003 年间产生的数据量的总和。"大"是相对而言的概念,对于搜索引擎,EB(1024×1024)属于比较大的规模。对于各类数据库或数据分析软件而言,其规模量级会有比较大的差别。

● 多样化

是指数据形态多样,从生成类型上分为交易数据、交互数据、传感数据;从数据来源上分为社交媒体、传感器数据、系统数据;从数据格式上分为文本、图片、音频、视频、光谱等;从数据关系上分为结构化、非结构化、半结构化数据;从数据所有者上分为公司数据、政府数据、社会数据等。

● 快速化

一方面是数据的增长速度快,另一方面是对数据访问、处理、交付等速度的要求快。美国的马丁·希尔伯特说,数字数据储量每三年就会翻一倍。人类存储信息的速度比世界经济的增长速度快 4 倍。

● 潜藏价值

大数据背后潜藏的价值非常巨大。美国社交网站 Facebook 有 10 亿用户,网站对这些用户信息进行分析后,广告商可根据结果精准投放广告。对广告商而言,10 亿用户的数据价值上千亿美元。

● 真实性

一方面,对于虚拟网络环境下如此大量的数据需要采取措施确保其真实、客观,这是大数据技术与业务发展的迫切需求;另一方面,通过大数据分析,真实地还原和预测事物的本来面目或者是未来的发展趋势也是大数据发展的关键问题。

5.3 大数据参考模型

互联网、物联网、云计算等技术的发展为大数据提供了基础,互联网、物联网是大数据的数据来源;云计算的分布式存储和计算能力为大数据提供了技术支撑;而大数据的核心是数据处理。大数据技术并不是一种单独的技术,而是技术的集合。它融合了数据采集、数据存储、数据挖掘等关键技术,最终通过对海量数据进行分析,获得有巨大价值的产品和服务。

大数据技术参考模型如图 5-1 所示。

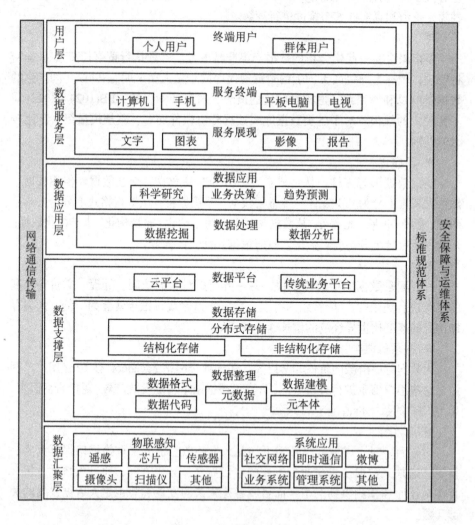

图 5-1 大数据技术参考模型

(1)数据汇聚层

伴随着物联感知技术的发展和逐渐成熟,在系统应用之外,物联感知设备也在随时生成大量的数据。将系统应用和物联感知产生的海量数据进行汇聚,为之后的处理和应用提供基础资源。

(2)数据支撑层

数据支撑层包含了数据整理、数据存储和数据平台三个层次。数据整理层通过将数据汇聚层收集上来的数据进行整理和标识,通过对采集上来的数据进行建模后,利用数据格式和数据代码对数据进行规范,对于异构数据进行元数据管理,将多媒体数据进行信息化描述,使得数据能够被计算机所识别和利用。数据存储层则通过利用在数据表示层进行的规范性描述的初步整理数据,按照系统设计需求,根据不同的场景选择合适的存储技术,为数据平台提供数据资源池。而数据平台则是将前期形成的规范性数据进行统一管理,并为数据交换提供一个完善的环境。数据支撑层就是将数据汇聚层收集上来的规模化、快速化、多样化和具有潜藏价值的数据进行标准化处理,通过数据平台集中向外发布,为数据的业务处理和应用提供支撑。

(3)数据应用层

数据应用层依托数据支撑层对数据进行处理和应用。在数据处理部分,对数据进行挖掘和分析,通过对大量非关联性数据进行的处理,产生出的结果作为数据服务进行提供。通过对海量数据的处理,从而为科学研究、业务决策及趋势分析提供必要的前提和依据。

(4)数据服务层

数据服务层则是将数据应用层产生的结果,利用不同的展现形式通过终端展现给用户。

(5)用户层

用户层的分类抽象为个人用户和群体用户两个种类。

(6)网络通信传输

网络通信传输作为一个支撑领域,贯穿于大数据的各个层次,作为各个层次之间的桥梁和通路,将其需要和产生的数据进行传输和交换。为数据的整个生命周期提供了一个全程贯通的通道,使得数据能够快速高效的被利用。

(7)标准规范体系

大数据整体的标准体系需求涉及各横向层次,指导和规范大数据环境下的整体建设,确保数据建设的开放性和可扩展性。

(8)安全保障与运维体系

大数据需要完善的安全保障与运维体系,以提升数据传输、处理和利用的安全可控水平,为大数据提供可靠的信息安全保障环境。构建符合信息系统等级保护要求的安全体系结构,建立全程访问控制机制和安全应用支撑平台也是大数据应用的重中之重。

5.4 大数据应用技术

5.4.1 大数据汇聚技术

大数据环境下数据的主要来源是通过数据采集,数据采集分为传感器数据采集和应用系统数据汇聚。从数据的汇聚形式来说,现有的应用系统数据由于其结构化程度较高也更容易被利用,因此应用系统数据汇聚技术并不是大数据汇聚技术的关注重点。传感数据是对于现实世界的直观感知,并将感知结果转化为信息化数据。这部分感知数据能够更加真实的反应出最真实的数据,而大数据分析应用的基础就是数据的真实性。

传感技术在近年的发展得益于物联网概念的广泛普及和应用,常用的传感器包括温度、压力、加速度等物理传感器,以及监控摄像机、无线射频传感器等。每种大数据的汇聚方式都能举出成功的例子。利用汽车座垫的压力传感器读数来确认驾驶员的身份就是利用传感技术产生大数据的例子。对监控视频产生的视频流大数据进行智能分析,可以确定超市顾客的购物路线及在特定柜台停留的时间,更可以确定出某几种物品之间具有的关联关系,是否容易被同一类顾客选购,超市可以利用此信息推送广告,合理安排货物摆放次序,减少顾客采购难度,增加超市销量。无线射频传感器发出的无线射频信号可以用来确定传感器所处的位置,而大量的位置信息可以用在城市交通管理、道路规划、旅游监控及疏导、广告设置、嫌疑犯追捕等方方面面。

5.4.2 大数据支撑技术

大数据支撑技术主要包括数据建模、数据存储及基础平台架构等,这类技术主要是保证为数据应用提供优质的资源。

虽然大数据技术不仅仅是 Hadoop,但是 Hadoop 却是大数据技术最为直观的应用。Hadoop 是 Apache 软件基金会发起的一个项目,在大数据分析及非结构化数据蔓延的背景下,Hadoop 受到了前所未有的关注。如今 Apache Hadoop 已成为大数据行业发展背后的驱动力。Hadoop 带来了廉价的处理大数据(大数据的数据容量通常是 PB 级或更多,同时数据种类多种多样,包括结构化、非结构化等)的能力。

Hadoop 的框架最核心的设计就是 MapReduce 和 HDFS。MapReduce 为海量的数据提供了计算,而 HDFS 则为海量的数据提供了存储,如图 5-2 所示。

第 5 章 监狱大数据

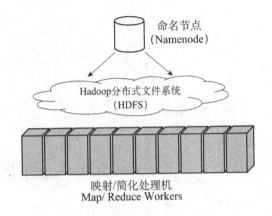

图 5-2 HDFS 和 MapReduce

　　Hadoop 实现了一个分布式文件系统（Hadoop Distributed File System，HDFS）。HDFS 建立的思想是一次写入、多次读取模式是最高效的，HDFS 是为以流式数据访问模式存储超大文件而设计的文件系统。HDFS 有高容错性的特点，并且设计用来部署在低廉的硬件上；而且提供高吞吐量来访问应用程序的数据，适合那些有着超大数据集的应用程序，这就是 Hadoop 与传统数据处理方式最大的不同。

　　Google 的网络搜索引擎在得益于算法发挥作用的同时，MapReduce 在后台发挥了极大的作用。MapReduce 框架成为当今大数据处理背后最具影响力的"发动机"。除了 Hadoop 外，还会在 MapReduce 上发现 MPP（Sybase IQ 推出了列式数据库）和 NoSQL（如 Vertica 和 MongoDB）。MapReduce 的工作原理如图 5-3 所示。

　　MapReduce 有将任务分发到多个服务器上处理大数据的能力，当处理一个大数据集查询时会将其任务分解并在运行的多个节点中处理，从而解决数据量很大时就无法及时在一台服务器上处理的问题。Yahoo 在 2006 年看到了 Hadoop 未来的潜力，并邀请 Hadoop 创始人 Doug Cutting 着手发展 Hadoop 技术，在 2008 年 Hadoop 已经形成一定的规模。

　　在处理大数据的过程中，当 Hadoop 集群中的服务器出现错误时，整个计算过程并不会终止。HDFS 可保障在整个集群中发生故障错误时的数据冗余。当计算完成时将结果写入 HDFS 的一个节点之中。HDFS 对存储的数据格式并无苛刻的要求，数据可以是非结构化或其他类别。

　　HDFS 是为了达到高数据吞吐量而优化的，但这是以延迟为代价的，对于低延迟访问，可以用 Hbase。HBase 是 Hadoop 项目的子项目，HBase 作为面向列的数据库运行在 HDFS 之上。HBase 以 Google BigTable 为蓝本，利用

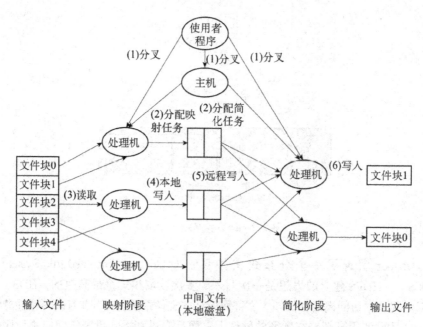

图 5-3 MapReduce——Hadoop 的核心

MapReduce 来处理内部的海量数据，在 Hadoop 之上提供了类似于 BigTable 的能力。Sqoop 是一个用来将 Hadoop 和关系型数据库中的数据相互转移的工具，可以将一个关系型数据库（如 MySQL、Oracle 等）中的数据导入到 Hadoop 的 HDFS 中，也可以将 HDFS 的数据导入到关系型数据库中。HBase、Sqoop 改善数据访问的原理如图 5-4 所示。

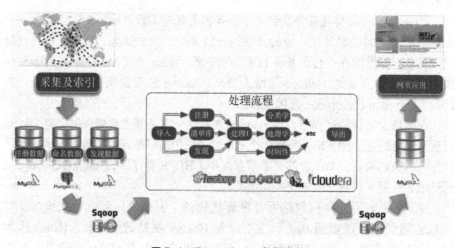

图 5-4 HBase、Sqoop 数据访问

5.4.3 大数据处理技术

（1）数据挖掘（Data Mining，DM）

数据挖掘又称为知识发现（Knowledge Discovery），是通过分析每个数据，从大量数据中寻找其规律的技术。知识发现过程通常由数据准备、规律寻找和规律表示三个阶段组成。数据准备是从数据中心存储的数据中选取所需数据并整合成用于数据挖掘的数据集；规律寻找是用某种方法将数据集所含规律找出来；规律表示则是尽可能以用户可理解的方式（如可视化）将找出的规律表示出来。

大数据分析的理论核心就是数据挖掘，基于不同的数据类型和格式的各种数据挖掘算法，可以更加科学地呈现出数据本身具备的特点；另一方面，正式基于这些数据挖掘算法才能更快速的处理大数据。

数据挖掘是一种决策支持过程，它主要基于模糊数学、运筹学、人工智能、机器学习、统计学等技术，高度自动化地分析企业积累的大量的、不完全的、模糊的数据，做出归纳性的推理，从中挖掘出潜在的信息和规律，预测客户的行为，帮助企业的决策者调整市场策略，减少风险，做出正确的决策。例如，在网上购物时遇到的提示"浏览了该商品的人还浏览了如下商品"，就是在对大量的购买者"行为轨迹"数据进行记录和挖掘分析的基础上，捕捉总结购买者共性习惯行为，并针对性地利用每一次购买机会而推出的销售策略。

（2）数据分析（Data Analysis，DA）

大数据已经不再简单的是数据量大的事实了，而最重要的现实是对大数据进行分析，只有通过分析才能获取很多智能的、深入的、有价值的信息。

大数据是有"噪声"的，信息越多，问题越多，噪声会使我们离真相越来越远。噪声数据的处理是数据清洗的一个重要环节，大数据的属性，包括数量、速度、多样性等都呈现了大数据不断增长的复杂性，过多的信息同样会干扰正确的预测，所以大数据的分析方法在大数据领域就显得尤为重要，可以说是决定最终信息是否有价值的决定性因素。

大数据分析离不开数据质量的数据管理，只有高质量的数据和有效的数据管理，才能够保证分析结果的真实和有价值。大数据分析最重要的应用领域之一就是预测性分析，从大数据中挖掘出特点，通过科学地建立模型，从而预测未来的数据。

数据挖掘和分析常用的相关方法有神经网络方法、遗传算法、决策树方法、粗集方法、覆盖正例排斥反例方法、统计分析方法、模糊集方法等。

（3）商务智能（Business Intelligence，BI）

商务智能是指用现代数据仓库技术（Data Warehouse，DW）、在线分析处理技术（OLAP）、数据挖掘和数据展现技术进行数据分析，并将其转换成知识、分析和结论，辅助决策者做出正确且明智的决定以实现用户价值。商务智能是一种帮助用户更好地利用数据提高决策质量的技术。它是一套完整的解决方案：为了将数据转化为知识，商务智能需要综合利用数据抽取转换装载 ETL、数据仓库、线上分析处理、数据挖掘、分析模型、数据展现等多种技术，用来将企业中现有的数据进行有效的整合，快速准确的提供报表并提出决策依据，帮助企业做出明智的业务经营决策。

在线分析处理技术是由关系数据库之父 E.F.Codd 于 1993 年提出的一种数据动态分析模型，它允许以一种称为多维数据集的多维结构访问来自商业数据源的经过聚合和组织整理的数据。它包括三个主要的功能：动态的多维角度分析数据；对数据进行钻取，以获得更加准确的信息；创建数据 CUBE。OLAP 通常的功能还包括数据旋转（变换观察维组合顺序）、数据切片（过滤无关数据，对指定数据进行重点观察），以及对数据进行跨行列运算。OLAP 帮助分析人员、管理人员从多种角度把从原始数据中转化出来、能够真正为用户所理解的、并真实反映数据维特性的信息进行快速、一致、交互地访问。

BI 架构图如图 5-5 所示。

数据仓库是商务智能的基础，许多基本报表可以由此生成，而它更重要的用处是作为进一步分析的数据源。多维分析和数据挖掘是最常用到的分析方法，数据仓库能供给它们所需要的、整齐一致的数据。数据仓库由数据库（DBMS）、数据（Data）和索引（Index）三部分构成。数据仓库系统体系结构如图 5-6 所示。

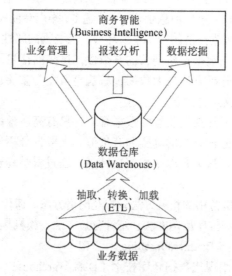

图 5-5　BI 架构图

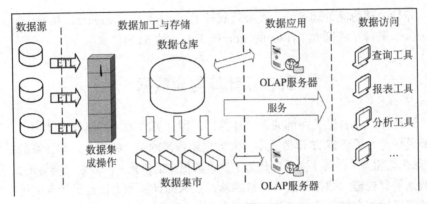

图 5-6　数据仓库体系结构

数据仓库（Data Warehouse,DW）是基于整个企业的数据模型建立的，它面向企业范围内的主题。数据集市 DM(Data Mart)，也叫数据市场，则是按照某一特定部门的决策支持需求而组织起来的、针对一组特定主题的应用系统。ODS（Operational Data Store）是指面向主题的、集成的、当前或接近当前的、不断变化的数据。ETL（Extract-Transform-Load）用来描述将数据从来源端经过萃取（Extract）、转置（Transform）、加载（Load）至目的端的过程。

传统的计算机分析和数据整理方式是以对静态数据的历史分析为特征的，首先是收集数据，然后储存在数据库程序中，并且在收到请求后搜索这些数据。大数据时代，传统的处理方式通常会造成时间的延迟，因此对结构或非结构化动态数据流进行实时分析，也即是流计算。在流运算当中，高级软件的运算法则在接收流数据时就开始对其进行分析，流计算可以在几秒内在海量数据中对异常行为做预测。

（4）内存计算（In-Memory Computing）

内存计算，实质上就是 CPU 直接从内存而非硬盘上读取数据，并对数据进行计算、分析。此项技术是对传统数据处理方式的一种加速，是实现商务智能中海量数据分析和实施数据分析的关键应用技术。

内存相对于磁盘，其读写速度要快很多倍。内存计算非常适合处理海量的数据，以及需要实时获得结果的数据。

（5）流处理技术（Stream Technology）

大数据时代数据的增长速度将远远超过存储容量的增长，同时数据的价值会随着时间的流逝而不断减少，因此对数据进行实时处理的流处理技术获得了越来越多的关注。

由于响应时间的要求，流处理的过程基本在内存中完成，内存容量是限制流处理模型的一个主要瓶颈。当前得到广泛应用的很多系统多数为支持分布式、并行处理的流处理系统,具有代表性的有 IBM 的 StreamBase 和 InfoSphere Streams,开源系统则有 Twitter 的 Storm、Yahoo 的 S4 等。

5.5 云计算与大数据

云计算,顾名思义强调的是"计算",即计算能力(数据处理能力),其主要目标是为了节省 IT 部署成本。大数据则强调的是"数据",即计算的对象(数据存储能力),其主要目标是为了发现数据中的价值。两者是动与静的关系。大数据需要处理大数据的能力,指的就是强大的计算能力,而云计算关键技术中的海量数据存储、管理等技术都是大数据技术的基础。物联网、云计算与大数据如图 5-7 所示。

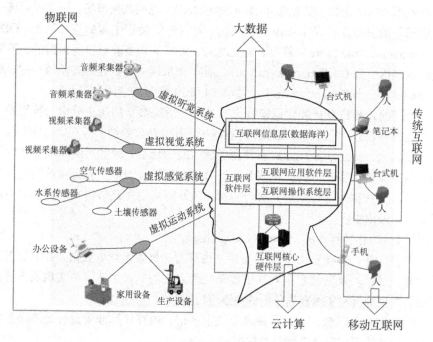

图 5-7 物联网、云计算与大数据

注:原图取自《互联网进化论》一书。刘锋著,清华大学出版社,2012

5.6 监狱大数据应用

监狱信息化经过多年建设,已初步积累起一定数量的业务系统基础数据。根据资料,2010 年美国"国家犯罪信息中心(National Crime Information Center,NCIC)"的 16 个数据库共存储 756 万条记录,年查询达到 5 亿次,平均每日查询 132 万次。随着集指纹、人脸、虹膜、DNA、语音等识别于一体的综合罪犯信息库的建立,公检法司政法部门间的互联互通,数据的应用规模和频率将会进一步增强,尤其是监狱物联网应用的发展,超大规模、异构多样化的实时物联感知数据将为大数据在监狱的应用做好准备。

从大数据的汇聚角度,监狱的大数据来源分为两大类:
(1)传感器采集的监狱物联网感知信息。
(2)监狱监管改造综合业务系统信息。

5.6.1 监狱物联感知大数据应用

传感器采集的监狱物联网信息涉及各类安防设施和监狱设备,如视频监控、AB 门、门禁、周界、电网、无线射频设备、监听对讲等各类安防系统,以及监狱装备的锅炉、发电机、消防装置等设施。通过安置在各安防设施设备上的传感器,每时每刻都会采集到大量动态感知数据,如视频、开关门、电网电压变化等,还包括服刑罪犯 RFID 电子腕带产生的实时位置、生命体征信息等。这些数据不但可以用来判断是否越界等事件,还可以挖掘出监狱服刑罪犯的行为习惯、潜在脱逃风险等二级价值。

视频监控作为监狱安防体系的重要组成部分,每个监狱都有大量的监控摄像机,每时每刻都在产生大量的监控视频,其产生的视频流不仅可供用于监控服刑罪犯的实时活动状态,还可以用来辅助分析服刑罪犯的行为轨迹、逗留意图等潜在的二级价值。如何通过对监控视频的智能化分析提高监管场所的安全保障已经成为大数据技术在监狱应用的重要方向之一。

以视频智能分析技术为例,监狱应用场景尤其关心视频监控中的异常以杜绝各类安全隐患。采用传统人工紧盯监控画面的战术,面对数千摄像机的监控画面,轮询方式难以做到及时发现问题,视频监控设备往往沦为事后追溯或取证的"视频录像系统"。如何使视频监控从被动应对变成主动警示,从事后取证变为事先防范,对监狱视频监控的应用意义重大。

视频智能分析是一种基于目标行为的智能监控技术,是计算机图像视觉技术在安防领域应用的一个分支。与传统的移动侦测(Video Motion Detection,VMD)技术不同,智能视频分析首先将场景中的背景和目标分离,识别出真正的目标,去除背景干扰(如树叶抖动、水面波浪、灯光变化),进而分析并追踪在摄像机场景内出现的目标行为。智能视频分析与移动侦测的本质区别是前者可以准确识别出视频中真正活动的目标,而后者只能判断出画面变化的内容,无法区分目标和背景干扰。所谓智能的核心就是目标识别和行为分析,智能视频分析相对于移动侦测,抗干扰能力有质的提高,尤其在低照度、暴雨、大雪、浓雾、强风、冰雹、阴晴急剧变化等各种恶劣环境干扰下的检测和识别。

视频监控数据可以说是目前监狱最大的物联感知数据生成器。视频产生的数据量极其巨大,一个普通的标清摄像机一天产生的数据量可以达到 7GB,高清的 720P、1080P 则更大。随着多数监狱视频监控"全覆盖"工程的完成,海量的视频内容给数据分析和检索带来极大挑战。

监狱视频监控系统要做到事前预警、主动防范,首要关注的应该是视频分析算法的及时性和可用性,可以说业务实战化推动了大数据分析的需求。当然,关于大数据环境下的算法时效性是否能胜任监狱要求,从目前大数据的发展来看,适用于大数据的技术,包括大规模并行处理(Massive Parallel Processor,MPP)、分布式文件系统、分布式数据库、云计算平台、可扩展的存储系统都是以能在容忍时间内有效处理大量数据为标准。

视频监控大数据应用框架如图 5-8 所示。

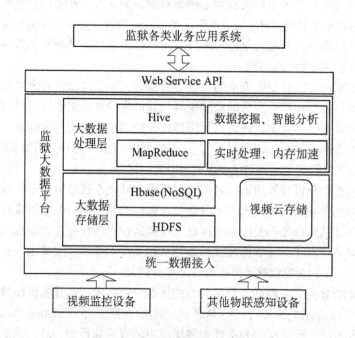

图 5-8 视频监控大数据应用框架

视频监控大数据应用框架的核心是对数据进行存储和处理的大数据平台。大数据平台基于 Hadoop 集群来实现，通过统一数据接入并存储视频监控设备数据和其他物联感知设备数据。各种结构化、半结构化类型的数据经过清洗和转换之后存入 HDFS 或 HBase 中，Hive 用来进行数据提取转化加载（ETL），MapReduce 可对存储在 HDFS 和 HBase 中的数据进行大规模的并行处理、分析。

大数据技术和视频监控的结合，经过数据挖掘、智能分析及实时处理、内存加速，视频智能分析技术可以进步到自动及时检测出服刑罪犯的异常行为，并以及时可靠的方式预警，从而有效弥补警力不足，为监狱视频监控领域业务带来深刻的变革。

通过大数据技术，进一步挖掘海量视频监控数据背后的价值信息，快速反馈给风险预警决策系统将是未来视频监控应用的发展方向。

基于大数据的风险预警决策可以划分为 5 个阶段，分别是信息采集阶段、风险评估阶段、预警分析阶段、应急处置阶段和信息发布阶段，如图 5-9 所示。

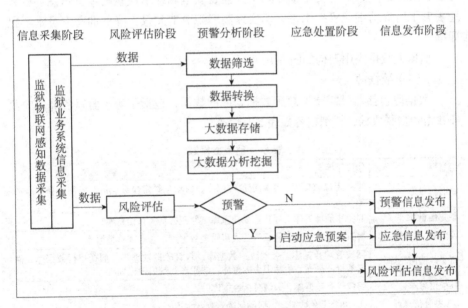

图 5-9 基于大数据的风险预警决策流程

基于大数据的风险预警决策流程如下：

（1）信息采集阶段。对预警分析阶段所需的检测指标数据和风险评估评价指标数据的采集。

（2）风险评估阶段。对风险评估评价指标数据进行评价。

（3）预警分析阶段。对检测指标数据进行预处理，包括数据筛选和数据转换，过滤掉不符合要求的数据,存入大数据库,利用数据挖掘方法产生分析结果。

（4）应急处置阶段。根据预警分析阶段对数据分析挖掘的结果和风险评估阶段风险评估的结果,判断是否满足预警阈值。如果预警则启动应急预案。

（5）信息发布阶段。对应预警信息发布、应急信息发布和风险评估信息发布。

5.6.2 监狱业务系统大数据应用

监管改造综合业务管理信息包括OA办公业务系统信息、狱政管理业务系统信息、刑罚执行业务系统信息、狱内侦查业务系统信息、教育改造业务系统信息、劳动改造业务系统信息、生活卫生业务系统信息、警务人事管理系统信息、远程会见系统信息、亲情电话系统信息、舆情监控系统信息等。

监狱业务系统每天都在产生大量的日常业务数据和统计信息,其基本价值在于记录日常的业务活动,提供减刑、假释等业务的办理依据,是监狱管理的手段。其二级价值在于可以从各类业务数据中挖掘出诸如某服刑罪犯每日饭量与矫正效果的关系等各类帮助监狱提升监管安全和改造质量的宝贵信息,极大地提升了监狱精细化管控水平,切实提高罪犯改造质量,降低刑释人员重新犯罪率。

监狱大数据应用架构如图5-10所示。

（1）数据源

数据源包括监狱需要汇总到数据仓库的数据,包括来源于监狱各部门的业务数据和物联数据,详细内容如表5-1所示。

表 5-1 监狱数据源

信息库	信息子库
物联信息库	罪犯定位数据库、车辆定位数据库、劳动工具定位数据库、安防设备物联数据库
罪犯信息库	罪犯服刑信息库、罪犯家属信息库、罪犯社会关系信息库
警察职工信息库	警察职工数据库、警察职工人事管理数据库、警务督察数据库
监管改造信息库	狱政管理数据库、劳动改造数据库、教育改造数据库、刑罚执行数据库、狱内侦查数据库、生活卫生数据库、罪犯医疗健康数据库
舆情信息库	舆情采集数据库、舆情分析数据库
OA办公信息库	OA办公平台数据库、后勤保障管理数据库

（2）接口数据层

接口数据层是为了保证数据转换的顺利进行而建立的数据存储空间,它是共享原始数据进入数据中心的数据暂存区。共享库数据首先快速复制到接口数据层中,再从接口数据层经过清洗、转换、映射等复杂的数据处理转移到ODS数据层中。接口数据层的作用主要体现在以下三个方面:

第5章 监狱大数据

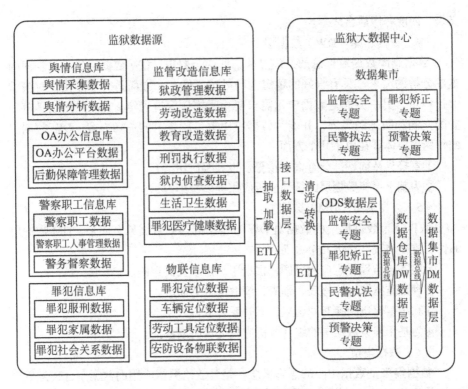

图 5-10 监狱大数据应用架构

①减少对监狱业务系统资源的占用,避免复杂数据转换对业务系统的影响。

②将不同形式的源数据(数据库、XML、文本等)转换为统一的存储形式。

③如果 ODS 层发生系统故障,可以直接从接口数据层进行数据恢复,而不必重新从共享库抽取。

接口数据层提供了基础数据平台与外界交换数据服务。由于它的存在,系统与各类数据源的关系变得单纯而明确。共享库数据交付给接口数据层之后,数据中心不会因为数据丢失、后续数据处理过程异常等原因要求共享库重复提供数据。同时,接口数据层的存在为数据仓库数据核对提供了最原始的数据基准,保证了数据处理过程的可追溯、可核查。

(3) ODS 数据层

ODS 数据层是存储和管理从接口数据层通过 ETL 过程得到的历史和当前的业务明细数据,但数据的组织方式不同于原始的共享库数据。ODS 数据层数据结构一般符合第三范式要求,保存最细粒度数据。ODS 数据层是经过清洗转换,划分主题的数据存储层。接口数据层到 ODS 数据层就是完成 ETL 处理。同时,系统的元数据保存在 ODS 数据层,比如 ETL 映射规则关系表、维表、指标库定义表、调度程序后台表等。

(4) 数据仓库 (DW) 数据层

数据仓库数据层汇总的是经过整合的综合数据。DW 数据层建模符合面向主题分析的需求，具有很好的稳定性和可扩展性，一方面是共享库变化时模型保持稳定，另一方面是数据应用需求变化时模型保持稳定。DW 数据层具有独立的内涵和明确的界限，并能为数据应用提供所要求的一切内容。DW 数据层的作用主要体现在以下几个方面：

①直接支持前端部分查询、预警、报表等应用。

②为基于聚集数据层的统计分析应用提供明细数据。

(5) 数据集市 (DM) 数据层

数据集市数据层中的数据由 DW 数据层的详细数据聚合而来。DM 数据层的作用主要体现在以下几个方面：

①服务于监狱特定应用主题，根据用户需求灵活定制。

②满足监狱统计、报表、预警、绩效考核等需求。

③利用存储空间换时间延迟，提升系统运行效率。

④为基于聚集数据层的统计分析应用提供明细数据。

(6) 数据集市

数据集市是数据中心的逻辑概念，是开放给数据应用的数据集合，是数据应用的访问入口。数据集市通过系统界面为用户提供数据服务，数据可能来源于各个数据层次和数据主题。

第三部分 智慧应用篇

第6章 监狱物联网应用——生命体征监测系统

6.1 系统概述

监狱生命体征监测系统源自监狱对罪犯体温、心率等生理参数实时感知的迫切需求——心理压力可以对人体产生多种影响，包括心率、血压、面部微表情和体温的变化，物联网射频感知技术的发展已经能够实现一定距离外监测这些生理参数变化，尽管可靠性还有待进一步提高。对监狱实际应用而言，罪犯生理参数出现异常往往可能提醒民警有突发暴力或自杀猝死事件。

生命体征是用来判断人是否正常的主要指征，包括呼吸、体温、脉搏和血压，医学上称为4大体征，它们是维持机体正常活动的支柱，无论哪项异常都会导致严重后果。

1. 体温

体温，通常指人体内部的温度，正常人腋下温度为36℃~37℃，测量方法有口测法、腋测法及肛测法。正常人的体温在24小时内略有波动，一般情况下不超过1℃。生理情况下，早晨略低，下午或运动和进食后稍高。另外，体温受性别、年龄、体力活动影响，当精神紧张和情绪激动时也可使体温升高，有的机体在某种紧张情况下体温可升高2℃左右。身体各部分的温度其实并不一样，可分为深部温度和体表温度两部分。这里所说的深部和体表无严格的解剖含义。

(1) 深部温度。人体深部温度是相对稳定而又均匀的，但由于代谢水平不同，各个内脏器官的温度也略有差异。肝脏温度最高可达38℃。大脑产生的热量较多，温度也接近38℃。肾脏、胰腺及十二指肠等处的温度略低些。由于血液不断循环，会使深部各器官的温度趋于一致。因此在理论上，体温是指机体深部的血液温度，它可代表身体内部器官温度的平均值。

(2) 体表温度。体表温度要低于深部温度，而且由里及表存在着明显的温度梯度。体表具有一定的厚度，在体温调节中可起到隔热层作用，通过它维持着深部体温的相对稳定。体表的最外层，即皮肤表面，其温度称为皮肤温。机体各部位的皮肤温相差很大。在环境温度为23℃时测定，额部的皮肤温为

33℃~34℃，躯干为32℃，手为30℃，足为27℃。在寒冷的环境中，随着气温下降，四肢末梢（手和足）的皮肤温度显著降低，而头部皮肤温的变动相对比较少。皮肤内含有丰富的血管，凡能影响皮肤血管舒缩的因素都能改变皮肤的温度。

2. 心率（或脉搏）

心动周期中，动脉管壁有节奏地、周期性地起伏叫脉搏。检查脉搏通常用两侧桡动脉。正常脉搏次数与心跳次数相一致，节律均匀，间隔相等。白天由于进行各种活动，血液循环加快，因此脉搏快些；夜间活动少，脉搏慢些。婴幼儿为130~150次/分钟，儿童为110~120次/分钟，正常成人为60~100次/分钟，老年人可慢至55~75次/分钟，新生儿可快至120~140次/分钟。

一般来说，人在安静或睡眠的时候心率减慢，运动时或情绪激动时心率加快。在某些药物或神经体液因素的影响下，心率也会加快或减慢。持续的监测脉搏对实时掌握人员的身体状态具有积极的意义。目前用于监测心率的可佩戴智能硬件主要采用光电式为主，还有采用压力感应传感器或心电传感器的方案来实现。

3. 呼吸

呼吸是呼吸道和肺的活动。人体通过呼吸，吸进氧气，呼出二氧化碳，是重要的生命活动之一，一刻也不能停止，也是人体内外环境之间进行气体交换的必要过程。正常人的呼吸节律均匀，深浅适宜。

呼吸正常值在平静呼吸时，成人为12~20次/分，儿童为30~40次/分钟，儿童的呼吸次数随年龄的增长而减少，逐渐到成人的水平。呼吸次数与脉搏次数的比例为1:4。正常人在情绪激动、运动、进食、气温升高时会出现呼吸加快情况，可高于20次/分钟，在安静睡眠时呼吸会减缓。目前主流的监测方式是采用压力或运动传感器，通过采集胸腹部运动信号进行分析处理，从而得到与呼吸相关的数据。

4. 血压

血压是指血管内血液对于单位面积血管壁的侧压力，是衡量心血管功能的重要指标之一，一般指动脉血压。心室收缩时，动脉内最高的压力称为收缩压；心室舒张时，动脉内最低的压力称为舒张压。收缩压与舒张压之差为脉压。

血压测量位置一般选用上臂肱动脉为测量处，目前还是需要采用血压计来测量。

除了体温、脉搏、呼吸和血压4大基本的生命体征外，还有其他体征，如血糖、血氧饱和度等。根据报道，有研究就利用"心理压力越大，血氧水平越高"原理，通过测量脸部血液中氧含量，研发出可以在人群中寻找高度紧张人员的智能摄像机，为识别自杀式袭击者提供了有效手段。

生命体征监测的核心在于传感器，如温湿度传感器、压力传感器、位移传感器等。从2013年起，包括智能手环、智能手表在内的智能可穿戴设备热潮已

第6章 监狱物联网应用——生命体征监测系统

经悄然兴起，Apple Watch 和 Google Glass 都属于可穿戴设备，可穿戴式生命体征监护设备被认为是科技产业下一个巨大的增长点，配置多个传感器的可穿戴设备既可以追踪用户的健身状况，也能提供与地理位置有关的功能，例如地图、购物，甚至金融服务。可穿戴设备不仅仅是一种硬件设备，还能通过软件支持及数据交互、云端交互实现强大的功能。如图6-1所示的欧姆龙开发的腕带式脉搏计，其内置的光电脉搏传感器可通过手腕表面的毛细血管来掌握运动中的血流情况并测量脉搏，同时还集成有加速度计，只需戴在手腕上便可测量脉搏数据及通过加速度计获得的行走数据。

图6-1 欧姆龙研发的腕带式脉搏计

目前逐步开始流行的运动手环即是通过内置简单的计步传感器来监测热量消耗。人们期望通过可穿戴设备了解到更复杂的健康状况，如血糖指数、中风隐患等，通过定位传感功能的电子腕带实现更好的预警效果。如图6-2所示。

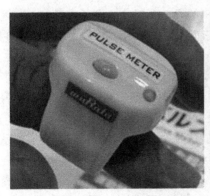 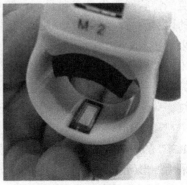

图6-2 村田制作所研发的可测量脉搏和血氧饱和度的脉搏波传感器

可穿戴智能设备中的传感器大致可以分为：

（1）运动传感器

主要有加速度计、陀螺仪、磁力计和压力传感器（通过测量大气压力来计算海拔高度），主要用于运动监测、导航、娱乐、人机交互等。

（2）生物传感器

主要有血糖传感器、血压传感器、心电传感器、肌电传感器、体温传感器和脑电波传感器。

（3）环境传感器

主要有温湿度传感器、气体传感器、紫外线传感器、环境光传感器、颗粒物传感器、气压传感器、麦克风等。

监狱生命体征监测应用中一般都会采用电子腕带结合传感器的方式来采集人体生命体征数据，这些感知数据必须经过可信度分析，过滤掉外部环境的干扰，并结合其他信息源(如人员的运动状态信息)和业务场景才能被挖掘和利用。

6.2 生物识别技术的发展

生物识别技术通过计算机与光学、声学、生物传感器、生物统计学原理等高科技手段密切结合，利用人体固有的生理特性（如指纹、指静脉、人脸、虹膜等）和行为特征（如笔迹、声音、步态等）进行个人身份的鉴定。人类的生物特征通常具有唯一性、可以测量或可自动识别和验证、遗传性或终身不变等特点，因此生物识别认证技术较传统认证技术存在较大的优势。生物识别技术经历了由外在特征识别到内在特征识别的发展过程，反应在监狱生命体征监测应用需求的三个层面：

第一层面：基于识别的需求

监狱物联网建设要求对目标系统中的每一个对象（设备或者人）配置唯一对应的识别码，这是架构物联网感知层的基本技术要求。为满足对象识别的要求，一般采用如下两种方式：

（1）以目标对象的外形特征作为识别依据。通过采集对象（设备或者人）个体具有唯一性的特征作为识别符号，用于快速、准确判定该对象的真实身份。如指纹、掌纹、静脉、虹膜等生物特征识别都属于该范畴。

（2）以 RFID 电子标签为载体，通过一一对应，与唯一对象绑定关系，通过对 RFID 的识别来达到对象识别的要求。

采用外形特征为识别依据的方式，由于个体的差异性，采集过程易受环境因素的影响，识别效率低，很大程度上限制了大面积的应用。而采用 RFID 电子标签作为识别标识,则由于携带者可能发生变换,容易导致识别系统对应混乱,因而采用防拆卸腕带来实现 RFID 标签识别身份的唯一性。

第二层面:基于位置的需求

用智能化的手段解决"是谁"的问题后,监狱物联网建设接下来要解决的就是"在哪"的需求。

有了识别的技术基础,要实现位置信息的采集,除了传统视频分析为识别依据的方式外,以 RFID 电子标签结合传感器实现定位识别的方案应该是更合适的选择。

(1)实现位置的实时监测。

人员作为物联网的核心元素之一,实时的位置信息应该在物联网中予以准确反映。采用 RFID 技术将人"标签化"后可以实现对特定人员在特定区域所处位置的实时监测。

(2)实现基于位置状态的监测。

通过位移、速度/加速度传感器结合 RFID 电子标签实现对监测对象移动速度/移动方向的实时监测。实时采集的移动状态数据还可以准确反映对象所处区域是否符合授权要求,还可以扩充到某区域人数清点、轨迹查询、越界报警等功能。

第三层面:基于行为的需求

解决了"是谁"和"在哪"的问题后,监狱物联网建设接下去就是要解决更深层面的信息"在做什么",即对象的行为属性。

行为的采集和分析是一个相当复杂的工程,需要大量的可信数据做支撑。从前端感知的角度看,在完成对人员实时位置监测基础上,还需进一步掌握该对象的实时状态信息——从外在的运动状态信息,到体温、心率、血压等基本的生命体征信息,最后会演进到对更深层次的情绪、紧张程度等心理属性信息的获取。

(1)实时行为状态监测。

行为状态数据的采集,主要是通过位置、加速度、高度等传感器对人员行为状态的感知,包括处于休息还是行走状态、是运动还是跌倒、是否长时间处于某一状态,从而来分析判断人员的行为。

(2)实时生命体征监测。

生命体征数据的采集,通常以温度传感器探测体温、压力传感器探测脉搏/血压、化学传感器探测汗液成分(如酒精含量)、微电信号传感器实现心/脑/肌电图监控等。通过脉搏、体温、血压等体征数据的监测,可以更近一步分析监管对象的行为特征。

(3)与外部信息交互。

如果单一的对状态或体征进行监测，还是有其局限性的，要获取更有应用价值意义的感知数据，还需要结合更多外部信息（如环境信息）。通过以速度、加速度等传感器结合实时生命体征监测，在获取对象运动行为数据（静止、运动、跌倒等）的基础上，附加以实时体征数据可信度的基本条件，再结合客观外部环境特征（例如区分处于晚上睡觉时间、放风时间还是劳动时间等），综合分析后，形成以人为中心的感知数据档案，以感知数据为基础进行更深层面的数据挖掘和行为分析。

6.3 体征监测方式的演变

通过传感器并利用网络实现远程监测，物联网技术解决了感知的问题，就像人类的眼睛、耳朵、皮肤。这个革命性转变的一个原因就是监测方式发生了根本性改变。一些原本需要通过人为方式获取的信息可以借助技术手段自动地获取，如人员的位置信息可以借助电子标签来实时获取，人的部分行为数据获取也可以用智能视频分析的方法实现获取。

体征监测方式未来会向更简便的方向演进，如心率的采集方式目前比较先进的做法是用"可穿戴"的智能硬件结合传感器的方式实现，而在特定的应用场景下，通过"无需穿戴"的非接触监测方式对生命体征数据进行连续实时的采集可能是更易被接受的方案。

物联网技术的日益成熟，使得对监狱罪犯的定位管理、越界管理、行为识别等管理有了全新的工具与手段。通过给监狱顽危犯佩戴电子腕带或电子脚环，使其成为监狱物联网中的一个信息点，通过接收器可以将佩带人员的移动速度、方位、高度、生命体征（温度、脉搏）等信息通过网络发送给后台，通过对信息整合、分析实现对罪犯的有效管理。

6.4 系统总体架构设计

监狱生命体征监测系统以 RFID 无线射频识别与传感器技术相结合，作为感知层架构的基础，并以监管对象为中心，实现对身份、生命体征及外部环境的集中感知。通过搭建统一的监狱物联传感网作为传输层，实现不同类型传感器进行可靠、安全的智能传输。通过监狱物联网中间件技术，实现监狱感知信息的集中管理，并可将所有的感知数据共享给其他监狱安防及业务平台。大数据应用场景则可结合监狱业务需求来选择合适的感知信息进行数据挖掘。

在架构设计上需要达到以下技术要求：

第6章 监狱物联网应用——生命体征监测系统

● 安全性。整个网络应该采用监狱统一专用的无线射频协议,实现无线通信网络与有线通信网络之间的隔离,避免可能通过无线射频通信网络接入监狱内部数据网络的可能性(物理隔离或网闸),传输仅限于相对位置、生命体征和环境感知信息,要求加密传输。

● 可扩展性。整个感知网络应该遵从动态可扩展原则,系统能够支持后续不同类型感知标签的接入。

● 相对开放性。所有关于对象的身份、位置、生命体征等感知数据应该为监狱所有,属于监狱的宝贵资产,并且这些数据可以在监狱内部开放给其他相关业务系统所用。

● 可维护性。系统对感知端的设备、传输层设备均应提供自动维护功能,对所有的设备能够通过统一的平台进行管理,以降低系统的维护成本。

监狱生命体征监测系统总体架构如图6-3所示。

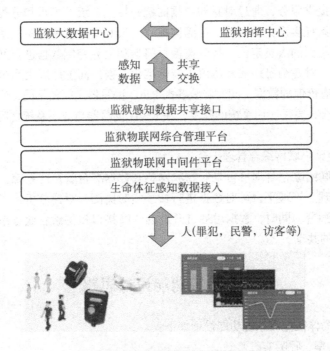

图6-3 监狱生命体征监测系统总体架构

监狱生命体征监测系统以对象的生命体征感知数据为主线,经由监狱物联网中间件平台、监狱物联网综合管理平台实现对象感知数据的"全面感知、协同联动,共享交换"。

监狱生命体征监测系统的主要组成部分包括:

（1）腕带式传感器标签

生命体征数据的监测一般采用可穿戴电子腕带(或卡片)方式，通过佩戴在服刑人员手腕上的标签，内部集成相应生命体征传感器，经过无线信号接收并分析，就可识别出标签的基本体征数据。

（2）非接触式生命体征传感器

非接触式生命体征传感器是先进且方便的物联网传感技术，与传统技术不同，其特色就在于"非接触"却能感知对象的基本体征数据。例如，可以通过安装在监所床上的特殊传感器，在不接触服刑人员身体的情况下，就可以对服刑人员的心率、呼吸、活动等睡眠体征数据进行动态实时连续采集和分析，实现监舍在床情况、体征异常等事件实时预警功能。

（3）监狱物联网中间件

监狱物联网中间件系统基于面向服务的软件架构，以标准的服务接口向上层应用系统提供服务，通过对感知数据的统一接入、统一解析和分类处理，可进行跨异质系统实现人员定位、视频监控、门禁和周界统一控制。系统的主要任务是对采集到的人员定位、视频监控、门禁和周界控制数据进行冗余过滤、整合及发布，对各消息格式和协议进行标准化转换，向上层应用系统或数据管理系统提供有价值的数据；同时屏蔽各类 RFID 读写器之间的不同，实现各部分之间透明融合，方便应用系统的开发，在 RFID 读写器与应用系统之间起到中介的作用。

（4）监狱物联网综合管理平台

监狱物联网综合管理平台是对物联网感知数据综合管控的系统，通过统一界面进行管理。管理平台可对数据进行持续实时监测、对比分析，实现对异常情况合理的预警。同时，数据可通过开放的 API 接口提供给各业务系统，实现对感知数据的共享。

6.5 系统功能设计思路

监狱生命体征监测系统功能设计如下：

（1）心率、呼吸实时监测。

通过传感器实时监测服刑人员的生命体征信号，主要包括实时的心率、呼吸等，可对特殊犯人进行重点监控。

（2）睡眠与心理状态预测。

通过长期对服刑人员生命体征、睡眠情况的监测可以实现对被监测人员的心理趋势分析，进而对该名服刑人员行为进行预测。监测数据可直接与心理测试、心理健康教育、心理危机干预、个别教育等工作相结合。

(3)异常报警。

可以根据事先设置的规则，在不符合规则的异常情形下实时报警：

①离床超时未归报警。当服刑人员离开监舍自己床位（如去洗手间）超过一定时间报警。

②生命体征异常报警。当服刑人员的生命体征出现异常时及时报警，如心率监测突发异常。

(4)单警生命监测及监管安全保障。

建立以单警生命监测系统为基础的监管安全保障信息链，对于突发事件现场实施定位搜救与身份确认具有重要价值。通过生命体征传感器，可有针对性地做好应急救援准备，精确调度监管力量与资源，全面提升监狱安全保障能力。

(5)服刑人员心理评估。

对服刑人员的实时心率、呼吸、离床与突发异常等状态信息的全面采集及分析，将为监狱更好的对服刑人员精确识别、准确预判，定性定量建立科学的心理评估和风险指标，为个别化教育矫正提供关键数据。

6.6 问题与展望

生命体征数据的准确性受传感器本身的精度、使用者佩戴的规范性、传输网络的可靠性等影响，最终将反映到数据的挖掘利用环节，因此提高采集数据准确性是一个技术挑战，必须建立一套数据可信度评估模型，在数据的挖掘利用环节能有效的过滤掉"噪音"数据，降低外部干扰带来的误差。

第 7 章 监狱物联网应用——局部区域定位系统

根据监狱无线定位的概念，当前主要是实现室内 2~5m 的定位精度、室内特定房间和特定区域无误差区分、所在楼层无误差判定、室内外无误差区别及室外精度为 8~15m 的定位精度。监狱无线定位系统开发可以围绕上述精度设计应用场景，随着无线定位技术的不断发展，未来定位精度将不断提高。

受各种因素的影响，目前监狱精确定位的需求被过度解读。大多数监狱的无线定位试点应用都被寄予厚望，期待实现科幻场景的效果，结果就是对无线定位技术产生怀疑，造成负面影响。

RFID 电子腕带技术在监狱的应用，首要解决的问题就是将人（罪犯、民警、访客等）信息化、标签化，即通过电子标签（腕带）转换为一个信息节点接入监狱网络。在监狱无线定位应用中，根据上一篇章对适用于监狱的无线定位技术分析，显然在当前技术条件下，有源 RFID 技术、WiFi 技术、ZigBee 技术定位精度都在 2~5m 左右，很难实现监狱想象中的"精确"，即使通过改良定位算法或增加辅助参考节点仍然难以与 UWB 技术 10~30 厘米左右的定位精度相提并论。

本章与第 8 章将分别探讨基于有源 RFID 技术实现监狱局部区域定位和基于 UWB 技术实现监狱相对精确定位。

7.1 系统概述

根据信息化建设"管用、实用、真用"的要求，实施监狱无线定位项目对应的监狱管理具体问题有：

（1）无法实时准确掌握服刑人员数量和位置。

准确掌握监狱服刑人员数量和位置是确保监管场所安全的首要因素。管教民警需要实时了解服刑人员所在位置，是否发生脱管、非法进出特定区域、非法靠近关键设施等行为。目前大多数监狱确认人数和位置手段非常原始，主要靠管教民警人工判断，如服刑人员报数、管教民警人工清点人数。而服刑人员是在不同区域间不断活动的，如从监舍到工厂、活动场地等。这就需要管教民警责任心非常大、注意力非常集中，受限于警力不足，无法避免个别瞒报、包庇等情况的出现。此外，整个监狱服刑人员总人数靠民警逐个清点上报，汇总速度慢，不具有时效性。

（2）无法严格做到对服刑人员身份的唯一识别而不出错。

目前监狱里服刑人员的身份识别还比较原始，主要靠服刑人员自报姓名或管教民警的辨认，但是每个民警要负责几十甚至上百个服刑人员，而且都是光头、穿着同样的衣服，如果再出现双胞胎，同名同姓等情况，很难保证不出错。

（3）服刑人员报告、报警手段不隐蔽，不方便。

当前服刑人员突发报警主要靠按监舍房间墙上的报警装置进行报告，在某些特殊情况下可能存在报警手段不隐蔽的问题。此外，当服刑人员被攻击时或夜间突发紧急病情时，也可能没有办法或者来不及按墙上的报警装置。

（4）服刑人员临时外出、访客进出监控难度大。

当服刑人员外出就医、提审、转监等需要临时出监时，是脱逃概率最高的环节，目前主要是靠警力和械具，缺乏高技术手段做辅助。此外，对外来的设备安装维护人员、律师、检察官、家属等会见，在管理上也需要做到有效监控。

监狱无线定位项目建设需求可归为如下两点：

（1）实现对民警、服刑罪犯和外来人员的定位管理。通过佩戴电子标签（电子腕带）实现实时定位、自动点名、视频联动、轨迹回放、报警管理、查询统计等辅助功能。

（2）实现对特殊物品如钥匙和劳动工具（危险品）等重要资产的定位管理。通过在危险劳动工具和重要资产上安装电子标签，实现在资产管理、劳动工具发放和归位等方面的实时定位、自动统计。

7.2 系统总体架构设计

监狱无线定位项目在架构设计上需要达到以下技术要求：

- 整体性。系统整体设计应统一规范，功能模块设计必须清晰合理，并能够有效地与监狱管理、指挥平台相融，实现监狱一体化、自动化管理。
- 先进性。系统设计规划应当符合当今信息系统发展趋势的主流技术和思想，技术成熟。
- 实用性。系统设计应该充分考虑监狱实际工作特点和已有软硬件系统实际情况，使系统具有很强的实用性。
- 可靠性。系统设计必须充分考虑稳定性和可靠性，保证在正常情况和极端情况下的正确性，避免由于单点故障而影响整个系统的正常运行，确保系统最大限度的发挥作用。
- 安全性。系统设计既要考虑信息安全，也要考虑对人体的安全。

- 可伸缩性。当系统容量发生变化时，应能通过在横向和纵向的各个层次的扩充，保证系统合理的响应时间和吞吐量。
- 易用性。系统应提供具有统一风格、美观的用户界面和便捷实用的使用方法，使用户能在最短的时间里掌握操作方法。
- 可维护性。系统软硬件设备应能够被简单方便的管理、修改和升级。

监狱无线定位项目评价标准可参考如下：
- 定位方式和算法选择。
- 定位响应时间及误差大小。
- 抗冲突能力（标签读取密度）。
- 抗干扰能力。
- 标签电池寿命，以及是否支持休眠功能。
- 标签的尺寸、形状、IP 防护等级等。
- 信息安全能力。
- 部署难度大小，实施周期长短。
- 对既有基础设施的重复利用率。
- 投资收益率（Return On Investment，ROI）。

基于有源 RFID 的局部区域定位系统总体架构如图 7-1 所示。

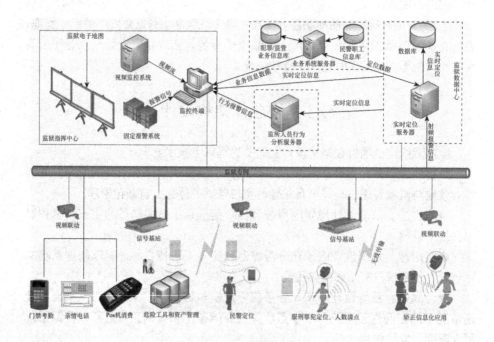

图 7-1 基于有源 RFID 的局部区域定位架构图

第 7 章 监狱物联网应用——局部区域定位系统

实时定位服务器通过接收佩戴在民警身上的射频定位标识卡和佩戴在服刑罪犯身上的电子腕带，以及资产、劳动工具标签发射的无线射频信号计算出人员、物品的实时位置；监所人员行为分析服务器则基于人员位置分析人员行为；业务系统服务器可提供服刑罪犯和管教民警相关基本数据及监管业务数据；结合电子地图则可实时在监狱 GIS 中显示民警、罪犯、访客实时位置信息和行动轨迹。

基于有源 RFID 的局部区域定位系统的主要组成部分包括：

（1）防拆卸电子腕带（服刑人员用）

射频定位电子腕带是佩戴在罪犯手腕上的无线射频发射装置，通过定时发出唯一编号来标识罪犯个体。除此之外，电子腕带还发送无线射频信号用来分析电子腕带所在的位置，报告腕带的状态，例如电池状态、是否被拆卸状态等。

通常可以在电子腕带中集成多种频率，对应实现多种应用，如集成 13.56MHz 用于实现门禁考勤、亲情电话和电子消费刷卡。未来还包括集成生命体征监测系统等应用。

（2）射频定位标识卡（民警、访客用）

射频定位标识卡是佩戴在民警、访客身上的无线射频发射装置，通过定时发出唯一编号来标识民警、访客个体。除此之外，卡片上提供隐蔽式报警按钮，当遇到突发事件时按下按钮（或拉挂绳），定位标识卡即可发送报警信号。报警信号由射频信号分析器接收并传送到实时定位服务器。

（3）实时定位服务器

实时定位服务器通过接收射频定位信号和报警信号，根据信号数据包的内容计算出每个射频定位标签的实时位置，并将报警信号立即发送给指挥中心监控终端。实时定位服务器还可提供实时位置存储、回放、行为分析、预警等功能。某室内无线定位系统的实时定位效果如图 7-2 所示。

（4）监所人员行为分析服务器

监所人员行为分析服务器通过对违规、危险行为，或者反映特定心理特征的行为实时监测，并可对历史数据进行对比分析，可以实现对非法聚众、结伙、自杀等行为或者民警违规执法行为做出及时报警，以达到预防和及时处置监狱内事故发生的目的。

（5）监狱电子地图（GIS）

监狱电子地图接收来自实时定位服务器的实时位置、报警等各类信息，并在电子地图上实时显示民警和服刑罪犯的位置和运动轨迹，并用声音、图像的方式向民警呈现各类警示信息。

电子地图平台还可提供与视频监控、报警系统的接口，以实现视频、报警联动的功能。民警可以在 GIS 平台上进行场景漫游、人员检索、轨迹回放、视频调阅、报警处置等丰富的管理、监控和应急处置功能。

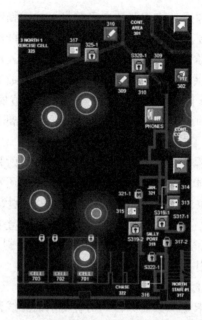

图 7-2 某室内无线定位系统的实时定位效果

7.3 系统功能设计思路

监狱无线定位应用使监狱从传统被动式安防转向主动式，监管民警可以实时掌握狱内各受控区域的服刑人员数量和位置信息，包括周边执勤民警的信息，可实现对各种突发事件的报警功能。当有突发事件时能够迅速定位相关服刑人员和执勤民警，并能够迅速查询到历史行动轨迹。

1. 基本功能

（1）自动人数清点。

根据监管业务的需要和实际场所环境，将整个监管场所划分成不同区域，如劳动作业区、教学楼、监舍等区域，实现服刑人员人数清点的自动化。

（2）人员实时定位。

人员实时定位在实际应用中可以考虑"凸显管控需求，弱化定位功能"。除非发生脱逃、脱管、非法进出特定区域、非法靠近关键设施等行为，系统会立即定位报警所在位置和历史轨迹信息，并调阅现场视频图像供民警进一步分析处理，而平时正常的定位数据是否显示并不一定是必须的。

（3）外出管理与监控。

服刑人员因就诊等需要临时出监时，民警可以将警务通手持机与该名服刑人员的电子腕带绑定。一旦服刑人员离开民警距离超过规定距离或该腕带被破坏时即可提醒民警,同时报警信息也会传递回监狱指挥中心。

(4)实时报警。

① 定位标签(腕带)信号丢失报警

当一定区域内射频标签数量太多导致冲突,或标签离开信号覆盖区域等情况发生时会产生定位标签(腕带)信号丢失,系统立即报警。

② 定位腕带破坏报警

电子腕带本身应具有防破坏设计,若发生剪断或强行摘除等破坏内部线路事件,系统会立即报警。

③ 不符合预定规则报警

服刑人员在监狱的生活如劳动、教育、提讯、会见等活动,系统都可预先设置好相应的规则(路径和许可时间);同时系统自动采集与统计该被监管人员活动轨迹——经过了哪些区域(包括方向)、去过哪些房间、关键时间点等,通过与预设要求比较分析,可以立即确定是否符合规范。

- 区域滞留报警。人员在某区域超时滞留报警(超时滞留时间可灵活设置)。
- 未按时进入指定区域的报警。人员在规定时间内未到达指定区域则报警。
- 进入非法区域的报警。服刑人员进入违禁区域报警,如违规串监区事件。
- 非授权离开某区域报警。服刑人员非授权离开某区域报警。
- 轨迹偏离报警。轨迹偏离预设置路线报警。
- 非授权聚集报警。在未授权时间和区域,对最大允许人员聚集数量进行设置,一旦有超过设定数量的服刑人员聚集则报警。该功能还可以延伸为任意标签聚集报警,如设置同一案件人员不能相遇以防串供,或者两名相互斗殴嫌疑者。

④ 呼叫报警

服刑人员、民警及访客在特殊情况下可以通过按腕带或者卡片上的报警按钮实现快速呼叫报警。

⑤ 电量不足报警

当定位标签(腕带)电池电量不足时可发出电量不足的报警信号,提醒更换电池。

(5)查询统计。

查询统计功能提供对系统中的定位报警和区域进出等情况进行统计,为管理提供量化的数据。可以根据区域、时间、人员类别及具体个人进行查询,也可以任意组合查询。

- 区域查询统计。各相关人员或区域管理人员可以对其直属管理区进行统计,如查询统计某个时间段该区域内应到人数、实到人数、异常或报警人数(权限级别高的管理员可对其下属管理区域进行管理统计)。

● 不同人员类别的查询统计。服刑人员、民警、临时外来人员（如家属、律师、检察官、设备维护人员等）的数量及所在的区域。

● 时段查询统计。统计某时段内的人员、报警等进出情况，例如统计一个月内外出就医的人数，统计一周内的报警情况等。

● 个人轨迹查询。查询某服刑人员一天内的轨迹情况，并可联动回查当时出入相关区域的录像。

（6）与指挥平台无缝集成。

通过与指挥平台无缝集成，实现与视频、门禁、周界、业务系统协同联动，达到主动式、智能化安防要求。

（7）系统管理。

① 定位标签管理

● 定位标签自动检测

系统自动检测所有使用中的定位标签状态，发现异常情况，例如突然或长时间未接收到某个定位标签信号，系统告警提示民警检查该定位标签是否损坏。

● 定位标签增删改查功能

对新入监的服刑人员发放佩戴电子腕带后，民警可在系统中添加电子腕带编号并同时关联该罪犯的详细信息，出监时则可删除。

访客用的临时电子标签可以采用快捷关联方式。

② 报警规则管理

可根据实际情况需要，自定义设置警戒区闯入报警及罪犯脱离报警的激活时间段，甚至可以自定义警戒区范围、界限，以及针对个别罪犯的脱离报警区域。系统应可灵活设置，以方便民警的管理，减少误报警的发生。

③ 人员出入授权

对指定的服刑人员进行临时授权操作，允许其出入警戒区或管制区域。授权操作必须包含罪犯信息、授权时间、授权区域范围、责任民警信息等。

访客用的临时电子标签也一样需要授权其出入范围。

④ 用户权限管理

可以根据不同用户需要，进行系统操作权限的设置。如对登录用户信息、罪犯信息、民警信息以及电子标签（腕带）信息进行添加、查询、修改及删除操作。

2. *扩展功能*

（1）重要资产管理。

在重要资产上安装带有位移传感器的电子标签，资产一旦移动就可触发报警。资产和其主人的标签可以绑定，进出门时如果系统检测到不是两个标签同时出现，可触发报警。

（2）枪支警械管理。

枪支警械也可安装带有位移传感器的防拆电子标签，一旦枪支被强行从枪架取下，电子标签即时发送一个特殊的 ID 给接收器，接收器收到信号立即判断是否驱动报警主机报警。实际使用中还可以将枪支和弹药分开存放，采用不同授权电子标签实施管控，确保安全性。

（3）危险劳动工具管理。

危险劳动工具管理的规范化程度直接影响到监狱的安全与稳定。通过劳动工具与电子标签接合，可以将劳动工具登记、发放、归还等程序在系统内同步实施，真正做到"底数清，情况明"，实现全天候、全覆盖动态管理。

（4）集成生命体征监测。

可以在电子腕带中集成生命体征监测，对特殊犯人进行重点监控。

7.4 问题与展望

不管是采用何种定位技术，都会特别关心最重要的三个技术参数：定位精度、通信距离和电池使用寿命。最佳的方案肯定同时满足较高的定位精度，较远的通信距离和较长的电池使用寿命，体积越小越好，但在当前技术条件下这几点是相互矛盾制约的。从技术角度，定位精度越高，用户体验也会越好，然而相应的成本及方案实施复杂度等相关问题也会明显暴露。事实上，目前多数监狱应用场景中，局部区域定位已经可以获得较好的应用效果，完全可以满足用户的需求，不必刻意去追求定位精度。

按照局部区域定位的需求，门禁系统其实就可以是一个最简单的局部区域定位范例——通过结合其他周界防范系统，如在出口设置红外栅栏等，在确认未发生电子标签越界事件时即可判定该标签在此房间。只不过门禁系统定位精度的最小单位受定位场所的具体室内结构限制。

在部署监狱无线定位应用时，应事先注意做好无线网络勘测与设计。目前多数问题集中在无线定位应用部署前并不能精准确定相关设备（如标签阅读器）的部署数量和安装方式。通过对无线网络勘测和分析可能有助于达到正确带宽、速度和整体信号覆盖效果，有助于确定定位 AP、天线等器件的型号和数量，有助于确定理想的定位 AP 的位置、天线的方位角等工程参数，有助于定量分析射频干扰和噪声源，有助于监测无线节点的连接速度、重试率和丢包情况。

对于使用 RSSI 信号强度定位技术的应用，由于需要在使用前进行预训练（预先采集记录预定位区域各个位置（网格点）多个定位基站发射信号的信号接收强度 RSSI 值，再根据信号距离或分布特征实现相似度拟合，从而确定所在位置），因此更有必要对无线信号进行覆盖勘测。

某室内无线网络勘测分析软件如图 7-3 所示。

在部署监狱无线定位系统时,还需要重视以下几点:

(1)监狱中单位面积的人数多且密集,同时进行数千人的定位实践是一个很大的挑战,需要充分考虑定位系统的实时性、准确性,以及定位基站的抗冲突、抗干扰能力,防止对定位标签信号的漏读。

(2)多数监狱面积大楼舍多,要实现定位全覆盖则需要部署几百个甚至上千个定位设备,在大多数非新建监狱中,由于强弱电管线均已铺设完毕,因而必然对定位设备是否便于安装部署、是否易于管理维护等方面提出相应要求。

(3)无线定位信号漂移问题,一般可采用辅助定位、软件修正等方法修正。

(4)监狱无线定位系统必须与监狱的各种监控系统集成(指挥平台),实现预警联动。

(5)考虑到监狱信息的敏感(或涉密),监狱无线定位系统在信息安全方面应作考虑。

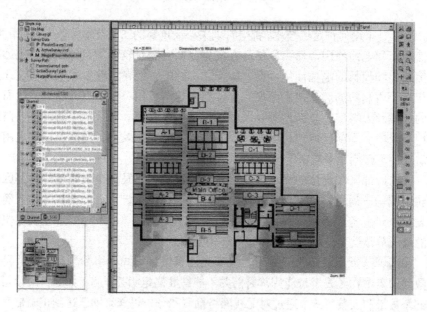

图 7-3 某室内无线网络勘测分析软件

第 8 章 监狱物联网应用——相对精确定位系统

精确定位是一个相对概念。很难去评价究竟多少米精准度可以算是区域定位，多少米又可以算是精确定位，尤其在室内定位技术快速发展的今天。从监狱无线定位应用的需求来看，人员定位的精准度是否需要达到"纳米机器人执行精确定位身体区域并运送药物任务"的要求，答案可能是并不迫切。

UWB 技术、CSS 技术都可以实现几十厘米级的定位，本章将探讨基于 UWB 技术实现监狱相对精确定位。

8.1 系统概述

UWB（Ultra Wide Band）超宽带无线技术是一种使用 1GHz 以上带宽且无需载波的先进无线通信技术。UWB 超宽带无线电中的信息载体为脉冲无线电（Impulse Radio,IR）。脉冲无线电是指采用冲击脉冲（超短脉冲）作为信息载体的无线电技术。这种技术的特点是通过对非常窄（往往小于 1ns）的脉冲信号进行调制，以获得非常宽的带宽来传输数据。UWB 使用的电波带宽为数 G 赫兹，与为 20MHz 左右的无线 LAN 相比，UWB 利用的带宽高出数百倍，其通信速度可以达到每秒几百兆位以上。

UWB 的定义经历了以下三个阶段：

第一阶段：1989 年之前，UWB 信号主要是通过发射极短脉冲获得，这种技术广泛用于雷达领域并使用"脉冲无线电"这个术语，属于无载波技术。

第二阶段：1989 年，美国国防高级研究计划署（Defense Advanced Research Projects Agency，DARPA）首次使用 UWB 这个术语，并规定若一个信号在衰减 20dB 处的绝对带宽大于 1.5GHz 或相对带宽大于 25%，则这个信号就是 UWB 信号。UWB 超宽带信号与窄带信号如图 81 所示。

第三阶段：为了促进并规范 UWB 技术的发展，2002 年 4 月 FCC 发布了 UWB 无线设备的初步规定，并重新对 UWB 作了定义。按此定义，UWB 信号的带宽应大于等于 500MHz，或其相对带宽大于 20%。

超宽带无线通信技术在 20 世纪 90 年代以前主要限于政府和军方项目的研究。2002 年 2 月，美国联邦通信委员会（FCC）分配了 3.1～10.6GHz 共 7.5GHz

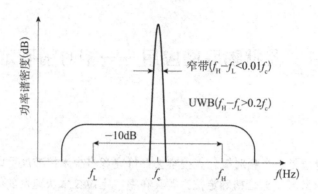

图 8-1 UWB 超宽带信号与窄带信号

的带宽向 UWB 商用通信开放。IEEE 802 委员会也已将 UWB 作为个人区域网（PAN）的基础技术候选对象来探讨。2007 年 3 月，ISO 正式通过了 WiMedia 联盟提交的 MB-OFDM 标准，正式成为 UWB 技术的第一个国际标准。UWB 技术被认为是无线电技术的革命性进展，巨大的潜力使得它在无线通信、雷达跟踪、精确定位等方面有着广阔的应用前景。

超宽带频段用于定位技术具有如下优势：

（1）具有良好的抗干扰性。由于超宽带无线电发射的是持续时间极短的单周期脉冲且占空比极低，UWB 扩频处理增益主要取决于脉冲的占空比和发送每位所用的脉冲数。UWB 的占空比一般为 0.01~0.001，具有比其他扩频系统高得多的处理增益，抗干扰能力强，抗干扰处理增益在 50dB。多径分辨能力强，由于 UWB 极高的工作频率和极低的占空比而具有很高的分辨率，窄脉冲的多径信号在时间上不易重叠，很容易分离出多径分量，所以能充分利用发射信号的能量。

（2）功耗极低。UWB 系统使用间歇的脉冲来发送数据，脉冲持续时间很短，一般在 0.20~1.5ns 之间，占空因数低，系统耗电可以做到很低，是传统移动电话所需功率的 1/100 左右，是蓝牙设备所需功率的 1/20 左右。

（3）结构简单。由于是采用脉冲进行信号调制和传输，直接用脉冲小型激励天线，不需要传统收发器所需要的上变频，从而不需要功用放大器与混频器，因此 UWB 允许采用非常低廉的宽带发射器。

（4）安全性高。UWB 信号的功率谱密度低于自然的电子噪声，从电子噪声中将脉冲信号检测出来是一件非常困难的事。采用编码对脉冲参数进行伪随机化后，脉冲的检测将更加困难。

（5）定位精度高。冲击脉冲具有很高的定位精度，可在室内外提供厘米级定位精度。

目前市场上成熟的商用 UWB 产品可以达到 10～30cm 左右的定位精度，其实现精确定位的原理与无线测距原理有关。基于到达时间差和到达角度相结合（TDOA/AOA）是 UWB 定位技术中采用最广泛的定位方法。无线电波确定位置是通过测量发射机到接收机的路径，只有直线路径是正确的，各种反射路径都是错误的。采用传统的射频方式定位，反射会扭曲直线路径信号，使精确定位变得困难。UWB 超宽带技术可从反射信号中识别出直接的路径信号，使精确定位变得简单。由于冲击脉冲具有很高的定位精度，采用超宽带无线电通信，很容易将定位与通信合一，而常规无线电难以做到这一点。超宽带无线电具有极好抗干扰能力，可在室内和室外进行精确定位。

UWB 精确定位原理如图 8-2 所示。

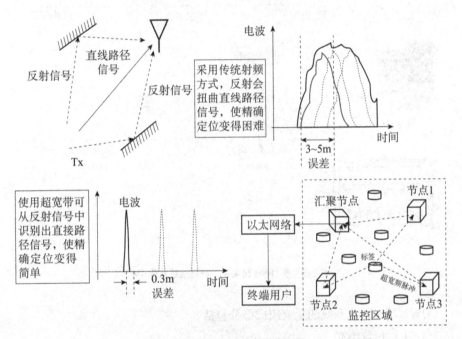

图 8-2 UWB 精确定位原理图

目前已有多家厂商开发推出了 UWB 芯片、应用开发平台和相关设备，其中以 Ubisense、Timedomain、MSSI（后被 Zebra 收购）等公司为代表。

8.2 系统总体架构设计

目前基于 UWB 的无线定位商用项目还不多，缺乏可借鉴的成功经验。根据相关资料，UWB 精确定位系统一般由 4 个组成部分：定位传感器（Sensor）、有源定位标签（Tag）、时间同步分配器（Timing Hub）和定位服务器（包括定位平台和数据接口）。在系统中，时间同步分配器负责所有传感器的时钟同步。定位标签主动发射UWB脉冲信号传给传感器，传感器接收到信号后采用TDOA/AOA定位算法对标签位置进行分析，最终通过有线以太网传输到定位服务器，服务器中的定位引擎进行数据解算、过滤和优化，通过标准的数据接口输出。UWB定位单元可以实现无缝蜂窝连接，将定位空间无限扩展，定位标签可以在各个单元自由行走，通过定位平台软件分析，将定位目标路径真实地以虚拟动态三维效果显示出来。

UWB精确定位系统总体架构如图8-3所示。

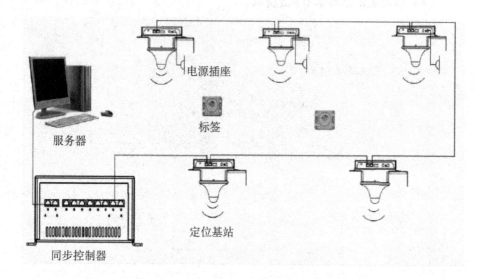

图8-3 某UWB精确定位产品系统总体架构

UWB精确定位系统的主要组成部分包括：

（1）定位传感器

UWB定位传感器包含一个天线阵列及UWB信号接收器，可以通过检测定位标签发出的UWB信号来计算该标签的实际位置。在工作过程中，每个传感器独立测定UWB信号的方向角和仰角(AOA)；而到达时间差信息(TDOA)则必须由一对传感器来测定，而且这两个传感器均部署了时间同步线。这种独特的TDOA/AOA相结合的测量技术可以构建灵活而强大的定位系统。UWB系统中通常使用的是面天线。

（2）有源定位标签

有源定位标签相对体积较小，可置于资产设备、交通工具上，并获得精确度达 15cm 级别的 3D 动态定位信息。标签支持低功耗的休眠模式，能通过内置的运动检测传感器立即激活标签。

（3）时间同步分配器

TOA 定位方法需要目标节点与参考节点之间精确的时间同步，TDOA 定位方法需要参考节点之间精确的时钟同步，时间同步分配器负责所有传感器的时钟同步。

（4）定位服务器

实时定位服务器能从定位传感器、有源定位标签及其他 RTLS 传感系统中获取数据，用户可以很方便地对监控场所进行部署，并将定位网络协同在一个实时、高精度的状态下获取定位的性能，能将场景实时动态地虚拟出来。

8.3 系统功能设计思路

鉴于与第 7 章局部区域定位功能类似，本节不再赘述。

8.4 问题与展望

监狱无线定位是否需要厘米级的精确定位还有待探讨，精确定位作为技术发展方向毋庸置疑。就 UWB 超宽带技术而言，10～30cm 左右的定位精度足以满足人员定位所需，当然 UWB 的部署成本可能是关键的制约因素。

传统的射频技术由于发展较早，各方面应用都比较成熟，而 UWB 定位技术则是近几年刚刚发展起来的高精度定位技术，它的出现弥补了传统无线技术高精度定位的技术空白。

如表 81 所示，UWB 定位技术在定位精度、刷新率等方面技术参数遥遥领先于其他系统，有源 RFID、Zigbee 等定位技术定位效果都是基于二维环境下的模拟点，而 UWB 具有三维定位能力，能够实现坐标级高精度定位，只是考虑到成本，其在监狱普及推广还有一定的难度。

表 8-1 几种无线定位技术的性能比较

定位技术	定位精度 (m)	刷新率	抗干扰性	部署难度
UWB	0.1~0.3	0.004~400Hz 可调	抗干扰性好	复杂
CSS	小于 2	0.1~2 Hz 固定	抗干扰性一般	复杂
Zigbee	2~5	0.5~2 Hz 固定	易受干扰	简单
有源 RFID	2~5	0.05~0.5Hz 固定	易受干扰	简单
WiFi	2~5	0.05~0.5Hz 固定	易受干扰	复杂

第 9 章 监狱云与大数据应用——决策支持系统

9.1 系统概述

监狱要实现"保障监管安全、提升教育改造水平、促进公正廉洁执法"的政务目标,就需要对整个监狱的运行情况进行全面监控和深入分析。目前普遍的做法是对一定时期内的监狱动静态业务数据进行汇总统计,从统计结果来判断监狱各个业务环节是否正常运行。

为了充分挖掘监狱业务数据的价值,将数据转化为可以辅助监狱管理者决策的支撑信息,首先需要将数据汇总到监狱大数据中心;在对数据进行统计分析的基础上,提取出其中的关键绩效指标(Key Performance Indicator,KPI),并进行可视化处理,分不同专题一目了然的呈现出来,实现辅助决策的目的,即需要建设"监狱决策支持系统"。

当前监狱执法管理者最关心的专题如表 9-1 所示。

表 9-1 监狱执法专题

专题名称	专题子项	KPI
监管安全保障专题	突发事件	事件数量、事件类型、发生地点、发生时间、事件级别
	狱内案件	案件数量、案件类型、罪犯分管等级、案件级别、破案比率
	狱内侦查	互监组统计
服刑人员管理专题	刑罚执行	减刑比率、假释比率、保外就医比率
	劳动改造	劳动任务完成情况、劳动收入变动情况
	教育矫正	矫正教育完成情况
	医疗健康	疾病发病率、疫情发生概率
	后勤保障	衣食被服购买率、淘汰率、充足率、陈旧率
民警管理专题	队伍建设	民警年龄分布、民警警衔分布、民警学历分布、民警职位变动比率
	执法质量	遭控告率、遭检举率
	执法效率	未达标业务比率
形势分析专题	犯群结构	性别比例、年龄比例、地域划分、刑期长短、犯罪类型、分管等级

第9章 监狱云与大数据应用——决策支持系统

专题名称	专题子项	KPI
形势分析专题	重控犯监管	重控犯信息查询、重控犯在押位置统计、重控犯类别统计、重控犯危险级别统计、重控犯年龄统计、顽危犯统计、异常罪犯统计
	警力配比	监区级别警犯比例预警、监狱级别警犯比例预警、监狱局级别警犯比例预警、专业/非专业性民警统计、民警文化程度统计
	心理矫治	心理测评预警、心理门诊预警、心理治疗预警
	风险综合指标	风险综合指标预警
	舆情形势分析	舆情来源统计

决策支持系统（Decision Support System，DSS）是以管理科学、运筹学、控制论和行为科学为基础，以计算机技术、仿真技术和信息技术为手段，针对半结构化的决策问题，支持决策活动的具有智能作用的人机系统。该系统能够为决策者提供所需的数据、信息和背景资料，帮助明确决策目标和进行问题的识别，建立或修改决策模型，提供各种备选方案，并且对各种方案进行评价和优选，通过人机交互功能进行分析、比较和判断，为正确的决策提供必要的支持。它通过与决策者的一系列人机对话过程，为决策者提供各种可靠方案，检验决策者的要求和设想，从而达到支持决策的目的。决策支持系统强调的是对管理决策的支持，而不是决策的自动化。决策支持系统一般由交互语言系统、问题系统及数据库、模型库、方法库、知识库管理系统组成，有如下特征：

● 集成化。决策支持系统需要在面向问题的前提下，将系统分析、运筹学方法、计算机技术、知识工程、人工智能等有机地结合起来，发挥各自的优势，实现决策支持过程的集成化。

● 交互性。决策支持系统的核心内容是人机交互。为了帮助决策者处理半结构化和非结构化的问题，认定目标和环境约束，进一步明确问题，产生决策方案和对决策方案进行综合评价，系统应具备更强的人机交互能力，成为交互式系统。

● 智能化。决策支持系统在处理难以定量分析的问题时，需要使用知识工程、人工智能方法和工具，这就是决策支持系统的智能化。

监狱决策支持系统通过商务智能（BI）技术对监狱业务数据进行整理汇总和统计分析，最终达到关键信息的提取、展现及应用于辅助决策的目的。

9.2 系统总体架构设计

监狱决策支持系统依托监狱大数据中心，在罪犯信息库、警察职工信息库、监狱管理信息库、物联信息库等数据源的基础上进行统计分析和数据挖掘，将数据中隐藏的关键信息提取并展现出来，形成涵盖监狱安全保障、教育矫正、劳动改造、刑罚执行、狱内侦查、服刑人员信息管理、警察职工管理、后勤保障、队伍建设各类主题的统计分析报表，可以辅以柱状图、饼状图、曲线图、报表等丰富的展现形式，为领导辅助决策提供支持。

监狱决策支持系统采用分层架构设计，其总体架构如图9-1所示。

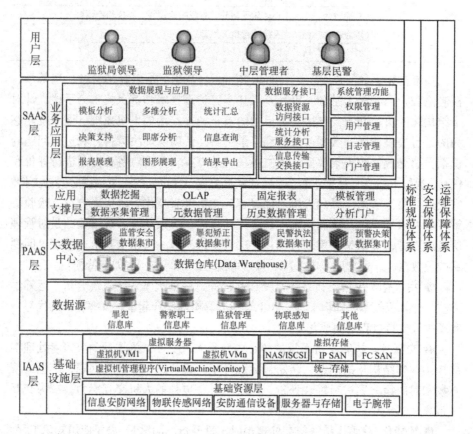

图9-1 监狱决策支持系统总体架构

系统总体逻辑架构从上至下由用户层、业务应用层、应用支撑层、监狱大数据中心、数据源、基础设施服务层和基础资源层构成。整个架构集中体现：以基础设施层（包括基础资源层和基础设施服务层）和数据层（包括监狱大数据中心和数据源）为依托，以应用支撑层和业务应用层为核心，全面为用户提供辅助决策服务。

业务逻辑结构各层次概要说明：

（1）用户层

通过统一的用户管理进行统一的身份认证，实现单点登录。各类用户登录相应的门户访问该用户权限允许的信息、业务系统。

（2）软件即服务层（业务应用层）

业务应用层是整个业务逻辑结构的核心，该层通过调用应用支撑层的应用组件资源，提供数据展现与应用、数据服务接口和系统管理功能。

（3）平台即服务层

● 应用支撑层

应用支撑层为其上开发运行的应用模块提供稳定、安全、调用简单的底层功能实现，为形成一体化应用、保证系统的可维护性和可扩展性奠定基础。通过应用支撑层，可以快速创建、组装、部署和管理动态的应用逻辑。应用支撑层与业务应用层共同构成整个业务逻辑结构的核心，应用支撑层的应用组件构成应用基础系统，是应用层的软件支撑平台。

● 监狱大数据中心

监狱大数据中心负责对监狱各业务活动的数据进行定时抽取、清洗、集中存储后建立标准数据仓库。数据仓库包括服刑人员基础信息、狱政管理信息、刑罚执行信息、教育改造信息、狱内侦查信息、劳动改造信息、生活卫生信息、警察职工信息等内容，实现数据的统一化、标准化管理，同时也便于与其他政法单位信息共享。数据集市是支持各个主题、各类分析应用的数据集合，包括监管安全数据集市、罪犯矫正数据集市、民警执法数据集市和预警决策数据集市。

● 数据源

系统的数据源是从各监狱汇总到数据仓库的数据库，包括罪犯信息库、警察职工信息库、监狱管理信息库、物联感知信息库等，为监狱大数据中心提供全面的数据源支持。

（4）基础设施服务层

基础设施服务层主要包括基础资源层和基于虚拟化的监狱私有云基础设施服务——虚拟服务器、虚拟存储等。基础资源层包括了系统建设所需的系统软硬件、安防设备、网络等资源。

9.3 系统功能设计思路

监狱决策支持系统功能设计如下：

（1）全局决策分析功能

全局决策分析主要服务于监狱宏观动态分析和辅助领导决策。监狱决策支持系统可以对监管业务全局进行统计分析和展现，对监狱的刑、教、劳、医、衣、购等各类监管业务可以分别作出综合统计分析。

例如对刑罚执行业务统计分析如图 9-2 所示。

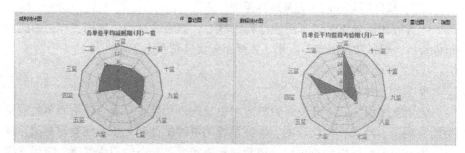

图 9-2 减刑假释情况统计

● 数据挖掘和分析

采用数学统计及人工智能等分析方法对数据仓库中的数据进行分析,做出归纳性的推理,从中挖掘出潜在的信息和规律,并以直观的统计图和其他分析结果来帮助领导了解监狱宏观动态,预测警示风险,方便做出正确的决策。

● 数据使用

数据使用提供信息查询、统计汇总、图形化展现、数据转换和输出等功能,为共享数据的使用提供支撑。

数据使用工具的主要功能包括信息查询、统计汇总、图形化展现、数据转换和输出、数据访问接口、信息资源交换接口等,如表 92 所示。表 92 数据使用工具的主要功能

模块功能基本要求信息查询支持单项查询、组合查询、主题查询、模糊查询、全文检索、快捷查询、编码查询等多种形式的信息查询方式统计汇总支持在数据库应用中常用的数值运算和汇总计算,主要包括固定计算、汇总计算、即时计算等图形化展现支持直方图、饼图、折线图、多维直方图等多种方式展示查询和统计结果,支持定义图形的比例、配色等显示规则数据转换和输出支持根据用户需要输出查询统计结果,支持多种文件格式,支持单表输出和组合输出的输出方式数据访问接口支持定制专门的数据访问接口,满足有针对性的信息资源使用需求信息资源交换接口提供与信息资源交换系统的接口,便于某些数据通过信息资源交换系统进行点对点交换

(2)专题决策分析功能

专题决策分析主要服务于业务分析人员的专题分析。与全局决策分析功能类似,都是在数据统计分析的基础上形成监管安全、罪犯矫正、民警执法、预警决策等多类专题决策分析功能。

例如对监狱在押犯数据、民警数据进行展现等。对服刑人员和民警的数据

还可以进一步分析,如净年龄结构分析、警囚比分析、重控犯分析等。

类似的专题统计方式可以应用到监狱监管的方方面面,覆盖各类业务、各岗位的民警、各类服刑人员,形成全面、准确、可靠的决策支撑方式。

(3)信息资源管理模块

● 旧数据甄别及处理

按照监狱信息规范要求,采用专业化工具抽取、清洗旧数据,对合格数据和不合格数据逐一分类,定时传输、统一存储。

● 历史数据管理

定时汇聚处理数据,对数据进行分析、建立索引、按需查找、自动统计等处理。

● 数据再利用

根据其他业务系统的需要,提供多种不同的数据获取模式,提高数据利用率。

● 数据时效性

为保证数据的有效性,可按需调整数据抽取及清洗的频率。

9.4 问题与展望

决策支持系统是利用共享的决策资源(数据、模型、知识)辅助解决各类决策问题。在监狱的具体应用中,由于各种因素互相关联,决策环境错综复杂,可供使用的信息又不够精确完善,这都给决策支持系统建设造成了很大的困难。

监狱决策支持系统的主要应用局限就在于当前监狱的数据规模及应用水平(除视频应用外,监狱传感网建设几乎空白;各类业务系统建设尚未全面完成),以及各类问题决策建模的科学性亟待考量。

大数据时代的数据技术变革为决策支持系统带来了全新的发展机遇,决策支持系统可通过对全方位、结构化、非结构化实时数据和历史数据,特别是隐藏于表象数据之后行为特征数据的在线收集和即时分析,为决策者进行全局性决策提供支持。

第 10 章 监狱云与大数据应用——网络舆情监测系统

10.1 系统概述

网络舆情（Internet Public Opinion，IPO）即网络上的社情民意，其概念强调两点：一是新闻事件、社会现象和社会问题主要通过互联网首发或传播；二是表达信念、态度、意见和情绪的公众主要是网民。从 20 世纪 90 年代开始，互联网的飞速发展已经深刻地改变了社会的信息传播渠道；如今普及的移动互联网更是彻底颠覆了传统的媒体和舆论观念，成就了一个"人人都是信息采集者、人人都是信息传播者"的新时代。网络媒体具有进入门槛低、信息规模大、发布与传播迅速、参与群体庞大、实时交互强等综合特点。网络舆论不仅是网民直接表达意见的渠道，更是网民与社会管理者进行互动的绝佳平台，甚至已经开始推动社会在各个领域的变革和进步。网络舆情已成为影响社会持续有序发展、维护社会和谐稳定的重要因素。

网络舆情信息的主要来源：一类是大众网络媒介，如门户网站新闻跟帖、网络社区（BBS）、聊天室（ChatRoom）、即时通信（QQ、MSN 等）、聚合新闻（RSS）、维基（WIKI）；另一类是小众网络媒介，如博客（Blog）、微博（MicroBlog）、微信（WeChat）等。如何因势利导，提高新形势下舆情信息的分析能力，及时准确地掌握舆情动态，积极引导社会舆论是各级政府部门面临的严肃课题与严峻挑战。

政府网络舆情监测系统建设的实际需求有：

（1）如何透过互联网了解民情，获取最真实的民众诉求？

（2）如何准确地收集"政府各部门最需要的"舆情信息？

（3）如何能随时知道"与政府各部门相关舆情信息"的发生，以及如何全面追踪？

（4）如何应对突发事件和舆情危机？

（5）如何防止有害舆情信息的泛滥传播和舆情失控？

（6）如何判断舆情信息的未来走势？

（7）如何在第一时间为政府各部门领导决策提供信息支持，为危机化解争取时间？

（8）如何建立舆情评估机制？

因此政府网络舆情监测系统的建设目标是：

借助大数据支撑技术，通过对主流媒体、门户网站、资讯平台、知名论坛、搜索引擎、博客、贴吧等网络载体的监测，全面掌控互联网上与政府各部门相关的人、地、物、事、组织，不漏掉有价值的舆情信息。借助大数据支撑技术，对已经获取到的海量网络信息中与政府各部门相关的舆情信息进行动态分类采集、智能化分析，及时发现隐藏热点舆情、突发事件和重大公共事件信息。借助大数据支撑技术，实现第一时间掌握涉及政府各部门相关的网络舆情最新动态。

10.2 传统网络舆情监测面临的挑战

大数据时代意味着需要变革传统网络舆情的研究方式。面对 PB 级规模（甚至更大）的网络言论，传统关系型数据库开始过渡到包括所有格式的文本、图片、XML、HTML 及各类报表、图像、音视频信息等非结构化的大数据库。海量的数据代表了网民最真实、最客观的行为特征与心理需求，大数据技术的产生表现出了极大的价值，网络舆情的采集和分析必须依赖大数据分析技术和平台。大数据实际上是对更广泛数据的数据挖掘，以前因为成本、处理速度、数据量不足等无法处理的问题，随着软硬件的发展、处理速度的指数级增长和存储成本的直线下降，已不再是困扰。

Web1.0 是基于单向度的广播，WEB2.0 则是基于博客等互动的多向度的广播。当前网络所具有的互连互通、便捷性、即时性等特点都表明单纯人力不可能完成对网络舆情的控制。为了能全面、及时、精准、专业、高效掌握网络舆情，从而协助司法行政系统在监狱管理、强制戒毒、社区矫正、律师管理、公证管理、基层司法、司法鉴定、司法考试等工作中及时掌握有关网络舆论，把握好正确的舆论导向，为司法行政系统决策提供依据，一般通过"网络舆情监测系统"实现舆情信息的动态收集、鉴别和归类。

针对网络舆情进行监测和预警，其目的是抑制网络舆情对公共决策的负面影响，促进网络民主舆论健康发展。司法行政系统必须建立健全网络舆情的监测及预警机制，通过大数据分析技术对网络舆情及时做出预警，通过对网络舆情进行定性和定量分析，建立舆情风险评估机制；必须完善网络舆情的引导能力，建立应对处置机制,及时控制网络舆情;加强网络评论队伍建设,理性引导网络舆情;加强与传统媒体互动,形成主流舆论强势;发挥"意见领袖"作用,引导网民自我教育,防止"群体极化(Group Polarization)",即"群体中原已存在的倾向性通过相互作用而得到加强,使一种观点朝着更极端的方向转移,保守的会更保守,激进的会更冒险。"

大数据时代关系的可视化如图10-1所示。

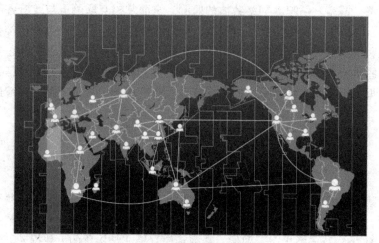

图 10-1 大数据时代关系的可视化

传统网络舆情监测主要是对已经物理呈现的数据进行概约化的统计、分析和趋势预测。社交媒体和传感器网络的发展带来数据呈现爆炸式增长,既有传统的数据库数据等结构化信息,又有视频等非结构化信息,传统的分析技术由于分析手段限制、分析能力限制、时限要求限制等原因,显然在大数据时代,原有的技术架构和路线,传统的研究方法与处理工具已经无法高效处理如此海量的数据;高度分散性的社交网络(Social Network Service,SNS)等新技术的不断兴起,大数据带来的大挑战给传统舆情的监测、统计和管理带来相当大的难题。

10.3 司法网络舆情应对现状

我国的司法行政系统主要涵盖普法依法治理、人民调解、法律援助、法律服务、监狱(强制戒毒、社区矫正、安置帮教)和司法考试6大职能,其目标是推动整个社会的民主和法制化。然而由于历史原因,与其他政法机关相比,司法行政系统的职能数可谓最多,职能庞杂且多数职能之间缺乏必然联系。

"职能繁杂、条块交织、层多面广"的特点使得司法行政系统在网络舆情应对领域还很薄弱。一些恶意网络舆情一旦聚集，经由不明真相的网民一再放大，将给司法行政系统造成极大的负面影响，危及司法行政机关的权威和公信力。如何应对这一严峻挑战，化解舆情危机，做好司法系统舆情民意的趋势研判，实现网络舆情信息的引导与控制，对维护社会稳定至关重要。

引发当前司法网络舆情危机的主要有：

（1）无限夸大事实或制造谣言，误导网民，造成事情的恶性发展。

（2）少数人操控恶意炒作，故意诋毁并煽动网民对司法行政系统的不满。

（3）敌对势力利用互联网策划活动。

而当前司法网络舆情危机应对存在的主要不足是：

（1）网络舆情应对机制不健全。多数司法行政机关尚未成立专门机构对网络舆情信息进行监管，在应对网络舆情方面尚未全面建立起制度化、系统化的有效机制，甚至部分还拘泥于陈旧的处置方式，缺乏对网络舆情的危机进行系统的研究和探索，缺乏完善的应急预案体系。

（2）网络舆情采集及分析手段滞后。由于部分数据涉密，监狱等信息传输均采用专网形式，以保证内外网的隔离。传统的物理安全错觉也导致多数司法行政机关信息化力度不足，司法舆情监控系统建设落后，缺少及时有效的信息采集、处理、研判、反馈、决策等预警机制。

（3）人员技术水平低。当前司法行政系统各部门非常缺乏网络舆情监测与处置方面的专业人才，危机舆情收集和分析工作滞后，导致危机事件处置的被动；监狱等部门尽管都有应急处置的预案，但主要针对越狱等突发事件而设，缺乏网络舆情方面的应对预案，缺乏与媒体沟通的训练。

10.4 系统总体架构设计

1. 网络舆情监测系统"云平台"构建

由于网络信息量十分巨大，传统依靠人工采集和查询几乎是不可能的，必须借助自动化的网络舆情监测系统，自动采集和监测网络舆情，由被动应对化为主动引导。与一般的互联网搜索引擎不同，舆情监测系统的数据是经过定向采集（广度和深度）、实时更新（如点击数、回复数、转载数）、本地归档（清洗过滤、自动分类、相似性排重），而且具备趋势分析（分析和挖掘）、自动预警等功能。互联网搜索引擎在全面性和及时性方面完全不能满足舆情监测的需要。

网络舆情监测系统通过虚拟化技术，在"云平台"的基础上搭建网络舆情监测系统应用。

(1) 基础资源服务

在电子政务专网、服务器、存储设备等IT基础设施的基础上构建政府网络舆情监测系统"云平台"的基础资源服务，包括虚拟服务器、虚拟存储等。

● 虚拟服务器。在物理服务器上安装虚拟机管理程序（Virtual Machine Monitor），虚拟机管理程序可根据用户实际需求（CPU主频、内存大小、硬盘容量等）构建相应的虚拟服务器作为部署应用系统的应用服务器和数据库服务器。

● 虚拟存储。通过成熟的NAS、IP SAN、FC SAN技术构建集群的云端存储体系，为各个虚拟应用服务器和数据库服务器提供存储。

(2) 平台即服务

通过"云平台"管理程序对虚拟机的创建、负载均衡、回收、备份进行统一的管理，并提供相应的技术组件为"云平台"上的应用提供支撑。政府网络舆情监测系统通过PAAS层向用户提供舆情监测相关的功能服务。PAAS层是为上层服务提供技术支持的组件和数据库服务，支持组件包括网页爬虫组件、搜索引擎、存储管理、舆情分析组件、全文检索组件、应用中间件、日志服务、系统安全管理等组件。

大数据中心包括用户数据库、舆情采集数据库、舆情分析数据库、监狱信息数据库等，基于以上各类数据，包括所有格式的办公文档、文本、图片、XML、HTML、各类报表、图像、音视频信息等结构化、非结构化、半结构化数据。由于结构和来源不同，系统提供了不同的访问方式和相关协议标准。

(3) 软件即服务

软件即服务是在基础资源服务和平台服务的架构基础上，为政府用户提供网络舆情应用服务，主要通过舆情采集、舆情处理分析和舆情管理三大子系统提供。

网络舆情监测系统"云平台"架构如图10-2所示。

司法网络舆情监测系统技术架构如图10-3所示。

2. 网络舆情监测系统的部署

网络舆情监测系统可以按省、市县等层级实施部署，司法行政系统可以依托部（局）、省厅（局）、基层监狱（司法所）等层级实施部署。通过电子政务专网将政府各部门有机连接，共建舆情大数据与预警中心，整个网络拓扑架构如图10-4所示。省级系统和市县级系统分别独立，上级主管部门可以访问下级采集的数据，如果达成协议，同级各部门也可以互相共享采集回来的数据。

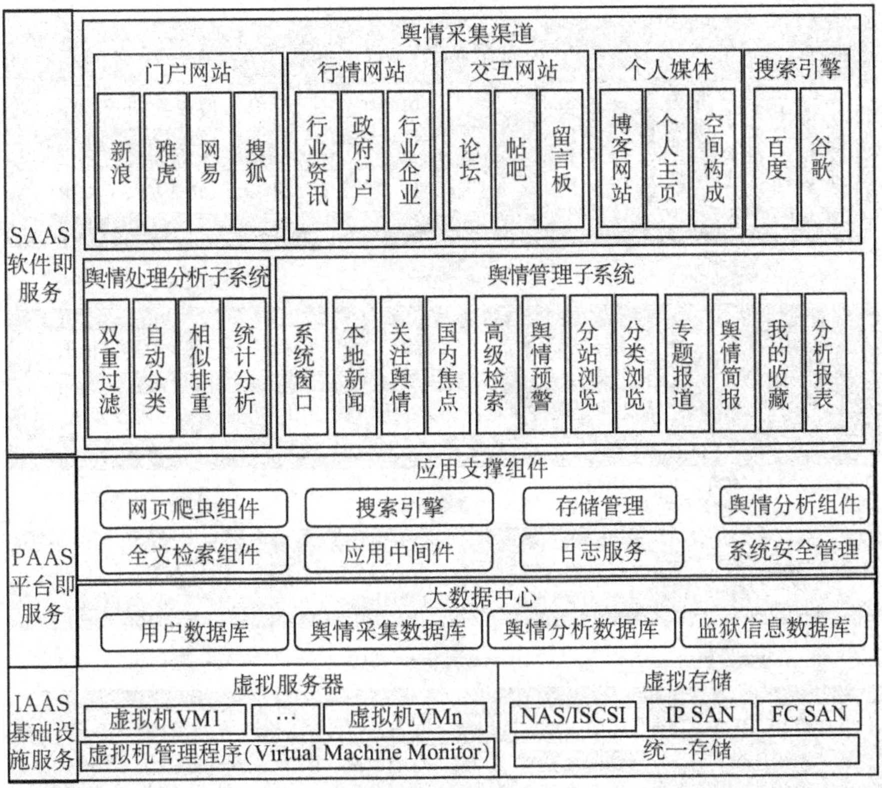

图 10-2 网络舆情监测系统“云平台”

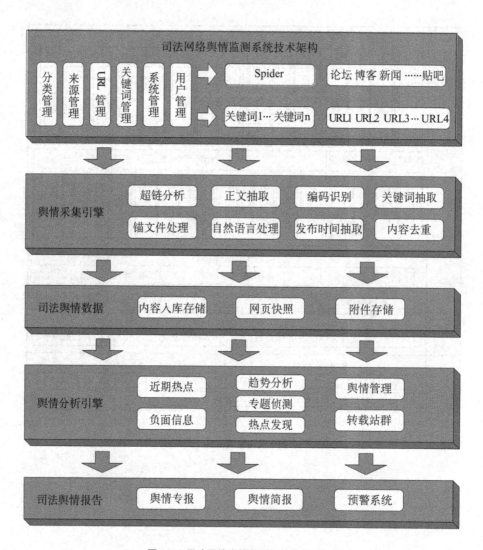

图 10-3 司法网络舆情监测系统技术架构

第 10 章 监狱云与大数据应用——网络舆情监测系统

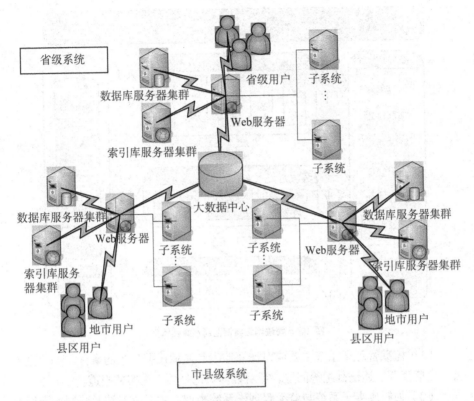

图 10-4 网络舆情监测系统的部署

10.5 系统功能设计思路

司法网络舆情监测系统可设计为 5 个部分，第一部分为业务子系统，由监狱管理子系统、强制戒毒子系统、社区矫正子系统、律师管理子系统、公证管理子系统、基层司法子系统（司法所管理、人民调解、帮教安置）、司法鉴定子系统和司法考试子系统 8 个子系统组成。第二部分为舆情采集模块，由网络舆情采集、热点事件聚焦、舆情主题跟踪和负面舆情发现 4 大功能组成。第三部分为舆情研判模块，由舆情趋势分析、舆情风险评估和舆情统计报告三大功能组成。第四部分为舆情控制模块，由舆情导控、舆情预警和处置预案三大功能组成。第五部分为大数据库（基础数据），由信息源数据库、重点对象数据库、关键词数据库、舆材库等多个结构化、非结构化和半结构化数据库组成。如图 10-5 所示。

司法网络舆情监测系统业务子系统功能设计如下：

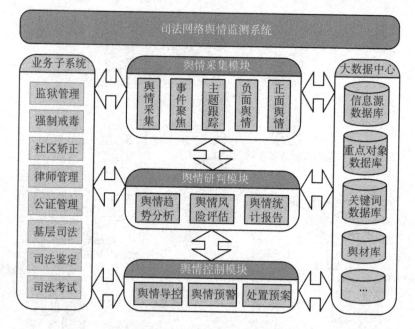

图 10-5 司法网络舆情监测系统架构图

（1）监狱管理子系统主要应对涉及监狱和监狱民警形象的事件。如执法不公、失职渎职、违法乱纪等问题，或者媒体舆论片面、失实的报道。

（2）强制戒毒子系统与监狱管理子系统类似，主要应对涉及强制戒毒所和民警形象的事件，侧重于对戒毒、原劳教等舆情信息的采集。

（3）社区矫正子系统主要侧重对社区矫正对象、矫正工作人员和社会志愿者的舆情信息的监测。如矫正对象重新犯罪、脱管脱逃等事件。

（4）律师管理子系统主要应对律师事务所和律师执业中出现的违反法律法规、行业规范、职业道德的事件。

（5）公证管理子系统主要应对可能涉及公证处和公证员形象的事件。如违反公证程序规则规定、发生错证等严重损害公证信誉和公证队伍整体形象，影响公证行业的社会公信力的事件。

（6）基层司法子系统主要包含司法所管理、人民调解、帮教安置、社会维稳等内容。主要应对基层司法所和人民调解组织，对刑释解教人员的安置帮教工作等领域出现的可能涉及基层司法所依法治理工作形象的事件。

（7）司法鉴定子系统主要应对诸如司法鉴定管理混乱、错误鉴定、利用鉴定结论徇私舞弊等舆情事件。

（8）司法考试子系统主要应对诸如试卷安全保密、考试规章制度、工作人员串通作弊等可能危及司法考试公平、公正的事件。

司法网络舆情监测系统舆情采集模块功能设计如下：

（1）网络舆情采集是舆情工作的首要任务，网络传播特点和网民行为特征要求系统从广度和深度两个层面实时抓取信息，可以采用 Spider 技术，根据用户预先设定的搜索范围和关键词，按照一定的调度算法下载指定网站内的网页。在互联网上不断采集新闻信息，无论网页、文档还是多媒体，都可对这些信息统一加工过滤、自动分类，保存新闻的标题、出处、发布时间、正文、新闻相关图片等信息，用户可以预先设定要监控的网站和范围，并且定义自己感兴趣的主题。

（2）热点事件聚焦则可以根据新闻出处的权威度、发言时间密集程度等参数，识别出给定时间段内的热门话题和事件。利用内容主题词组和回贴数进行综合语义分析，识别热点话题。对重要的热点新闻事件进行分析和追踪，对于突发事件引起的网络舆情，可以及时掌握舆情暴发点和事态。

（3）舆情主题跟踪可以就关心的主题分析网络上发表的文章话题。

（4）负面舆情发现是对收集到的内容进行分析过滤和自动分类，完成对负面舆情要素的抽取与识别。

司法网络舆情监测系统舆情研判模块功能设计如下：

（1）舆情趋势分析可以有效反应某一舆情信息的网民关注情况的变化趋势，便于舆情控制工作的有效开展。趋势分析可分为 24 小时趋势、一周趋势等。

（2）舆情风险评估主要对网络舆情稳定的临界程度及时做出预警，舆情分析评估可使司法行政部门对网络不稳定因素的预警判断能力大幅提升，对于各级领导做出科学决策，适时启动应急处置方案和相关部门提前部署工作具有十分重要的意义。

（3）舆情统计报告可根据舆情分析引擎处理后生成，用户可通过浏览器浏览，提供信息检索功能，根据指定条件对热点话题、倾向性进行查询，并浏览信息的具体内容，提供决策支持。

司法网络舆情监测系统舆情控制模块功能设计如下：

（1）舆情导控是通过网上正面舆论引导，主动开展对网上恶意炒作热点敏感信息及群体性事件、敏感案件等的舆论导控工作，及时发布有关情况，让群众充分了解各部门工作情况，形成网上正面声音。

（2）舆情预警是经过分析发现重大负面信息时，系统将启动预警机制，迅速报警提示，预警手段可以是信息窗口通知、邮件预警通知、短信预警通知等。

（3）处置预案是建立对突发舆情事件的应急管理、现场处置方案等。

10.6 问题与展望

随着智慧经济的崛起,从"看到过去"到"预测未来"的商业智能(BI)与大数据的交叉,从庞大数据中发现有价值的规则和模式的数据挖掘技术的应用,从点(交易数据)到线(交互数据)的分析,以及大规模数据分布式处理技术 Hadoop 的诞生,改变了传统网络舆情只见"内容"却忽视"社会关系"的单向度监测,使得研究视角更加多元化、多维度。

在大数据时代,预测与决策将更多基于数据分析,因而抓取的信息广度要尽可能最大化,对海量舆情信息的浓缩、深挖、关联能力需不断拓展,以避免将噪声误认为有价值数据的行为,统计学称为"过度拟合(Overfit)"。

第四部分 信息安全与运维篇

第 11 章　监狱信息安全等级分析

智慧监狱的建设离不开安全、稳定、可靠的 IT 系统,全国监狱信息化建设已经取得了显著成绩,但是科学化、标准化、规范化的监狱信息安全体系还未能建立,尚缺少集成化、自动化、智能化的信息系统运维管理平台。当前监狱系统的信息安全和运维主要还是依靠人工实施,技术手段和管理模式还不能很好地适应智慧监狱建设对信息安全与运维管理工作提出的要求。

11.1　分级保护与等级保护

目前监狱网络主要由监狱专网(内网)、监狱外网(Internet)、电子政务网(省/市政务外网)和机要网这 4 套大的网络系统构成。基于数据、视频、语音三网融合的监狱专网承担了大多数监狱业务信息系统和安防系统的数据传输和信息资源共享。在监狱专网基础上,为实行"5+1+1"教育改造模式,多数监狱已着手开始建设"教育子网"——服刑人员教育改造专网(可细分为教育改造专网和数字电视网)。随着视频监控网络化高清化的发展对带宽的需要,在监狱内网中单独组建一张"安防子网"也成为一种选择。可以预见,智慧监狱的建设还将在监狱中创建一张"监狱物联网"用以实时传输监狱物联网感知数据。

监狱的信息安全对象涉及基础设施、网络、业务应用系统、数据库等,可分为涉密和非涉密信息系统两大类。由于监狱系统的特殊性,考虑其数据可能涉及的敏感性,因此可以采用政务专网形式来保证非涉密信息的传递和业务流程(涉密系统需按国家规定建设)。通常监狱专网与监狱外网之间相互物理隔离,或者经过网闸,以数据"摆渡"的方式来交换信息,以实现外部公共服务与内部业务流程的衔接。

由于不直接与 Internet 连接,因此监狱专网一般不受 Internet 的威胁,随着监狱 CA 认证系统的全面部署,应该说监狱专网还是具有较高的安全性,但仍应正视可能面临的各种安全风险,对网络威胁给予充分的重视。

根据《中华人民共和国计算机信息系统安全保护条例》等有关法律法规,信息安全等级保护是对信息和信息载体按照重要性等级分级别进行保护的一种工作。信息安全等级保护广义上为涉及该工作的标准、产品、系统、信息等均依据等级保护思想的安全工作；狭义上一般指信息系统安全等级保护，是指对国家安全、法人和其他组织及公民的专有信息及公开信息和存储、传输、处理这些信息的信息系统分等级实行安全保护，对信息系统中使用的信息安全产品实行按等级管理，对信息系统中发生的信息安全事件分等级响应、处置的综合性工作。

2007年6月22日，公安部与国家保密局、密码管理局、国务院信息办联合会签并印发了《信息安全等级保护管理办法》（公通字〔2007〕43号），7月16日四部委联合会签并下发了《关于开展全国重要信息系统安全等级保护定级工作的通知》（公信安〔2007〕861号）。

规定明确了等保标准体系为国家标准（GB、GB/T），分保标准为国家保密标准（BMB，强制执行）；非涉密信息系统适用等级保护，涉密信息系统适用分级保护；公安机关是等级保护工作的主管部门，国家保密工作部门、国家密码管理部门、信息化领导小组负责协调、监督、检查、指导工作。国家保密工作部门是分级保护工作的主管部门，各省保密局、各地市保密局负责本辖区监督、检查、指导工作，见表111。

表 111 等级保护与分级保护

	等级保护		分级保护	
职能部门	公安机关		国家保密工作部门	
	国家保密工作部门		地方各级保密工作部门	
	国家密码管理部门		中央和国家机关	
	国务院信息办		建设使用单位	
管理职责	公安机关	监督、检查、指导	国家保密局（全国）	监督、检查、指导
	国家保密工作部门	保密工作的监督、检查、指导	地方各级保密局（本行政区域）	监督、检查、指导
	国家密码管理部门	密码工作的监督、检查、指导	中央和国家机关（本部门/本系统）	主管和指导
	国务院信息办	部门间的协调	建设使用单位（本单位）	具体实施

11.1.1 非涉密信息系统的等级保护

非涉密信息系统适用等级保护，信息安全等级保护坚持自主定级、自主保护的原则。信息安全等级保护工作包括定级、备案、安全建设和整改、信息安全等级测评、信息安全检查5个阶段。信息系统安全等级保护将安全保护的监管级别划分为5个级别：一级（自主保护）、二级（指导保护）、三级（监督保护）、四级（强制保护）、五级（专控保护）。二级以上信息系统运营、使用单位依据《信息安全等级保护管理办法》和相关技术标准对信息系统进行保护，国家有关信息安全监管部门对其信息安全等级保护工作进行监督管理。备案后三级系统每年进行一次监督检查，四级系统每半年进行一次监督检查。

第一级：信息系统受到破坏后，会对公民、法人和其他组织的合法权益造成损害，但不损害国家安全、社会秩序和公共利益。

第二级：信息系统受到破坏后，会对公民、法人和其他组织的合法权益产生严重损害，或者对社会秩序和公共利益造成损害，但不损害国家安全。

第三级：信息系统受到破坏后，会对社会秩序和公共利益造成严重损害，或者对国家安全造成损害。

第四级：信息系统受到破坏后，会对社会秩序和公共利益造成特别严重损害，或者对国家安全造成严重损害。

第五级：信息系统受到破坏后，会对国家安全造成特别严重损害。

在等级保护的实际操作中，强调从5个部分进行保护：

● 物理部分：包括周边环境，门禁检查，防火、防水、防潮、防鼠、虫害和防雷，防电磁泄漏和干扰，电源备份和管理，设备的标识、使用、存放和管理等。

● 支撑系统：包括计算机系统、操作系统、数据库系统和通信系统。

● 网络部分：包括网络的拓扑结构、网络的布线和防护、网络设备的管理和报警、网络攻击的监察和处理。

● 应用系统：包括系统登录、权限划分与识别、数据备份与容灾处理、运行管理和访问控制、密码保护机制和信息存储管理。

● 管理制度：包括管理的组织机构和各级的职责、权限划分和责任追究制度，人员的管理和培训、教育制度，设备的管理和引进、退出制度，环境管理和监控，安防和巡查制度，应急响应制度和程序，规章制度的建立、更改和废止的控制程序。

由这5部分的安全控制机制构成系统整体安全控制机制。

11.1.2 涉密信息系统的分级保护

分级保护针对的是涉密信息系统，国家保密工作部门对涉密信息系统如何进行分级保护制定了一系列的管理办法和技术标准，实施信息安全分级保护的强制执行制度。目前正在执行的两个分级保护的国家保密标准是BMB17《涉及国家秘密的信息系统分级保护技术要求》和BMB20《涉及国家秘密的信息系统分级保护管理规范》。此外，涉密信息系统工程建设实施期间的管理工作必须按照国家保密标准BMB18《涉及国家秘密的信息系统工程监理规范》的要求对工程建设过程进行监督管理。

根据规定：涉密信息系统应当按照国家保密标准配备保密设施、设备。保密设施、设备应当与涉密信息系统同步规划，同步建设，同步运行。涉密信息系统投入使用前,应当经设区的市级以上保密行政管理部门检查合格。

规定还要求:不得将涉密计算机、涉密存储设备接入互联网及其他公共信息网络;不得在未采取防护措施的情况下,在涉密信息系统与互联网及其他公共信息网络之间进行信息交换;不得使用非涉密计算机、非涉密存储设备存储和处理国家秘密信息;不得擅自卸载涉密信息系统的安全技术程序、管理程序;不得将未经安全技术处理退出使用的涉密计算机、涉密存储设备赠送、出售、丢弃;不得在未采取保密措施的有线和无线通信、互联网及其他公共信息网络中传递国家秘密。

根据涉密信息的涉密等级,涉密信息系统的重要性,遭到破坏后对国计民生造成的危害性,以及涉密信息系统必须达到的安全保护水平划分为秘密级、机密级和绝密级三个等级。

- 秘密级:信息系统中包含有最高为秘密级的国家秘密,其防护水平不低于国家信息安全等级保护三级的要求,并且还必须符合分级保护的保密技术要求。
- 机密级:信息系统中包含有最高为机密级的国家秘密,其防护水平不低于国家信息安全等级保护四级的要求,还必须符合分级保护的保密技术要求。
- 绝密级:信息系统中包含有最高为绝密级的国家秘密,其防护水平不低于国家信息安全等级保护五级的要求,还必须符合分级保护的保密技术要求。绝密级信息系统应限定在封闭的安全可控的独立建筑内,不能与城域网或广域网相联。

分级保护与等级保护对应关系:秘密级对应三级、机密级对应四级、绝密级对应五级。

11.2 监狱信息系统的定级

当前监狱不同程度地存在着信息系统在安全防护技术措施方面的不足,监狱信息系统等级保护尚未全面展开。根据公安部、国家保密局、国家密码管理局、国务院信息化工作办公室《关于开展全国重要信息系统安全等级保护定级工作的通知》(公信安[2007]861号)要求,需要准确地评价监狱信息系统,最终确定信息安全保护等级,为信息系统安全规划、建设、分等级保护提供依据。

11.2.1 定级依据

- 《中华人民共和国计算机信息系统安全保护条例》(国务院147号令,1994年)。
- 《国家信息化领导小组关于加强信息安全保障工作的意见》(中办发[2003]

27号）。
- 《关于信息安全等级保护工作的实施意见》（公通字［2004］66号）。
- 《信息安全等级保护管理办法》（公通字［2007］43号）。
- 《关于开展全国重要信息系统安全等级保护定级工作的通知》（公信安［2007］861号）。
- 《关于开展信息安全等级保护安全建设整改工作的指导意见》（公信安［2009］1429号）。
- 《计算机信息系统安全保护等级划分准则》（GB 17859-1999）。
- 《信息系统安全等级保护定级指南》（GB/T 22240-2008）。
- 《信息系统安全等级保护基本要求》（GB/T 22239-2008）。
- 《信息系统安全等级保护实施指南》（GB/T 25058-2010）。
- 《信息系统安全等级保护测评要求》（GB/T 28448-2012）。
- 《信息系统等级保护安全设计技术要求》（GB/T 25070-2010）。

11.2.2 定级方法

信息系统安全包括业务信息安全和系统服务安全，与之相关的受侵害客体和对客体的侵害程度可能不同，因此信息系统定级也应由业务信息安全和系统服务安全两方面确定。从业务信息安全角度反映的信息系统安全保护等级称为业务信息安全保护等级，从系统服务安全角度反映的信息系统安全保护等级称为系统服务安全保护等级，取两者中的较高者为信息系统的安全保护等级。

确定信息系统安全保护等级的一般流程如下：

（1）确定作为定级对象的信息系统。

（2）确定业务信息安全受到破坏时所侵害的客体。

（3）根据不同的受侵害客体，从多个方面综合评定业务信息安全被破坏对客体的侵害程度。

（4）依据业务信息安全保护等级矩阵表，得到业务信息安全保护等级。

（5）确定系统服务安全受到破坏时所侵害的客体。

（6）根据不同的受侵害客体，从多个方面综合评定系统服务安全被破坏对客体的侵害程度。

（7）依据系统服务安全保护等级矩阵表，得到系统服务安全保护等级。

（8）将业务信息安全保护等级和系统服务安全保护等级的较高者确定为定级对象的安全保护等级。

信息系统安全保护等级的一般流程如图11-1所示。

一个单位内运行的信息系统可能比较庞大，为了体现重要部分重点保护，有效控制信息安全建设成本，优化信息安全资源配置的等级保护原则，可将较

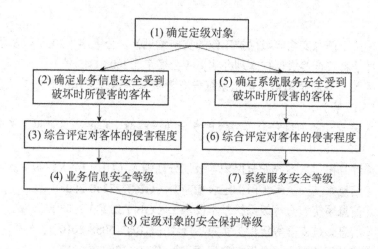

图 11-1 信息系统安全保护等级的一般流程

大的信息系统划分为若干个较小的、可能具有不同安全保护等级的定级对象。

定级对象受到破坏时所侵害的客体包括国家安全、社会秩序、公众利益以及公民、法人和其他组织的合法权益。

侵害国家安全的事项包括以下方面:
- 影响国家政权稳固和国防实力;
- 影响国家统一、民族团结和社会安定;
- 影响国家对外活动中的政治、经济利益;
- 影响国家重要的安全保卫工作;
- 影响国家经济竞争力和科技实力;
- 其他影响国家安全的事项。

侵害社会秩序的事项包括以下方面:
- 影响国家机关社会管理和公共服务的工作秩序;
- 影响各种类型的经济活动秩序;
- 影响各行业的科研、生产秩序;
- 影响公众在法律约束和道德规范下的正常生活秩序等;
- 其他影响社会秩序的事项。

影响公共利益的事项包括以下方面:
- 影响社会成员使用公共设施;
- 影响社会成员获取公开信息资源;
- 影响社会成员接受公共服务等方面;
- 其他影响公共利益的事项。

影响公民、法人和其他组织的合法权益是指由法律确认的并受法律保护的公民、法人和其他组织所享有的一定的社会权利和利益。确定作为定级对象的信息系统受到破坏后所侵害的客体时，应首先判断是否侵害国家安全，然后判断是否侵害社会秩序或公众利益，最后判断是否侵害公民、法人和其他组织的合法权益。

各行业可根据本行业业务特点，分析各类信息和各类信息系统与国家安全、社会秩序、公共利益及公民、法人和其他组织的合法权益的关系，从而确定本行业各类信息和各类信息系统受到破坏时所侵害的客体。

由于业务信息安全和系统服务安全受到破坏所侵害的客体和对客体的侵害程度可能会有所不同，在定级过程中，需要分别处理这两种危害方式。信息安全和系统服务安全受到破坏后，可能产生以下危害后果：

- 影响行使工作职能；
- 导致业务能力下降；
- 引起法律纠纷；
- 导致财产损失；
- 造成社会不良影响；
- 对其他组织和个人造成损失；
- 其他影响。

在针对不同的受侵害客体进行侵害程度的判断时，应参照以下不同的判别基准：

（1）如果受侵害客体是公民、法人或其他组织的合法权益，则以本人或本单位的总体利益作为判断侵害程度的基准。

（2）如果受侵害客体是社会秩序、公共利益或国家安全，则应以整个行业或国家的总体利益作为判断侵害程度的基准。

不同危害后果的三种危害程度描述如下：

- 一般损害：工作职能受到局部影响，业务能力有所降低，但不影响主要功能的执行，出现较轻的法律问题，较低的财产损失，有限的社会不良影响，对其他组织和个人造成较低损害。
- 严重损害：工作职能受到严重影响，业务能力显著下降且严重影响主要功能执行，出现较严重的法律问题，较高的财产损失，较大范围的社会不良影响，对其他组织和个人造成较严重损害。
- 特别严重损害：工作职能受到特别严重影响或丧失行使能力，业务能力严重下降且功能无法执行，出现极其严重的法律问题，极高的财产损失，大范围的社会不良影响，对其他组织和个人造成非常严重的损害。

信息安全和系统服务安全被破坏后对客体的侵害程度，由对不同危害结果的危害程度进行综合评定得出。由于各行业信息系统所处理的信息种类和系统服务特点各不相同，信息安全和系统服务安全受到破坏后关注的危害结果、危害程度的计算方式均可能不同，各行业可根据本行业信息特点和系统服务特点制定危害程度的综合评定方法，并给出侵害不同客体造成一般损害、严重损害、特别严重损害的具体定义。

业务信息安全保护等级矩阵表和系统服务安全保护等级矩阵表见表 11-2 和表 11-3。

表 11-2 业务信息安全保护等级矩阵表

业务信息安全被破坏时所侵害的客体	对相应客体的侵害程度		
	一般损害	严重损害	特别严重损害
公民、法人和其他组织的合法权益	第一级	第二级	第二级
社会秩序、公共利益	第二级	第三级	第四级
国家安全	第三级	第四级	第五级

表 11-3 系统服务安全保护等级矩阵表

系统服务被破坏时所侵害的客体	对相应客体的侵害程度		
	一般损害	严重损害	特别严重损害
公民、法人和其他组织的合法权益	第一级	第二级	第二级
社会秩序、公共利益	第二级	第三级	第四级
国家安全	第三级	第四级	第五级

11.2.3 监狱信息系统定级建议

本节以狱政管理信息系统为例说明监狱信息系统的定级。

1. 业务信息安全保护等级的确定

（1）业务信息描述。

狱政管理信息系统处理的业务信息主要是对罪犯改造过程进行管理的相关信息，包括分押管理信息、计分考核信息、分级处遇信息、亲情会见信息、奖励处罚信息、特定岗位罪犯管理信息、老病残罪犯管理信息、出监信息、罪犯死亡处理信息、警戒具使用信息等。

（2）业务信息受到破坏时所侵害客体的确定。

该业务信息遭到破坏后，所侵害的客体是社会秩序、公共利益。

客观方面表现的侵害结果为：一旦业务信息遭到窃取、破坏后，将影响国家机关社会管理和公共服务的工作秩序，对监狱工作和社会公共利益造成影响和损害。

（3）信息受到破坏后对侵害客体的侵害程度。

上述结果的程度可表现为严重损害，即工作职能受到严重影响，业务能力显著下降，出现较严重的法律问题，造成社会不良影响等。

（4）确定业务信息安全等级。

根据业务信息安全保护等级矩阵表，狱政管理信息系统的业务信息安全保护等级为第三级。

业务信息安全被破坏时所侵害的客体	对相应客体的侵害程度		
	一般损害	严重损害	特别严重损害
公民、法人和其他组织的合法权益	第一级	第二级	第二级
社会秩序、公共利益	第二级	第三级	第四级
国家安全	第三级	第四级	第五级

2. 系统服务安全保护等级的确定

（1）系统服务描述。

该系统属于为监狱行使业务管理职能而提供服务的信息系统。

（2）系统服务受到破坏时所侵害客体的确定。

该系统服务如果不可用，所侵害的客体是社会秩序、公共利益。

（3）系统服务受到破坏后对侵害客体的侵害程度的确定。

上述结果的程度可表现为一般损害。系统服务如果不可用，会造成有限范围的不良影响（罪犯改造过程仍然保留有手工纸质台账，尚不会严重影响监狱工作职能的行使）和对社会秩序、公共利益造成较低的损害等。

（4）系统服务安全等级的确定。

根据统服务安全保护等级矩阵表，狱政管理信息系统的系统服务安全保护等级为第二级。系统服务被破坏时所侵害的客体对相应客体的侵害程度一般损害严重损害特别严重损害公民、法人和其他组织的合法权益第一级第二级第二级社会秩序、公共利益第二级第三级第四级国家安全第三级第四级第五级

系统服务被破坏时所侵害的客体	对相应客体的侵害程度		
	一般损害	严重损害	特别严重损害
公民、法人和其他组织的合法权益	第一级	第二级	第二级
社会秩序、公共利益	第二级	第三级	第四级
国家安全	第三级	第四级	第五级

3. 安全保护等级的确定

根据上述分析得到狱政管理信息系统的业务信息安全等级和系统服务安全等级，并取两者中的较高者为信息系统的安全保护等级，最终确定狱政管理信息系统安全保护等级为第三级。

信息系统名称	安全保护等级	业务信息安全等级	系统服务安全等级
狱政管理信息系统	第三级	第三级	第二级

监狱各重要信息系统定级情况建议如下：

（1）涉密部分的定级

包括涉密机要网、涉密监狱专网（部分省份），以及涉密网涉及的基础设施、

网络、业务应用系统、数据库等,保护等级可全部定为机密级(四级)。

(2)非涉密部分的定级

● 基础设施:涉及运行监狱专网(内网)的基础设施可定为三级,管理监狱外网(Internet)的基础设施可定为二级。

● 网络:监狱专网(含教育子网和安防子网)可定为三级。

● 业务应用系统:狱政管理信息系统、刑罚执行管理系统、教育改造管理系统、劳动改造管理系统、警务人事管理系统、生活卫生管理系统、目标跟踪与地理信息管理系统等业务系统、监狱专网(内网)门户网站、OA办公系统可定为三级。运行于监狱外网(Internet)上的信息系统,如监狱互联网门户网站、狱务公开系统等保护等级不高于三级,可定为二级。

● 数据库(非涉密部分):罪犯信息库、警察职工信息库、监管改造信息库、OA办公信息库、物联数据库等可定为三级。

监狱信息系统定级建议(非涉密部分)见表11-4。

表 11-4 监狱信息系统定级建议(非涉密部分)

序号	监狱信息系统	安全等级建议
1	监狱互联网门户网站系统	二级
2	监狱专网(内网)门户网站系统	三级
3	狱务公开系统	二级
4	4OA办公系统	三级
5	狱政管理信息系统	三级
6	刑罚执行管理系统	三级
7	教育改造管理系统	三级
8	劳动改造管理系统	三级
9	警务人事管理系统	三级
10	生活卫生管理系统	三级
11	目标跟踪与地理信息管理系统	三级
…	…	…

11.3 安全风险与需求分析

1. 物理层安全需求

物理安全是监狱信息系统安全运行的基础和前提,是监狱系统安全建设的重要组成部分。在等级保护中将物理安全划分为技术要求的第一部分,从物理位置选择、物理访问控制、防盗窃防破坏、防雷击、防火、防水防潮、防静电、温湿度控制、电力供应、电磁防护等方面对信息系统的物理环境进行了规范。

物理层考虑因素包括机房环境、机柜、电源、服务器、网络设备和其他设备的物理环境。该层为上层提供了一个生成、处理、存储和传输数据的物理媒体。物理层主要考虑如下方面的内容：
- 物理位置的选择；
- 物理访问控制；
- 防盗窃和防破坏；
- 防雷击；
- 防火；
- 防水和防潮；
- 防静电；
- 温湿度控制；
- 电力供应；
- 电磁防护。

2. 网络层安全需求

网络层指利用路由器、交换机和相关网络设备建成的，可以用于在本地或远程传输数据的网络环境，是监狱业务系统安全运行的基础设施之一，是保证监狱业务安全运行的关键。

在安全模型中，网络层中进行的各类传输活动的安全都应得到关注。现有的大部分攻击行为，包括病毒、蠕虫、远程溢出、口令猜测等攻击行为都可以通过网络实现。网络层主要考虑如下方面的内容：
- 结构安全与网段划分；
- 网络访问控制；
- 拨号访问控制；
- 网络安全审计；
- 边界完整性检查；
- 网络入侵防范；
- 恶意代码防范；
- 网络设备防护。

3. 系统层安全需求

系统层包括各类服务器、终端和其他办公设备操作系统层面的安全风险。作为监狱应用信息存储、传输、应用处理的基础设施，其自身安全性涉及承载业务的各个方面，任何一个节点都有可能影响整个网络的安全，而作为应用系统中重要的组成部分，系统层包括的设备数量众多，资产价值高，面临的安全风险极大。一方面，它是应用业务数据和信息的主要载体，这些业务数据和信息是系统信息资产的重要组成部分；另一方面，它是系统各项支撑业务的起点和终点，病毒、木马等安全威胁也容易通过终端渗透到后台各种业务应用和服务主机中，从而对系统的整体安全带来危害。这就要求监狱应用系统及时调整安全防护战略，将着眼点放到监狱内网安全上来，为此需要以内网网络环境为核心建立监狱内网安全技术体系来保障其安全，从而进一步完善应用系统安全技术体系。

系统层面临的安全风险主要来自两个方面：一方面来自系统本身的脆弱性；另一方面来自对系统的使用、配置和管理。系统层主要考虑如下方面的内容：

- 身份鉴别；
- 自主访问控制；
- 强制访问控制；
- 安全审计；
- 系统保护；
- 剩余信息保护；
- 入侵防范；
- 恶意代码防范；
- 资源控制。

4. 应用层安全需求

应用层是在前面层次的基础之上，可以提供给最终用户真正办公功能的层次，应用层是用户与前面层次的接口。这个层次包括文件处理、文件传输、文件存储和其他办公应用等，这些功能依靠相应的 IE 浏览器、FTP 应用软件、公文处理系统、数据库访问控制系统等实现。

随着监狱应用系统各业务子系统的发展和信息安全的发展，应用系统将面临诸多的安全威胁。身份认证的欺骗、用户权限的滥用、输入数据校验的异常、跨站点的代码攻击等都对应用开发提出了新的安全设计和防护要求。目前监狱各主要应用系统在开发之初还是以满足应用为主要出发点，对安全考虑还并不充分。

在应用系统的生命周期中，系统设计和开发阶段进行安全防护是对应用系统安全控制的一个重要手段。对于新上线的应用系统应同步考虑身份鉴别、访问控制、安全审计、剩余信息保护、通信完整性、通信保密性、抗抵赖、软件容错、资源控制等方面的设计。对于现有业务系统应通过技术、管理、培训等多种手段对应用系统代码、安全功能、数据、开发、外包、测试、部署等方面所涉及的安全问题进行预防性和发现性安全防护。主要的方法有：功能验证、性能测试、渗透性测试、编码安全培训、制度流程约束等。

应用层主要考虑如下方面的内容：

- 身份鉴别；
- 访问控制；

- 安全审计；
- 剩余信息保护；
- 通信完整性；
- 通信保密性；
- 抗抵赖；
- 软件容错；
- 资源控制；
- 代码安全。

5. 数据层安全需求

数据层是用户真正的数据，对于用户而言，数据才是真正至关重要的。数据安全需求包括数据库安全需求、数据传输安全需求、数据存储安全需求等。

数据层主要考虑如下方面的内容：
- 数据完整性；
- 数据保密性；
- 数据备份和恢复。

6. 管理层安全需求

除了采用信息安全技术措施控制信息安全威胁外，安全管理措施也是必不可少的手段，所谓"三分技术，七分管理"就是这个道理。健全的安全管理体系是各种安全防范措施得以有效实施、网络系统安全实现和维系的保证，安全技术措施和安全管理措施可以相互补充，共同构建全面、有效的信息安全保障体系。

管理层主要考虑如下方面的内容：
- 安全管理机构；
- 安全管理制度；
- 人员安全管理；
- 系统建设管理；
- 系统运维管理。

11.4 系统现状及差距性分析

1. 网络设备安全现状与差距性分析

当前监狱网络设备安全方面与国家信息安全等级保护要求存在的主要差距有：

（1）网络结构未能进行合理划分，不同访问对象、不同安全等级的服务器混合部署，网络边界缺少必要的安全设备进行有效的访问控制和安全防护，网络区域边界和重要的入口未能采用有效的双冗余安全方案。

（2）缺少对网络设备及安全设备的集中管理，也未能实现设备的集中审计，对于审计信息、日志信息也缺少集中存储、汇总、分析、统计和备份功能。

（3）网络设备、安全设备管理员登录管理没有进行强身份鉴别和双因素认证，缺少集中身份认证的安全措施，特别是在远程管理的时候未能采用必要的安全方式进行相关操作。

（4）重要网段没有采取防止地址欺骗和会话监控等安全技术手段和措施，避免非法访问和及时终止无效会话。

（5）部分重要区域边界未部署入侵防护设备，无法及时发现、检测和阻断攻击行为，并提供必要的报警信息和审计记录。

（6）除了主机防病毒软件外，在网络边界处缺乏恶意代码检测和清除设备。

（7）网络边界处缺乏网络审计设备，无法对网络行为进行有效监控。

2. 主机系统现状及差距性分析

当前监狱主机系统安全方面与国家信息安全等级保护要求的主要差距有：

（1）现有主机安全防护，包括数据收集和分析、重要服务器的资源控制、系统安全补丁更新、防病毒、安全审计、安全监控、安全管理、安全运维、主机设备接入、终端管理等都较分散，没有建立集中、统一的安全管理手段和措施。

（2）缺乏必要的安全审计手段和措施对内外部用户行为异常、系统资源异常、与安全相关活动信息等进行监控、分析、识别、追溯、记录和存储。

（3）操作系统和数据库系统用户访问权限未能进行严格限制，同时现有身份标识和口令存在特点明显、复杂度不高、长期使用等问题。

（4）在用户访问策略、资源使用限度、服务器端口限制等方面，没有按照安全要求进行防范设置和安全控制，存在较大安全隐患。

（5）缺少对主机进行强身份鉴别和双因素认证的技术手段，不满足三级等级保护要求。

（6）服务器操作系统缺少安全加固，不满足三级等级保护要求。

（7）在文件、目录和数据库记录等资源所在的存储空间需要被释放或重新分配给其他用户前，没有采用彻底清除技术，存在信息泄露风险。

（8）操作系统和数据库系统管理用户只是采用简单身份标识和口令的安全访问措施，尚未启用登录失败处理功能。

3. 应用系统现状及差距性分析

当前监狱应用系统安全方面与国家信息安全等级保护要求的主要差距有：

（1）应用系统缺乏用户身份标识唯一和鉴别信息复杂度检查功能。

（2）应用系统缺乏对敏感信息标记，无法保证用户对有敏感标记重要信息资源的操作。

（3）应用系统应提供覆盖到每个用户的安全审计功能，目前监狱缺乏对应用系统重要安全事件进行审计。

（4）应用系统缺乏对剩余信息的保护，系统没有完全清除系统中的残余信息，确保数据不被恶意恢复而造成信息泄露。

（5）应用系统尚未限制用户对系统的最大并发会话连接数、限制单个帐户的多重并发会话、限制某一时间段内可能的并发会话连接数等。

（6）缺少系统级灾备技术，当系统服务出现故障时，服务难以快速恢复。

4. 数据资源现状及差距性分析

当前监狱数据安全方面与国家信息安全等级保护要求存在的主要差距有：

（1）尚未建立集中的存储和备份系统，统一的数据安全管理和备份恢复难以有效开展。

（2）部分数据在存储备份过程中没有采用相应的技术手段和措施对系统管理数据、鉴别信息和重要业务数据进行加密存储。

（3）没有建立部局或省局级数据集中存储和备份恢复系统，不能满足三级等级保护对于数据安全的需求。

5. 机房及配套设施现状及差距性分析

当前监狱机房及配套设施与国家信息安全等级保护要求存在的主要差距有：

（1）机房在物理位置、环境控制措施如防震、防风、防水、防火、防尘、防盗、防雷、防静电、温湿度可控等防护措施上尚不完善。

（2）机房管理措施，如出入管理规范、卫生管理规范、值班巡视制度等，尚难以保障监狱各业务系统稳定、安全地运行。

（3）尚需进一步完善电力冗余设计，从而保障各业务系统在遭遇断电、线路故障等突发事件时能正常稳定运行。

（4）机房各类指标尚未完全满足《信息安全技术信息系统安全等级保护基本要求》三级系统机房物理环境要求中的必须完成项。

6. 安全管理现状及差距性分析

当前监狱安全管理方面与国家信息安全等级保护要求存在的主要差距有：

（1）信息安全工作的总体方针和安全策略尚不完善，机构安全工作的总体目标、范围、原则和安全框架缺少顶层指导。

（2）在制度制定上存在制度格式和版本不统一，缺少统一的标准规范和实施目标。

（3）在人员管理上缺乏专门的人员录用、人员考核、安全意识培训等相关管理制度。

（4）在信息系统安全建设上缺乏整套安全建设规范，对新系统建设缺乏指导性建设。

（5）完善的安全保障体系，需要完善的运维管理来支撑，在信息系统安全运维上还缺乏完整完善的运维体系。

第12章 监狱信息安全体系建设方案

12.1 监狱信息安全建设思路

1. 等级化建设思路

"等级化安全体系"是依据国家信息安全等级保护制度,根据系统在不同阶段的需求、业务特性及应用重点,采用等级化与体系化相结合的安全体系设计方法,以构建一套覆盖全面、重点突出、节约成本、持续运行的安全防御体系。

根据等级化安全保障体系的设计思路,等级保护的设计与实施可以通过以下步骤进行:

(1) 系统识别与定级。

通过分析信息系统所属类型、所属类别、服务范围及业务对系统的依赖程度确定信息系统的等级。通过此步骤充分了解系统状况,包括系统业务流程和功能模块,以及确定系统的等级,为下一步安全域设计、安全保障体系框架设计、安全要求选择及安全措施选择提供依据。

(2) 评估现状。

根据各等级的安全要求确定评估内容,根据国家相关风险评估方法对系统各层次安全域进行有针对性的等级风险评估,明确各层次安全域相应等级的安全差距,为下一步安全解决方案设计和安全管理建设提供依据。

(3) 安全保障体系框架设计。

根据安全域框架,并结合监狱信息系统现状,设计系统各个层次的安全保障体系框架(包括策略、组织、技术和运作),各层次的安全保障体系框架形成系统整体的安全保障体系框架。

(4) 安全技术建设。

针对安全要求和监狱信息系统现状建立安全技术措施库。通过等级风险评估结果进行安全技术建设整改。

(5) 安全管理建设。

针对安全要求和监狱信息系统现状建立安全管理措施库。通过等级风险评估结果进行安全管理建设。

通过如上步骤，监狱的网络信息系统可以形成整体的等级化的安全保障体系，同时根据安全技术建设和安全管理建设，保障系统整体的安全。

等级保护的设计与实施步骤如图 12-1 所示。

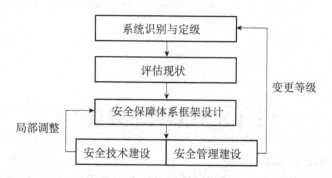

图 12-1 等级保护的设计与实施步骤

2. 参照标准
- 《信息系统安全保护等级定级指南》（GB/T 22240-2008）；
- 《信息系统安全等级保护基本要求》（GB/T 22239-2008）；
- 《信息系统安全等级保护实施指南》（GB/T 25058-2010）；
- 《信息系统安全等级保护测评要求》（GB/T 28448-2012）；
- 《信息系统等级保护安全设计技术要求》（GB/T 25070-2010）；
- 《防火墙技术要求与测试评价方法》（GB/T 20281-2006）；
- 《入侵检测系统技术要求和测试评价方法》（GB/T 20275-2006）；
- 《网络脆弱性扫描产品技术要求》（GB/T 20278-2006）；
- 《网络脆弱性扫描产品测试评价方法》（GB/T 20277-2006）；
- 《网络端设备隔离部件技术要求》（GB/T 20279-2006）；
- 《网络端设备隔离部件测试评价方法》（GB/T 20280-2006）。

3. 设计目标

为满足物理安全、网络安全、主机安全、应用安全和数据安全这 5 个方面基本技术要求进行技术体系建设；为满足安全管理制度、安全管理机构、人员安全管理、系统建设管理和系统运维管理这 5 个方面基本管理要求进行管理体系建设；使得监狱网络系统的等级保护建设方案最终既可以满足等级保护的相关要求，又能够全方面为监狱业务系统提供立体、纵深的安全保障防御体系，保证信息系统整体的安全保护能力。方案设计的具体目标如下：

（1）网络系统在结构安全、访问控制、安全审计、边界完整性检查、入侵防范、恶意代码防范、网络设备防护等方面达到三级等级保护网络安全要求。

（2）应用系统及其主机系统达到三级安全等级保护的应用安全和主机安全

第 12 章 监狱信息安全体系建设方案

要求。

（3）数据的完整性、保密性、备份与恢复等达到三级等级保护数据安全要求。

（4）监狱业务系统运行达到三级等级保护安全要求。

12.2 安全等级保护系统总体架构

1. 安全技术体系架构

根据国家标准《信息系统安全等级保护基本要求》（GB/T 22239-2008），信息系统的安全技术体系架构应包含物理、网络、系统、应用和数据 5 个层面的安全控制要素。身份鉴别、访问控制、安全审计等安全控制要素覆盖到网络层、系统层和应用层，安全管理则覆盖到了物理、网络、系统和应用各个层面，如图 12-2 所示。

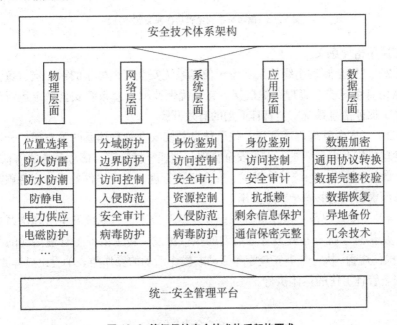

图 12-2 等级保护安全技术体系架构要求

2. 安全管理体系架构

根据信息系统安全等级保护的总体思想，结合监狱信息系统管理的特点，信息系统安全管理体系框架如图 12-3 所示。

（1）"总体安全策略"位于信息系统安全管理体系的第一层，是监狱信息系统安全管理体系的最高指导策略。它明确了监狱信息系统规划设计、开发建设和运行维护应遵循的总体安全策略，对信息安全技术和管理各方面的安全工

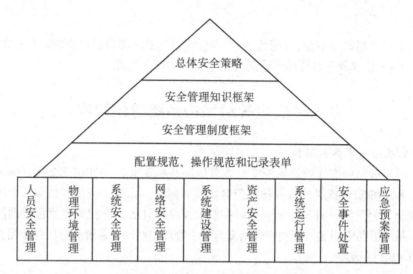

图 12-3 信息系统安全管理体系架构示意图

作具有通用指导意义。

（2）"安全管理组织框架"位于信息系统安全管理体系的第二层，负责建立监狱信息系统安全管理组织框架。它是确保监狱信息系统安全稳定运行的管理体系，保证信息系统安全管理活动的有效开展。

（3）"安全管理制度框架"位于信息系统安全管理体系的第三层，分别从安全管理机构及岗位职责、人员安全管理、物理环境管理、信息系统的信息/设备/介质安全管理、系统建设管理、安全运行管理、安全事件处置、应急预案管理等方面提出规范的安全管理要求。

（4）"配置规范、操作规程和记录表单"位于信息系统安全管理体系的第四层，从信息系统日常安全管理活动的执行出发，对主要安全管理活动的配置规范、操作规程、执行各类安全管理活动或操作活动的操作类表单提出具体要求，指导安全管理工作的具体执行。

12.3 安全域划分

12.3.1 安全域原则

安全域的划分参考下述原则进行：
- 业务相似性保障原则

综合考虑业务的相似性、业务系统隔离的难度风险，从而给出合适的安全域划分。

● 等级保护原则

根据业务系统的定级情况、重要程度及考虑风险威胁、安全需求、安全成本等因素，将其划为不同的安全保护等级并采取相应的安全保护技术、管理措施，以保障业务支撑的网络和信息安全。

● 结构简化原则

安全域划分的直接目的和效果是要将整个网络变得更加简单，简单的网络结构便于设计防护体系。

● 安全最大化原则

针对业务系统可能跨越多个安全域的情况，对该业务系统的安全防护必须要使该系统在全局上达到要求的安全等级，即实现安全的最大化防护。

综合上述安全域的划分原则，监狱安全域的划分参考"系统所处理信息的最高密级"和"业务相似性"原则来确定安全等级，并进行安全域的合理划分，在保障信息流向可控的前提下，制定域内和域间的安全防护策略。

12.3.2 安全域划分及安全策略

1. 专网接入区

监狱专网承担了大多数监狱业务信息系统和安防系统的数据传输和信息资源共享，专网接入区按照三级等级保护要求建立。

2. 业务服务区

服务器区包括三级服务器区和二级服务器区。

三级服务器区按照三级等级保护要求建立，用于部署系统定级为三级，且为专网用户提供服务的系统或各应用系统的后台管理端、数据库管理系统等。

二级服务器区按照二级等级保护要求建立，用于部署系统定级为二级，且为专网用户提供服务的系统或各应用系统的后台管理端、数据库系统等。

该区域安全管理策略如下：

（1）区域边界

①在区域边界部署防火墙设备，实施区域边界保护，确保只允许指定业务应用和管理数据流通过。

②在服务器区为各应用系统单独划分VLAN，并实施相应的访问控制策略。

③利用入侵防御或入侵检测系统，通过规则库的对比检测、日志存储、告警和报表，在网络边界处监控通讯网络中的各类网络攻击和违规行为，并记录相关信息。

④在二级服务器区、三级服务器区部署数据库审计系统，加强对数据库的操作审计。

（2）主机层面

针对安全保护等级为二级的信息系统，主机层面应实施以下安全保护策略：

①选择正版软件，遵循最小安装的原则，即仅安装需要的组件和应用程序，并保持系统补丁及时得到更新。

②严格限制系统中默认账户的访问权限，及时删除多余的、过期的账户，应避免共享账户的存在。

③应启用系统的登录失败处理功能，如限定连续登录尝试次数、锁定账户、设置连续两次登录尝试时间间隔等。

④远程管理服务器时，应采用 SSH 会话方式，防止鉴别信息在网络传输过程中被窃听。

⑤应通过设定终端接入方式、网络地址范围等条件限制管理终端登录，并启用空闲超时自动锁定功能。

⑥操作系统应仅开放业务需要的服务端口、删除默认的共享路径、限制单个用户对系统资源的最大使用限度等。

⑦应开启安全审计功能，安全审计的内容应记录系统内重要的安全相关事件，包括用户的登录、重要用户行为、重要系统命令的使用等。

⑧安装正版防病毒软件，并及时更新防病毒软件版本和病毒库，实现防病毒的集中统一管理。

针对安全保护等级为三级的信息系统，除上述安全保护策略外，主机层面还应实施以下安全保护策略：

①在用户名和口令基础上增加数字证书对管理员进行身份鉴别，实现双因素认证。

②对主机运行状况进行监视，包括监视主机的 CPU、硬盘、内存、进程等资源的使用情况，并能够在服务器异常时进行报警。

③根据实际业务需要，为敏感数据和用户设置敏感标记，并根据敏感标记控制用户对文件、数据库表、记录等资源的访问。

④已经被删除或释放的内存缓冲区、磁盘缓冲区中不包含敏感信息，包括口令、密钥、重要文件等。

（3）应用层面

针对安全保护等级为二级的信息系统，应用层面应实施以下安全保护策略：

①用户身份标识具有唯一性，提供鉴别信息复杂度检查功能和鉴别失败处理功能。

②提供鉴别失败处理功能，包括为尝试次数和时间定义阈值，明确规定达到该值时所采取的动作，如结束会话、锁定账户一段时间等。

③提供访问控制功能，能够依据安全策略控制用户对应用系统各模块及数据的访问。

④保证应用系统的管理、审计、授权等特权权限分配给不同的应用系统账户，实现权限分离。

⑤只授予应用系统不同账户为完成各自承担任务所需的最小权限，严格限制应用系统中默认账户的访问权限。

⑥提供安全审计功能，对用户行为、系统资源的异常使用和重要系统功能的执行等进行审计。

⑦保证审计记录的内容至少包括事件的日期、时间、发起者信息、操作类型、描述、结果等。

⑧提供数据有效性检验功能，保证通过人机接口输入或通过通信接口输入的数据格式或长度符合系统设定要求。

⑨在通信双方建立连接之前，应用系统应利用密码技术进行会话初始化验证，并对通信过程中的敏感信息字段进行加密。

针对安全保护等级为三级的信息系统，除上述安全保护策略外，应用层面还应实施以下安全保护策略：

①在用户名和口令基础上增加数字证书对管理员进行身份鉴别，实现双因素认证。

②具备对审计记录数据进行统计、查询、分析及生成审计报表的功能，保证无法删除、修改或覆盖审计记录，保证无法单独中断安全审计进程。

③采用密码技术，判断通信过程中数据的完整性，保证通信过程中数据的保密性，为信息收、发方发送、接收信息的行为及信息内容提供抗抵赖证据。

④依据安全策略控制与资源相关的所有主体、客体及它们之间的操作，对重要信息资源通过设置敏感标记实现强制访问控制。

⑤已经被删除或释放的内存缓冲区、磁盘缓冲区中不包含敏感信息，包括口令、密钥、重要文件等。

⑥当系统服务水平降低到预先规定的最小值时能够进行检测和报警；在故障发生时自动保护当前所有状态，保证系统能够进行恢复。

⑦监控会话连接的状态和数量；依据访问账户或请求进程的服务优先级分配系统资源，并设置资源的配额。

（4）数据层面

①提供对系统管理数据、鉴别信息、重要业务数据等在传输和存储过程中完整性检测的能力，发现完整性错误时采取必要的恢复措施。

②确保系统管理数据、鉴别信息和重要业务数据在传输和存储过程中的数据保密性。

③关键服务器、网络设备、通信线路等均应采用硬件冗余、软件配置等技术手段保证系统的高可用性。

④系统配置参数发生变更时应进行备份；配备数据备份系统，根据需要定期进行本地或异地业务数据备份。

3. 终端用户区

终端用户区按照三级等级保护要求建立，用于部署监狱办公计算机及各楼层交换机等。

该区域安全管理策略如下：

（1）建立完善的操作系统账户的口令策略和用户登录策略，采取必要措施，防止鉴别信息在网络传输过程中被窃听。

（2）严格限制默认账户的访问权限，禁用或重命名系统默认账户，并修改这些账户的默认口令。

（3）操作系统遵循最小安装的原则，仅安装需要的组件和应用程序，并依据相应的补丁更新策略进行补丁更新。

（4）应开启安全审计功能，安全审计的内容应记录系统内重要的安全相关事件，包括用户的登录、重要用户行为、重要系统命令的使用等。

（5）实现全网统一的病毒防护措施，包括统一策略、统一版本、统一升级机制、集中管理。

（6）实现对终端设备的集中管理和监控，实时了解设备的运行状况；能够及时发现非授权设备私自联到用户区及用户区用户私自联到外部网络的行为，并对其进行有效阻断。

4. 安全管理区

安全管理区按照二级等级保护要求建立，对整个监狱信息安全进行统一管理。安全管理中心主要对监狱用户上网计算机行为的统一管理、集中认证和安全审计。各安全域安全管理策略应遵循统一的基本要求，具体如下：

（1）保证关键网络设备的业务处理能力具备冗余空间，满足业务高峰期需要。网络拓扑结构设计应采用冗余技术，避免存在网络单点故障。

（2）部署防火墙设备，防止包括 DDoS 在内的各类网络攻击；在通信网络中部署 IPS、入侵检测系统、监控探针等，监视各种网络攻击行为。

（3）在关键位置部署数据库审计系统，对数据库重要配置、操作、更改进行审计记录。

（4）对访问网络设备的用户进行身份认证，确保只有授权的网络管理员可以进行配置管理。网络设备上应设置访问控制列表，限制网络设备的可访问人员。

（5）增加除口令以外的技术措施，通过数字证书技术加强对管理员的身份认证，实现双因素认证。

（6）如需远程管理网络设备和安全设备，应采用 VPN、HTTPS 或 SSH 等安全方式，避免身份鉴别信息在网络传输过程中被窃取。

（7）能够及时发现接入网络的非授权设备，对其进行有效阻断。

12.3.3 安全域边界

安全域边界类型及描述见表12-1。

表 12-1 安全域边界类型及描述

边界类型	边界描述
专网纵向网络边界	省监狱局与监狱（所）、部监狱局
横向域间边界	与终端用户域的边界
	与业务系统服务域的边界
	与其他二级域之间的边界
	数据存储区域业务系统服务域的边界

12.4 监狱信息安全部署方案

1. 部署拓扑

监狱安全建设的整体部署拓扑如图12-4所示。

部署的部分安全产品见表12-2。

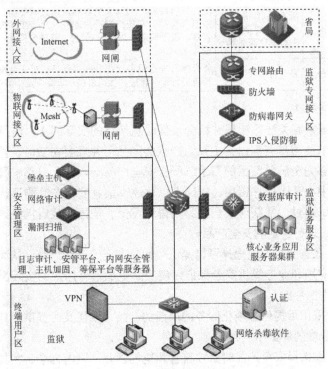

图 12-4 监狱安全整体部署拓扑

表12-2 安全产品部署说明表

部署产品	部署位置	部署作用
防火墙	核心业务服务区	对进出核心服务区进行独立防护、访问控制、攻击防御
防火墙	专网接入区	对内网进行独立防护,进行访问控制、攻击防御
VPN	专网接入区	对网络数据进行加密
IPS入侵防御	专网接入区	实时监控并阻断针对数据中心核心业务服务器的入侵行为
网络审计	专网接入区	对网络中数据进行审计
漏洞扫描	安全管理区	对网络、主机漏洞进行扫描,防患于未然
防病毒网关	专网接入区	边界集中进行病毒过滤,防止病毒侵入扩散,与网络防病毒组成多层次深度防御
网络杀毒软件	所有服务器及客户端	抑制来自外部或内部网络的恶意病毒传播,保持网络清洁;建立全网统一升级服务中心,实现全网统一升级管理;保护全网终端及服务器,对各类病毒进行彻底查杀
CA	部署服务器区	对主机及应用系统进行身份认证
堡垒主机	安全管理区	对服务器进行安全审计管理
等保管理平台	安全管理区	等保管理平台对信息系统进行自查
数据库审计	安全管理区	主要是实现所有用户对数据库访问及操作的行为进行审计分析
主机安全加固	业务核心服务器	对核心服务器文件进行强制访问控制,对重要业务进程进行保护
内网安全管理	所有终端安装客户端,安全管理中心部署服务器	统一进行内网终端的安全管理,通过对终端和访问行为进行限制和保护,实现终端安全加固、网络接入控制、非法外联控制、资产管理、I/O接口管理、终端配置维护、终端审计监控等
安全管理平台	安全管理区	管理所有安全设备及部分网络设备;对安全设备和部分网络设备进行统一管理、状态监控、策略下发、集中审计

2.选型建议

根据国家有关法律法规并结合监狱信息网络的实际需求,监狱部署安全产品一般要求使用具有国内自主知识产权的产品,并且要在功能、性能、管理性等方面能够完全满足监狱的需求。所有安全产品必须经公安部、国家信息安全测评认证中心、国家保密局、中国人民解放军信息安全产品测评认证中心等国家权威测试通过,并获得安全产品销售许可证,是国内政府机关、军队等系统采用较多,运行稳定的安全产品。

(1)在选型时,应选择可以提供个性化安全产品的厂商,从而有针对性地为用户的应用和业务提供安全保证,使产品更加适合用户的实际需要,而不做一般的通用性考虑。

(2)采用可提供本地化服务的厂商的产品,以便及时提供应急安全响应服务,最大程度的保护用户利益。

(3)在选择安全产品时必须符合相应的国际、国内标准,尤其是国内相关安全标准，如安全等级标准、CVE 公共漏洞和暴露及 ISO17799、ISO13335、ISO15408 等国际标准。

（4）安全产品在使用上应具有友好的用户界面，并且可以进行相应的用户化改造，使用户在管理、使用、维护上尽量简单直观。

（5）所选择的安全产品应尽可能为同一厂商或体系的产品，以利于日常维护、升级、设备联动等。

3. 监狱信息安全建设配置建议

监狱信息安全建设配置建议见表 12-3。

表 12-3 监狱信息安全建设配置建议

序号	项目名称	部署作用	数量	单位
（一）网络安全系统				
1	防火墙	对进出核心服务区进行独立防护、访问控制、攻击防御	台	1
2	IPS 入侵防御	实时监控并阻断针对数据中心核心业务服务器的入侵行为	台	1
3	防病毒网关	边界集中进行病毒过滤，防止病毒侵入扩散，与网络防病毒组成多层次深度防御	台	1
4	VPN	对网络数据进行加密	台	1
5	网络审计	对网络数据进行监控审计	台	1
6	漏洞扫描	对网络、服务器、终端等设备进行安全扫描	台	1
（二）安全管理系统				
7	数据库审计系统	主要是实现所有用户对数据库访问及操作的行为进行审计分析	套	1
8	网络防病毒软件	对服务器、终端进行安全防护	套	1
9	内网安全管理	统一进行内网终端的安全管理，通过对终端和访问行为进行限制和保护，实现终端安全加固、网络接入控制、非法外联控制、资产管理、I/O 接口管理、终端配置维护、终端审计监控等	套	1
10	主机加固软件	对核心服务器文件进行强制访问控制，对重要业务进程进行保护	套	按服务器数量配置
11	堡垒主机	对服务器操作进行审计	套	1
12	安全管理平台	管理所有安全设备及部分网络设备；对安全设备和部分网络设备进行统一管理、状态监控、策略下发、集中审计	套	1
13	等保管理平台	对系统进行等保差距性测评	套	1
14	日志审计系统	对网络、服务器、安全设备进行日志搜集	套	1
（三）其他设备				
15	备份与恢复系统	对重要数据进行备份	套	1

智慧监狱

序号	项目名称	部署作用	数量	单位
16	磁盘阵列	对重要数据进行备份	套	1
17	路由器、核心交换机等设备	对重要设备备份	套	1
（四）其他系统				
18	应用系统整改	针对应用系统进行相关整改建设	套	1

第13章 监狱IT运维体系

在整个IT系统的生命周期内，系统设计、开发和实施一般仅占20%的时间，而系统应用和运维则占到约80%的时间。根据Gartner的调查，在导致IT基础设施经常出现故障的原因中，源自技术或产品（包括软硬件、网络、电力失常、天灾等）方面只占了20%，而因为管理方面的原因则占到80%。

针对监狱云上线之后的运行维护，必须建设一套适应监狱云平台的运行和维护体系，借助智能化的IT运维手段，例如可以通过传感器对各软硬件设施、网络运行状态、链路流量变化情况实施智能化监测，实现智能化的故障预警等，延长监狱IT系统的生命周期，确保智慧监狱业务的可持续性发展。

13.1 IT服务管理最佳实践

ITIL（Information Technology Infrastructure Library，信息技术基础架构库）是由CCTA(Central Computing and Telecommunications Agency，英国国家计算机与电信局）于20世纪80年代末期开发的一套IT服务管理标准库，它把英国各个行业在IT管理方面的最佳实践归纳起来变成规范。ITIL框架如图13-1所示。

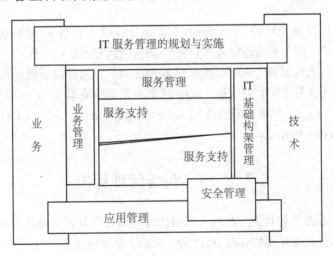

图 13-1 ITIL 框架

ITIL 把 IT 管理活动归纳为一项管理功能和 10 个核心流程，主要如下：

（1）服务台（Service Desk）：为用户和维护服务组织之间提供一个统一的联系界面，在第一时间受理客户的各种服务需求。

（2）配置管理（Configuration Management）：识别、控制、维护和检验现有的包括基础设施和服务在内的 IT 配置相关信息。

（3）变更管理（Change Management）：确保使用标准的方法和规程有效且迅速处理所有系统变动，确保变更有序进行。

（4）发布管理（Release Management）：发布管理的目标是保障所有软硬件组件的安全性，确保只有经过测试和正确授权的软硬件版本才能提供给 IT 运行环境。

（5）事件管理（Incident Management）：对任何非正常的服务需求进行响应，尽快地恢复用户系统的正常工作。

（6）问题管理（Problem Management）：解决 IT 服务运营过程中遇到的所有问题的流程，安排改正 IT 基础设施的错误并进行问题预防指导。

（7）服务等级管理（Service Level Management）：服务级别管理是为签订服务级别协议而进行的计划、草拟、协商、检测和评审提供给客户的服务质量水准的流程。

（8）IT 服务财务管理（Financial Management of IT Service）：负责预算和核算 IT 服务提供方提供 IT 服务所需的成本，包括 IT 投资预算、IT 服务成本核算和服务计费三个子流程，以保证所提供的 IT 服务符合成本效益的原则。

（9）能力管理（Capacity Management）：能力管理是确保 IT 服务具有足够的可用能力，以满足业务需求，包括业务需求能力管理、服务能力管理和资源能力管理三个子流程。

（10）可持续性管理（Continuity Management）：确保 IT 服务遇到灾难后有足够的技术、财务和管理资源来确保 IT 服务持续性的管理流程。

（11）可用性管理（Availability Management）：确保以合理的成本满足不断增长的可用性需求的管理流程，节约 IT 服务的运作成本。

其中（2）~（6）属于服务支持（Service Support），（7）~（11）属于服务交付（Service Delivery）。

13.2　IT 服务管理标准

随着 ITIL 在业界得到广泛的应用和认可，2001 年英国标准协会正式发布了以 ITIL 为核心的英国国家标准 BS15000。ISO（国际标准化组织）和 IEC（国际电工委员会)以 BS15000 为核心,在 2005 年发布了 ISO/IEC20000:2005IT 服务管理国际标准,成为国际公认的 IT 服务管理体系建设和评估的最佳方法。

1. ISO/IEC20000

ISO/IEC20000 系列标准着重于通过"IT 服务标准化"来管理 IT 问题,即将 IT 问题归类、识别问题的内在联系,然后依据服务水准协议进行计划、推行和监控,并强调与客户的沟通。该标准同时关注体系的能力、体系变更时所要求的管理水平、财务预算、软件控制和分配。ISO/IEC20000 标准体系框架如图 13-2 所示。

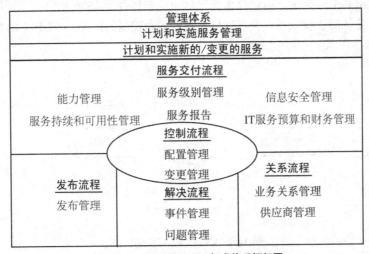

图 13-2 ISO/IEC20000 标准体系框架图

2. ISO/IEC27001

ISO/IEC27001:2005 用于为建立、实施、运行、监视、评审、保持和改进信息安全管理体系(Information Security Management System,ISMS)提供模型。为确保机构信息的机密性、完整性及可用性,ISO/IEC27001:2005 标准共提出了 39 个控制目标及 134 项控制措施,见表 13-1。

表 13-1 ISO/IEC27001:2005 控制范围和目标对应表

ISO 27001 控制范围	目标	控制措施
安全政策	1	2
安全管理的组织工作	2	11
资产管理	2	5
人力资源安全	3	9
实体及环境安全	2	13
通信及操作管理	10	33
进入及使用控制	7	25

ISO 27001 控制范围	目标	控制措施
系统发展及维护	6	16
信息安全事故管理	2	5
营运持续性计划	1	5
符合性	3	10

3.COBIT

COBIT（Controlled Objectives for Information and Related Technology，信息及相关技术的控制目标）是一个基于 IT 治理概念的、面向 IT 建设过程的 IT 治理实现指南和审计标准，由信息系统审计与控制协会于 1996 年公布，这是一个在国际上公认的、权威的安全与信息技术管理和控制的标准。COBIT 的基本原理如图 13-3 所示。

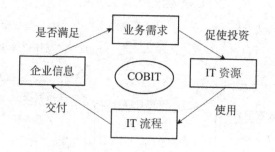

图 13-3 COBIT 的基本原理

根据 ITIL 最佳实践和 ISO/IEC20000 系列标准，监狱 IT 运维服务管理框架如图 13-4 所示。

第13章 监狱IT运维体系

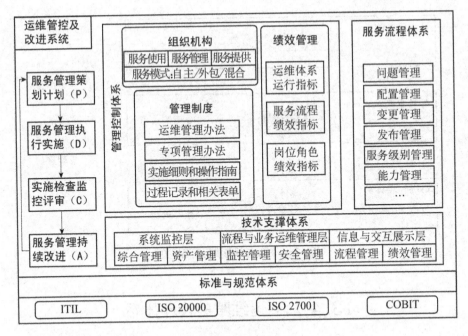

图13-4 运维服务典型管理框架

13.3 IT运维服务模型与模式

IT运维服务模型由运维管理对象、运维服务提供者和运维服务使用者三个层面组成。运维管理对象包括IT资源和使用IT服务的IT用户两类元素，运维服务提供者由运维服务支撑系统和运维人员构成，运维服务使用者主要是运维服务的使用和管理人员。它们之间的逻辑关系如图13-5所示。

根据实际运维需要，可以构成多种运维服务模式，例如自主运维模式、完全外包模式、混合运维模式等。

● 自主运维模式：本单位IT部门为本单位提供运维服务。
● 完全外包模式：本单位IT部门将拥有的IT资源的运维工作外包给其他单位，由外包单位为本单位提供运维服务。
● 混合运维模式：本单位IT部门和外包单位共同为本单位提供运维服务。

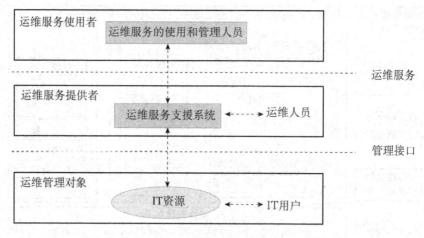

图 13-5 IT 运维服务模型及逻辑关系

13.4 IT 运维服务管理体系

IT 运维服务管理体系包括运维服务管理对象、运维角色及运维管理组织结构、运维服务管理流程、运维服务支撑系统和 IT 运维服务 5 个要素。各个要素之间的相互关系如图 13-6 所示。

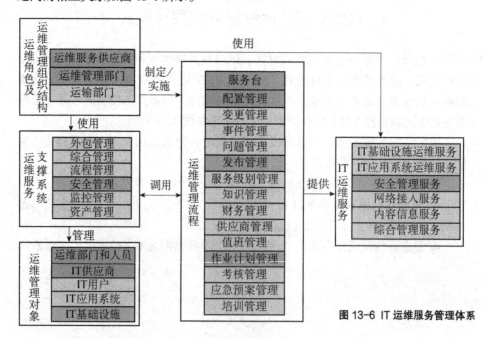

图 13-6 IT 运维服务管理体系

运维服务管理对象包括运维部门和人员、IT 基础设施、IT 应用系统、IT 用户和 IT 供应商。运维角色及运维管理组织结构包括运维服务供应商、运维管理部门和运输部门。运维服务管理流程是指联系 IT 运维服务提供者、IT 运维服务使用者及 IT 运维服务管理者之间开展规范化协同工作的机制和方法。运维服务支撑系统是支撑运维管理组织中各运维角色按照规定的运维流程开展运维活动的信息化系统。IT 运维服务可以分为 IT 基础设施运维服务、IT 应用系统运维服务、安全管理服务、网络接入服务、内容信息服务、综合管理服务等。IT 运维服务是 IT 运维服务提供者向 IT 运维服务使用者提供的服务产品，相关的运维服务质量应该可度量，服务提供方式应该符合规定的流程。运维服务的自动化实施需要依靠运维服务支撑系统。

13.5 IT 运维服务质量指标

IT 运维服务质量指标可按需求定制、扩充。

（1）IT 基础设施和应用系统运维服务

- 监控类服务：异常报告及时率、异常漏报率。
- 日常维护类服务：维护作业计划的及时完成率、故障隐患发现率、异常的主动发现率、故障服务请求及时满足率、业务服务请求及时满足率、问题解决率等。
- 维修保障类服务：服务响应及时率、到达现场及时率、故障修复及时率。

（2）安全管理服务

漏洞扫描覆盖率、安全报告呈报及时率、安全漏洞遗漏数量、安全漏洞遗漏率、加固设备覆盖率、安全补丁安装及时率、安全事件次数。

（3）网络接入服务

平均响应时间、问题解决比率。

（4）内容信息服务

检索成功率、响应及时率等。

（5）综合管理服务

平均响应时间、问题解决比率等。

附录1：《信息系统安全等级保护定级报告》模板

《信息系统安全等级保护定级报告》

一、XXX信息系统描述

简述确定该系统为定级对象的理由。从三方面进行说明：一是描述承担信息系统安全责任的相关单位或部门，说明本单位或部门对信息系统具有信息安全保护责任，该信息系统为本单位或部门的定级对象；二是该定级对象是否具有信息系统的基本要素，描述基本要素、系统网络结构、系统边界和边界设备；三是该定级对象是否承载着单一或相对独立的业务，业务情况描述。

二、XXX信息系统安全保护等级确定（定级方法参见国家标准《信息系统安全等级保护定级指南》）

（一）业务信息安全保护等级的确定

1. 业务信息描述

描述信息系统处理的主要业务信息等。

2. 业务信息受到破坏时所侵害客体的确定

说明信息受到破坏时侵害的客体是什么，即对三个客体（国家安全；社会秩序和公众利益；公民、法人和其他组织的合法权益）中的哪些客体造成侵害。

3. 信息受到破坏后对侵害客体的侵害程度的确定

说明信息受到破坏后，会对侵害客体造成什么程度的侵害，即说明是一般损害、严重损害还是特别严重损害。

4. 业务信息安全等级的确定

依据信息受到破坏时所侵害的客体及侵害程度，确定业务信息安全等级。

（二）系统服务安全保护等级的确定

1. 系统服务描述

描述信息系统的服务范围、服务对象等。

2. 系统服务受到破坏时所侵害客体的确定

说明系统服务受到破坏时侵害的客体是什么，即对三个客体（国家安全；

社会秩序和公众利益；公民、法人和其他组织的合法权益）中的哪些客体造成侵害。

3. 系统服务受到破坏后对侵害客体的侵害程度的确定

说明系统服务受到破坏后，会对侵害客体造成什么程度的侵害，即说明是一般损害、严重损害还是特别严重损害。

4. 系统服务安全等级的确定

依据系统服务受到破坏时所侵害的客体及侵害程度确定系统服务安全等级。

（三）安全保护等级的确定

信息系统的安全保护等级由业务信息安全等级和系统服务安全等级较高者决定，最终确定 XXX 系统安全保护等级为第几级。

信息系统名称	安全保护等级	业务信息安全等级	系统服务安全等级
XXX 信息系统	X	X	X

附录 2：信息系统安全等级保护备案表

备案表编号：☐☐☐☐☐—☐☐☐☐☐

信息系统安全等级保护
备案表

备 案 单 位：_____（盖章）

备 案 日 期：_____

受理备案单位：_____（盖章）

受 理 日 期：_____

中华人民共和国公安部监制

附录2：信息系统安全等级保护备案表

填表说明

一、**制表依据**。根据《信息安全等级保护管理办法》（公通字［2007］43号）之规定，制作本表。

二、**填表范围**。本表由第二级以上信息系统运营使用单位或主管部门（以下简称"备案单位"）填写；本表由四张表单构成，表一为单位信息，每个填表单位填写一张；表二为信息系统基本信息，表三为信息系统定级信息，表二、表三每个信息系统填写一张；表四为第三级以上信息系统需要同时提交的内容，由每个第三级以上信息系统填写一张，并在完成系统建设、整改、测评等工作，投入运行后三十日内向受理备案公安机关提交；表二、表三、表四可以复印使用。

三、**保存方式**。本表一式两份，一份由备案单位保存，一份由受理备案公安机关存档。

四、本表中有选择的地方请在选项左侧"□"划"√"，如选择"其他"，请在其后的横线中注明详细内容。

五、**封面中备案表编号**（由受理备案的公安机关填写并校验）：分两部分共11位，第一部分6位，为受理备案公安机关代码前6位（可参照行标GA380-2002）。第二部分5位，为受理备案的公安机关给出的备案单位的顺序编号。

六、**封面中备案单位**：负责运营使用信息系统的法人单位全称。

七、**封面中受理备案单位**：受理备案的公安机关公共信息网络安全监察部门名称。此项由受理备案的公安机关负责填写并盖章。

八、**表一04行政区划代码**：备案单位所在的地（区、市、州、盟）行政区划代码。

九、**表一05单位负责人**：主管本单位信息安全工作的领导。

十、**表一06责任部门**：单位内负责信息系统安全工作的部门。

十一、**表一08隶属关系**：信息系统运营使用单位与上级行政机构的从属关系，须按照单位隶属关系代码（GB/T12404—1997）填写。

十二、**表二02系统编号**：由运营使用单位给出的本单位备案信息系统的编号。

十三、**表二05系统网络平台**：系统所处的网络环境和网络构架情况。

十四、**表二07关键产品使用情况**：国产品是指系统中该类产品的研制、生产单位是由中国公民、法人投资或者国家投资或者控股，在中华人民共和国境内具有独立的法人资格，产品的核心技术、关键部件具有我国自主知识产权。

十五、**表二08系统采用服务情况**：国内服务商是指服务机构在中华人民共和国境内注册成立（港澳台地区除外），由中国公民、法人或国家投资的企事业单位。

十六、**表三01、02、03项**：填写上述三项内容，确定信息系统安全保护等级时可参考《信息系统安全等级保护定级指南》，信息系统安全保护等级由业务信息安全等级和系统服务安全等级较高者决定。01、02项中每一个确定的级别所对应的损害客体及损害程度可多选。

十七、**表三 06 主管部门**：对备案单位信息系统负领导责任的行政或业务主管单位或部门。部级单位此项可不填。

十八、**解释**：本表由公安部公共信息网络安全监察局监制并负责解释，未经允许，任何单位和个人不得对本表进行改动。

表一　单位基本情况

01 单位名称			
02 单位地址	＿＿＿＿省（自治区、直辖市）＿＿＿＿地（区、市、州、盟）＿＿＿＿县（区、市、旗）		
03 邮政编码		04 行政区划代码	
05 单位负责人	姓　名	职务/职称	
	办公电话	电子邮件	
06 责任部门			
07 责任部门联系人	姓　名	职务/职称	
	办公电话	电子邮件	
	移动电话		
08 隶属关系	□1 中央　　　□2 省（自治区、直辖市）　　　□3 地（区、市、州、盟） □4 县（区、市、旗）　□9 其他＿＿＿＿		
09 单位类型	□1 党委机关　□2 政府机关　□3 事业单位　□4 企业　□9 其他＿＿＿＿		
10 行业类别	□11 电信　　　　　□12 广电　　　　□13 经营性公众互联网 □21 铁路　　　　　□22 银行　　　　□23 海关 □24 税务 □25 民航　　　　　□26 电力　　　　□27 证券 □28 保险 □31 国防科技工业　□32 公安　　　　□33 人事劳动和社会保障 □34 财政 □35 审计　　　　　□36 商业贸易　　□37 国土资源 □38 能源 □39 交通　　　　　□40 统计　　　　□41 工商行政管理 □42 邮政 □43 教育　　　　　□44 文化　　　　□45 卫生 □46 农业 □47 水利　　　　　□48 外交　　　　□49 发展改革 □50 科技 □51 宣传　　　　　□52 质量监督检验检疫 □99 其他＿＿＿＿		
11 信息系统总数	＿＿个	12 第二级信息系统数＿＿＿个	13 第三级信息系统数＿＿＿个
		14 第四级信息系统数＿＿＿个	15 第五级信息系统数＿＿＿个

附录2：信息系统安全等级保护备案表

表二　信息系统情况

01 系统名称				02 系统编号			
03 系统承载业务情况	业务类型	□1 生产作业　　□2 指挥调度　　□3 管理控制　　□4 内部办公 □5 公众服务　　□9 其他_____					
	业务描述						
04 系统服务情况	服务范围	□10 全国　　　　　　　□11 跨省（区、市）跨_____个 □20 全省（区、市）　　□21 跨地（市、区）_____个 □30 地（市、区）内 □99 其他_____					
	服务对象	□1 单位内部人员　□2 社会公众人员　□3 两者均包括　□9 其他_____					
05 系统网络平台	覆盖范围	□1 局域网　　　□2 城域网　　　□3 广域网　　　□9 其他_____					
	网络性质	□1 业务专网　　　□2 互联网　　　□9 其他_____					
06 系统互联情况		□1 与其他行业系统连接　　□2 与本行业其他单位系统连接 □3 与本单位其他系统连接　□9 其他_____					
07 关键产品使用情况	序号	产品类型	数量	使用国产品率			
				全部使用	全部未使用	部分使用及使用率	
	1	安全专用产品		□	□	□_____%	
	2	网络产品		□	□	□_____%	
	3	操作系统		□	□	□_____%	
	4	数据库		□	□	□_____%	
	5	服务器		□	□	□_____%	
	6	其他_____		□	□	□_____%	
08 系统采用服务情况	序号	服务类型		服务责任方类型			
				本行业（单位）	国内其他服务商	国外服务商	
	1	等级测评	□有□无	□	□	□	
	2	风险评估	□有□无	□	□	□	
	3	灾难恢复	□有□无	□	□	□	
	4	应急响应	□有□无	□	□	□	
	5	系统集成	□有□无	□	□	□	
	6	安全咨询	□有□无	□	□	□	
	7	安全培训	□有□无	□	□	□	
	8	其他_____		□	□	□	
09 等级测评单位名称							
10 何时投入运行使用	年_____月_____日						
11 系统是否是分系统	□是_____　□否　（如选择是请填下两项）						
12 上级系统名称							
13 上级系统所属单位名称							

表三　信息系统定级情况

备案审核民警：		审核日期：　　年　月　日
01 确定业务信息安全保护等级	损害客体及损害程度	级别
	□仅对公民、法人和其他组织的合法权益造成损害	□第一级
	□对公民、法人和其他组织的合法权益造成严重损害 □对社会秩序和公共利益造成损害	□第二级
	□对社会秩序和公共利益造成严重损害 □对国家安全造成损害	□第三级
	□对社会秩序和公共利益造成特别严重损害 □对国家安全造成严重损害	□第四级
	□对国家安全造成特别严重损害	□第五级
02 确定系统服务安全保护等级	□仅对公民、法人和其他组织的合法权益造成损害	□第一级
	□对公民、法人和其他组织的合法权益造成严重损害 □对社会秩序和公共利益造成损害	□第二级
	□对社会秩序和公共利益造成严重损害 □对国家安全造成损害	□第三级
	□对社会秩序和公共利益造成特别严重损害 □对国家安全造成严重损害	□第四级
	□对国家安全造成特别严重损害	□第五级
03 信息系统安全保护等级	□第一级　　□第二级　　□第三级　　□第四级　　□第五级	
04 定级时间	年　月　日	
05 专家评审情况	□已评审　　　　□未评审	
06 是否有主管部门	□有　　　　□无（如选择"有"请填下两项）	
07 主管部门名称		
08 主管部门审批定级情况	□已审批　　　　□未审批	
09 系统定级报告	□有　　　　□无　　　附件名称_____	
填表人：	填表日期：　　年　月　日	

表四　第三级以上信息系统提交材料情况

备案审核民警：			审核日期：　　年　月　日	
01 系统拓扑结构及说明	□有	□无	附件名称_____	
02 系统安全组织机构及管理制度	□有	□无	附件名称_____	
03 系统安全保护设施设计实施方案或改建实施方案	□有	□无	附件名称_____	
04 系统使用的安全产品清单及认证、销售许可证明	□有	□无	附件名称_____	
05 系统等级测评报告	□有	□无	附件名称_____	
06 专家评审情况	□有	□无	附件名称_____	
07 上级主管部门审批意见	□有	□无	附件名称_____	

附录 3：涉及国家秘密的信息系统分级保护备案表

涉及国家秘密的信息系统分级保护备案表

单位名称	
涉密信息系统名称	
系统密级（保护等级）	□秘密　　□机密　　□绝密
系统联接范围	□局域网　□城域网　□广域网（跨_____个省或地）
系统安全域划分和安全域密级确定	□未划分安全域 □划分安全域（共有_____个，其中绝密级_____个，机密级_____个，秘密级_____个，内部级_____个）
系统主要承建单位	
系统投入使用时间	
系统运行管理部门	
系统安全保密管理部门	
系统分级保护实施情况	□已经实施　　□正在实施　　□计划_____年实施

填报日期：　　年　月　日　　　　　　　　　填报单位：（盖章）

填表说明：

1. "系统密级"依据《涉及国家秘密的信息系统分级保护管理办法》和国家保密标准 BMB17-2006 确定。

2. 涉密信息系统一般应划分安全域，同一系统内的不同安全域根据所处理信息的重要程度，可分别确定密级。

3. 表中"□"项，确认划"√"。

4. 填报多个涉密信息系统，可复印此表。

国家保密局制

参考文献

1.John A. Zachman. A framework for information systems architecture. IBM Systems Journal, VOL26, NO3, 1987.

2.TOGAF 9.1: White Paper : An Introduction to TOGAF Version 9.1. http://www.opengroup.org/togaf/.

3.Federal Enterprise Architecture Program Management Office. "FEA Consolidated Reference Model Document" (May 2005). http://www.whitehouse.gov/omb/egov/documents/CRM.PDF.

4.DoD Architecture Framework Working Group. DoDAF2.02. USA: the DoD of USA. 2010.

5.Karin Duermeyer. Methodology: From Component Business Model to Service Oriented Architecture. IBM Press, 2004.

6. 刘云浩. 物联网导论 [M]. 科学出版社, 2010.

7. 孙利民等. 无线传感器网络 [M]. 清华大学出版社, 2005.

8. 孙培梁，张怀仁. 监狱物联网 [M]. 清华大学出版社 & 华中科技大学出版社, 2012.

9. 孙培梁. 社区矫正信息化 [M]. 清华大学出版社 & 华中科技大学出版社, 2013.

10.Hickman, Laura J., Lois M. Davis, Edward Wells, and Mel Eisman. Tracking Inmates and Locating Staff with Active Radio-Frequency Identification (RFID): Early Lessons Learned in One U.S. Correctional Facility. Santa Monica, CA: RAND Corporation, 2010. https://www.rand.org/pubs/technical_reports/TR786.html.

11.《虚拟化与云计算》小组. 虚拟化与云计算 [M]. 电子工业出版社, 2009.

12. 姚宏宇，田溯宁. 云计算，大数据时代的系统工程 [M]. 电子工业出版社，2013.

13. 维克托·迈尔-舍恩伯格等. 大数据时代：生活、工作与思维的大变革 [M]. 浙江人民出版社，2012.

14. （土）阿培丁. 机器学习导论. 机械工业出版社，2009.

15. Thomas Erl. SOA 概念、技术与设计 [M]. 科学出版社，2012.

16. Nancy La Vigne, Robin Halberstadt, and Barbara Parthasarathy. Evaluating the Use of Radio Frequency Identification Device Technology to Prevent and Investigate Sexual Assault and Related Acts of Violence in a Women's Prison. URBAN Institute, Washington, USA, Tech. Report. 411972, 16 Oct. 2009.

17. 任伟. 物联网安全 [M]. 清华大学出版社，2012.

18. （美）特班等. 商务智能：管理视角. 第 2 版 [M]. 机械工业出版社，2012.

19. Jiawei Han, Micheline Kamber, and Jian Pei. 数据挖掘概念与技术. 原书第三版 [M]. 机械工业出版社，2012.

20. Michael Negnevitsky. 人工智能：智能系统指南（原书第 3 版）[M]. 机械工业出版社，2012.

21. GB17859-1999. 计算机信息系统安全保护等级划分准则，中华人民共和国国家标准，1999.

22. Malcolm Fry 著，ITIL 的目标 [EB/OL]. AdvancedITIL, http://www.nextslm.org/itil/books/sc/，2007.

23. （荷）Jan van Bon 主编，钱峰译. IT 服务管理国际标准体系—ISO/IEC20000[M]. 清华大学出版社，2009.

24.International Organization for Standardization ISO/IEC27001: 2005, Information technology – Security techniques – Information security management systems – Requirements, 2005.

25.IT Governance Institute. COBIT 4.1 Edition. http://www.isaca.org,2007.

26.Baidu 百科. http://baike.baidu.com/.

27. 图 1-3 取自 POHLE G, KO R STEN P, R AMAMU R THY S. 组件化业务模型 – 企业实现专业化的有效工具：G123-0019-00 ［R］. IBM 全球企业咨询服务部，2006: 5 – 10.

28. 图 1-21 取自 https://obamawhitehouse.archives.gov/omb/e-gov/fea

29. 图 3-35 取自 TSIPRISM System.www.tsiprism.com

30. 图 5-7 取自《互联网进化论》一书，刘锋著，清华大学出版社，2012